즐거운 인생 행복한 삶

하 백 현 지음(한양대학교 교수)

진정한 행복은
힘든 시련 속에서도
목표를 향해 나아가는 노력에 있다.

부리출판사

즐거운 인생 행복한 삶

하 백 현(한양대학교 명예교수) 지음

뿌리출판사

책머리에

우리는 무엇으로 어떻게

이 글들은 삶의 주변을 들여다보며 내가 대학에서 강의할 때 틈나는 대로 학생들에게 들려주던 것과 퇴직 후 삶의 뒤를 돌아보며 생각나는 것들을 적어 책으로 묶은 것이다.

우리는 무엇 때문에 이 지구 상에 사는지는 잘 모르나 아름답고 즐거운 세상인 것만은 틀림이 없다. 그래서 아름다운 이 세상을 기분 좋게 성공적으로 살아가야 한다.

그러나 어떤 때는 괴롭고 걱정이 끊이지 않으며 어떤 때는 죽고 싶어 헤매기도 한다.

물론 어떤 때는 마냥 기분이 좋을 때도, 그리고 행복한 때도 있다.

왜 그럴까?

계속 많이 행복해지고 싶고,
마음 편안히 살고 싶고,
돈도 항상 넉넉했으면 좋겠다.

그러나 아무리 노력해도 뜻대로 안 되는 경우가 많다. 잘 산다고 생각되는 사람 중에는 그냥 보기에 별로 노력하는 것 같지도 않은데 넉넉하게 잘 사는 것을 보면 심사가 뒤틀리기도 한다.

어떤 땐 누가 칭찬을 해주면 기분이 잠시 좋아지는 듯 하다가도 주위 동료나 상사로부터 모함이나 기분 나쁜 말을 들으면 울화통이 터질 것

살아가야 행복할까?

같아 온종일 신경을 쓰며, 킁킁거리는 사람도 있다.

산다는 것이 무엇이길래 이처럼 좋은 기분과 나쁜 기분, 그리고 행복과 불행이 우리 삶 속에서 춤을 추는 것일까?

사람 사는 방법을 다들 잘 몰라서 그럴까?

나쁘면 나쁜 대로 들판에 서있는 나무처럼 그저 그렇게 살아야 한다. 그러나 인간의 뇌는 가만히 놔두지를 않는다.

마구 들볶는 것이다.

남과 비교도 하고 어떻게 하든지 기분 좋은 위치에 나를 끌어 가려고 회전하게 한다.

돈에서도 그렇고
권력에서 그렇고
신분과 명예에서

모두 내가 최고가 되고 싶어 한다. 그것을 행복으로 생각하는 사람이 많다.

그러나 이 모든 것을 얻는다는 것은 불가능하다.

다만 우리는 이런 것들을 조화롭게 엮어 세상을 행복하게 하고, 아름답게 꾸며 가는 게 바람직하다고 나름대로 생각도 해 본 것이다.

2008년 새해 아침
저자 하 백 현

차례

책머리에 / 우리는 무엇으로 어떻게 살아가야 행복할까? · 4

제1장 삶 · 9

사 람 · 9
행 복 · 12
즐거움 · 14
결 혼 · 17
부부 사이의 충돌 · 22
단순한 삶 · 28
도 움 · 33
돈의 속성 · 39
말 · 45
문화의 이해 · 53
아는 만큼 · 66
어리석음 · 71
억울함 · 76
좀 모자람 · 82
취 미 · 87

제2장 사회 · 93

관 심 · 93
친구 간에 · 100
사기꾼 · 102
과정과 절차 · 107
군 림 · 111
기 회 · 116
기회주의자 · 121
길 안내 · 124
선 물 · 126
소 문 · 131
스트레스 · 137
실 수 · 141
양보와 여유 · 147
엔트로피의 법칙 · 153
여유와 결과 · 165
우 정 · 169
자랑과 허풍 · 172
제 압(굴 복) · 176

제3장 직장 · 183

피곤한 경쟁 · 183
다큐멘테이션 · 188
모임에서 대화 · 193
회의에서 상사가 할 일 · 197
사업의 즐거움 · 202
상대방의 의견 · 209
상사와 부하직원의 관계 · 211
수직과 수평관계 · 217
심사숙고 · 219
실 패 · 224
웃는 얼굴 · 231
유비무환 · 234
일의 즐거움 · 239
자기관리 · 244
자기가 할 일 · 248
자신감 · 253
정성과 신뢰 · 258
직업의 의미 · 260
책 임 · 263
최선과 결과 · 266
친 절 · 269

제4장 늙음 · 275

건 강 · 275
노인이 되었을 때 · 281
멋진 노인 · 287
만 용 · 291
노인의 미련 · 296
상 속 · 301
식 물 · 307
외로움 · 313

제1장 삶

사람이 산다는 것은 즐거운 일이다.
그러나 부지런하고 긍정적이지 않으면
즐거움은 얻어지지 않는다.
오히려 사는 것이 괴로워질 뿐이다.

사람

사람들은 세상에 왜 자기가 살고 있는지
그 이유를 잘 모르면서도 잘 아는 것처럼 착각하며 산다.

흔히 학자들이 말하는 것을 보면
'사람이란 무엇인가' 라고 묻는 경우가 있다.

400년 전 A. 질레지우스(1624~1677)의 시에는
"나는 존재하나 내가 누군지 모른다.
나는 왔지만 어디서 왔는지 모른다.
나는 가지만 어디로 가는지 모른다.
내가 이렇게 유쾌하게 산다는 것이 놀랍기만 하다."

이렇게 잘 모르고 있는 '사람' 이 지구 상에 살고 있는 것일까?

어느 한 시대에 지구에서 무엇인가 진화되어 비약적인 돌연변이가 지금의 인간을 만든 것일까?
그렇지 않으면 하나님이 창조한 것일까?

그저 현재의 우리 인간의 문화 그대로를 인정하고 60억이 넘는 인구가 되니 서로 사이좋게 살았으면 하는 것이다.
착하고,
남을 도우며,
약자를 배려하고,
있는 사람은 없는 사람에게 있는 것을 좀 나눠 주며,
권력자가 권력을 너무 휘둘러대지 말며,
전쟁이나 테러로 서로 죽임 없이 서로 사랑한다면
얼마나 아름다운 세상이 되겠는가?

그러나 현실의 사람이 사는 세계는 그렇지가 않다.

부와 가난
선과 악
사랑과 질투
칭찬과 욕
격려와 멸시
베풂과 착취
평화와 전쟁
용서와 보복
행복과 불행
지배와 복종
협조와 투쟁
질서와 오합(烏合)
공정과 사기
정직과 거짓
친절과 협박
협력과 방해

이와 같은 것들이 대치하며 후자의 것들이 더 강한 경우도 많다.
이것이 사람이 사는 세상이라는 것이다.
"어떻게 이것들을 인생에서 조화롭고 지혜롭게 엮을 것인가?"
가 중요하다.

행복

내 행복은 나 스스로 만드는 것이지
남이 만들어 줄 수는 없다.

사람은

1) 존경받고
2) 군림(또는 지배)하고
3) 남을 학대하고
4) 때론 남을 동정하고
5) 남에게 인심을 쓰고

하는 것을 좋아한다. 이런 것들을 통해서 행복을 얻으려는 것이다.

존경받는 것은 행실이 좋아 남으로부터 우러나오는 존경을 받는다면 얼마나 좋은 일이겠느냐마는 존경을 받기 위해서 일부러 자신을 존경의 대상으로 키우는 경우는 불행한 것이다.

100% 맞는 말은 아니겠지만 우리 사회가 높은 학력을 지향하는 이유는 좋은 직장을 얻으려는 생존경쟁이겠지만 때로는 학력 때문에 남으로부터 업신여김을 받지 않으려는 속셈도 있는 것이다. 해외유학을 가는 이유도 자기의 위치를 국내 유학파들과 동등하게 하기 위함일지도 모르고 영어를 유창하게 할 수 있다는 자신을 보이기 위해서 하는 사람이 있을 수도 있다.

"글로벌 시대에 이 정도는 기본이잖아."

해가며 말이다.

자존심이 그렇게도 중요한 것일까?

생존경쟁에서도 꼭 높은 학력이 필요한 것은 아니고 학력이 낮은 사람도 얼마든지 할 일이 많고 행복한 것이다.

어떤 결혼식장에서 들은 이야기다.

"우리 지방은 신부의 학력은 주례사에서 말하지 않습니다. 말하지 마세요."

하고 주례에게 부탁했다고 한다. 알아보았더니 신부가 전문대학을 나왔다는 것이었다. 아무래도 대학원까지 나온 아들이 전문대학 나온 신부와 결혼하는 것을 손님들에게 알리는 것이 자존심이 상하는 듯 생각되었다. 이처럼 학력도 존경의 목적이 내재되어 있는 것이다.

내가 존경을 받기 위하여 남이 불행할 수 있다면 결코 존경을 일부러 받으려는 것은 좋은 것이 아니다.

군림은 또 어떤가!

남에게 호령하고 쥐고 흔드는 것이니 흔들리는 사람은 불행을 느낄 것이 아니겠는가. 그러니 이 세상에는 이렇게 호령하면서 행복을 느끼는 사람도 많다. 동네 반장까지도 군림하는 자세를 가지는 때가 있으니 말이다. 그러나 무엇인가 당한 사람은 언젠가 보복하려는 생각을 할 것이다.

남을 학대하는 것은 약점을 가진 자에게 핍박을 가하는 것이거나 빚진 사람이 빚을 제때 갚지 못했을 때 또는 횡령이 탄로 났다든가 하는 약점을 가졌을 때 많이 한다. 약자가 전전긍긍하는 것을 보며 행복을 느끼는 사람이 있다면 언젠가 반대로 당할 수도 있다는 것을 알아야 한다.

4)와 5)의 동정과 인심은 자신을 드러내며 거들먹거리는 것은 가진 자의 거만인 것이다. 굽실거리는 사람에게 몇 푼 주고는 무슨 큰일이나 한 것처럼 그것을 행복으로 알고 있다. 그래서 동정과 인심은 은밀히 모르게 할 때만이 그 진정한 뜻이 있는 것이며 사람만이 가능한 것이다.

내 행복이 남을 불행으로 유도하는 것이라면 정말 해서는 안 되는 일이다. 오히려

"그 사람이 행복해진다면 나는 불행해도 좋다."

라고 사는 것이 참 인간인 것이다.

즐거움

> 사람의 즐거운 놀이터는
> 가정에 만들어야 한다.

인간으로 태어나 살면서 자기 생활 속에서 많은 일을 하면서 살게 된다.

남자들은 피고용인으로서 직장을 다니거나 자기 사업을 운영하는 사람 모두 그가 하는 일에 그래도 나름대로 일터가 재미도 있고 보람과 즐거움이 있는 것이다. 물론 일자리가 없으면 불안하고 생계와 직결되니 하는 수 없이 일하는 사람들도 있다. 그러나 사람은 일하는 재미가 있어야 하는 것이다. 재미없는 일을 억지로 한다면 그 얼마나 불행한 것인가?

가정의 살림을 꾸려 가는 여자도 살림이 재미가 있어야 하는 것이다. 살림이 재미가 없어 밖으로 나가고 싶고 가사가 귀찮고 남편을 쳐다보면

'내가 저 사람 밥이나 해주기 위해서 결혼했나?'

라고 생각을 하거나 빨래하는 것이 쓰레기 치우는 것 같고 퀴퀴한 냄새가 나고(향기가 나야 함)즐거움을 전혀 못 느낀다면 그 여성은 분명 가정에 무슨 이상이 생긴 것이다.

단순히 건강이 나빠져서 가사를 돌볼 수가 없을 정도라면 그것은 다른 이야기가 된다. 그러나 멀쩡한 사람이 집안일이 귀찮다면 문제가 있는 것이다.

가정 살림이 즐거워야 하는 당위성의 그 이유는

1) 내 사랑하는 남편을 위해서 내가 할 수 있는 일이 있다! 얼마나 다행인가! 일찍 남편을 저세상으로 보낸 사람도 많은데 내 남편은 건강하니 얼마나 좋은가! 오늘 식사는 무엇으로 해야 남편과 아이들이 즐거워할까?

2) 자식들이 많이 성장해 식성이 왕성해서 내가 해주는 음식을 잘 먹어주니 정말 고마운 일이다.

3) 자식들이 있다는 것만으로도 고마운데 말썽 안 부리고 말 잘 들으며 제때 들어와 식탁에 마주 앉아 주니 얼마나 행복한 일인가?

4) 내가 빨아준 옷을 입고 기분 좋게 나가는 남편과 애들 "참 기분 좋다."

5) 우리는 가난해도 모두 건강하니 돈 많고 괴로운 것보다 낫다.

6) 돈의 여유가 좀 있어 남을 도울 수 있으니 이 또한 얼마나 다행한 일인가

등으로 자신을 생각할 수 있다면 가정을 꾸미고 살림을 하는 것, 그것

이 바로 행복이요 인생의 즐거움인 것이다.

그러나 이와 반대로
"이 지긋지긋한 살림!
이젠 못해 먹겠다!"
라고 한다면 인생을 헛되게 사는 것이다. 아마도 딴 곳에서 무엇인가 자신의 행복을 찾으려고 하는 사람일 수도 있을 것이다.

딴 곳이란 혹시

1) 마음속에 바람기가 약간 든 경우
2) 자기 취미(여행, 등산, 춤, 기타)에 완전히 빠져 있는 경우
3) 종교적으로 지나치게 빠진 경우
4) 술, 마약, 도박에 빠진 경우
5) 자원봉사 등 좋은 일에 빠진 경우

등이 있을 수가 있겠다. 그러나 2)의 경우는 남편이나 자녀들의 양해가 충분히 있을 수 있고 5)의 경우는 오히려 남편이 권하고 싶은 것일 것이다.

가정이라는 것은 행복의 보금자리인 것임에는 틀림이 없다. 그러나 그것을 절실히 이해하고 사는 사람은 최근 많이 줄어드는 경향이 있다. 여행도 많이 하고 싶고, 모임에도 많이 나가고 싶고, 무슨 단체에 가입하여 많은 남자(여자) 친구도 사귀어서 스트레스를 덜어보고 싶은 그런 생각(이것은 일종의 호기심일 수도 있다)까지 하지 말자는 것은 아니다. 여권(女權) 신장에 따라 여성들의 많은 사회 참여는 매우 바람직하고 여행도 많이 하고 모임에도 나가는 일은 가정생활에도 많은 활력소

가 될 수가 있는 것이다.

여기에서 말하고 싶은 것은 집안일을 하는 것을 즐거움으로 하자는 이야기다. 술 먹고 들어오는 남편, 싸우고 들어오는 자식들이 있어도 절대로 귀찮다고 생각하지 말고 그저 모든 것이 감사한 마음으로 꽉 차 있으면 가사가 즐거운 것이다.

"아이고 내 팔자야."

"저 원수!" 한다면 인간의 그 소중한 행복을 잘 몰라 스스로 불행을 자초하는 것이다. 가정은 즐거운 삶의 놀이터가 되어야 하겠다.

결 혼

결혼은 고통의 굴레일까?
행복의 날개일까!
결혼해서 살고 있는 사람들은 다 잘 알고 있다.

인간이 결혼은 왜 하는 것일까?

품위 없게 말해 보면

1) 단순히 야생동물들처럼 번식을 위한 것일까? 그러니까

2) 종족 보존성 때문일까? 그렇지 않으면

3) 성문제를 해결하기 위해서일까?

좀 품위 있게 말하는 것을 보면

4) 행복하기 위해

좀 컸다고
5) 노처녀/노총각이라는 말을 안 들으려고
6) 부모로부터 독립하기 위하여
7) 경제적으로 자립하기 위하여
8) 자신들의 정신 건강을 위하여

어떤 책 제목에서는 1)에서 말한 것처럼
9) 남자의 바람기가 종족 번식의 본능
이라고 말하는 경우도 있다.

하기야 1)~3)의 본능이 없다면 자손의 번식은 불가능한 것이 아니겠는가. 그렇기 때문에 야생동물과 다를 게 없다는 사람도 있다. 물론 야생동물은 발정기라는 것이 있어서 그때만 번식의 본능이 표출되고 그 외의 시간에는 그저 먹고 생존하려는 본능이 대부분 지배하고 있다.

그러나 인간은 결혼식도 있고 가정을 꾸려 부부 사이의 관계를 죽을 때까지 유지해야 하는 것이다.

미국 코넬 대학에서 사회학 연구 교수들이 발표한 내용을 보면 690여 명의 성인 남녀를 대상으로 1992년과 1997년에 각각 연구한 바, 기혼자 〉 동거 중인 사람〉 계속 연애 중에 있는 사람의 순으로 자부심과 만족도가 나왔다고 한다. 대외적인 구속력, 즉 결혼식을 한 사람이 더 큰 행복감을 가지는 것이다. 그러니까 8)의 정신 건강에 결혼이 도움이 된다는 이야기다. 4)~7)도 같이 해결된다는 이점도 있다.

인간이 결혼해 사는 데는 여러 단계를 거친다.

1) 서로 호기심을 갖기 시작하는 단계(잘생겨야 함, 선 또는 미팅에서 주로 만남, 호기심과 약간의 행복이 있음).

2) 서로를 탐색하는 단계(콩깍지가 끼는 상태, 깨가 쏟아지기 시작하는 시기, 연애시절로 행복이 과잉상태)

3) 결혼(행복 그러나 책임감의 시작)

4) 권태기(배우자에 대하여 실망으로 호기심 상실, 이제 알 것 다 알았다는 상태)

5) 계속 사느냐? 헤어지느냐의 기로에 섬(흥미 상실, 서로 약점 발견) 아니면 계속 행복함(특별한 사람들)

6) 계속 살 경우, 새로운 감정을 발견(노력에 의함) 또는 단순한 의무감만 느낌.

7) 서로의 취미를 가지고 살면서 결혼을 하나의 계약으로 보고 그 틀에 묶여서 산다.

8) 이 상태에서 끝까지, 즉 죽을 때까지 감.

그러나 최근에 선진국이라는 나라들을 보면 아니 우리나라에서도 일부 이러한 인간의 가족제도를 깨고 남녀가 동물적 본능 쪽으로만 가고 있음을 볼 수가 있다. 자식들도 끝까지 책임지려 하지 않고 자신들의 성적 욕구에만 전전긍긍하는 모양을 볼 수가 있는데 우리는 이런 현상을 일부 문화적인 변화로 인정하기 시작했고 이제는 그런 문화가 정착단계로 접어드는 느낌마저 들 때도 있다.

1) 시도 때도 없이 성적으로 방탕하는 사람들

2) 결혼 안 하고 동거

3) 이혼 즉시 애를 고아원에 버리는 사람들

4) 남편이 오래 앓아눕고, 무능해졌다고 도망가는 여자,
   책임 없이 바람나 집 나가는 남자

5) 불구아이가 태어났다고 갖다 버리는 사람들

6) 늙은 부모 고려장하는 사람들(길거리에 내다 버림)

이런 현상들은 모두 야생동물과 같거나 오히려 못한 점도 많아 가정이라는 인간의 고귀한 구조를 파괴하고 있는 것이다.

그러나 먹고살기가 힘든 나라들을 빼고는 과학문명이 발달하고 먹고사는 데는 불편이 없는 나라들은 이런 방향으로 가고 있다.

젊은 사람들 중에는 이것이 변화라고 말하며 이혼을 밥 먹듯이 해대는 것을 보면 앞으로 어떻게 변할지는 뻔하다.

원래 인간도 이런 본능을 가지고 있기 때문에 어떤 틈만 있으면 이런 방향으로 가기를 원하고 있을지도 모른다.

그러나 적어도 문명사회는 결혼을 통한 가족을 소중히 여기고 있다. 뜨거운 아프리카나 몽골의 추운 지역의 유목민들은 그들이 처한 환경에 따라 그들로 하여금 그 환경에 맞추어 살도록 가족제도를 유도하기 때문에 문명사회의 잣대로 그들을 평가할 수는 물론 없고 문명사회는 문명사회의 잣대로 평가해야 하는 것이다.

그러나 일부 선진 국가에서는 개인의 행동을 존중하고 그들의 인권과 개인 사생활을 중요시한다고 해서 법만 어기지 않는다면 이런 행동을 인정하고 있는데 이것은 어디까지나 인간의 본능이기 때문에 그렇게 흘러가게 마련인 것이다.

그러나 인간은 단순한 동물의 본능을 여러 가지로 조절해서 문명사회라는 질서를 유지하고 있는 것이다.

질서가 조절되는 형태는?

1) 법의 집행

2) 종교에 의한 마음의 호소

이다. 법에서 집행은 강제성, 즉 위협적인 요소를 지니고 있고 국가마다 기준이 다르고 전통문화와 관련된 법도 변하고 있다. 종교적인 호소는 기독교에서 보면 간음은 큰 죄로 보고 있다. 즉 일부다처제라도 결혼을 하고 결혼한 사람끼리만 가족을 이루고 번식하며 살라는 것이다.

그러나 역사 기록을 보면 야생동물의 본능적인 일로 죄지은 사람들이 많다. 사자나 호랑이가 그랬다면 죄가 아니나 인간이기 때문에 죄가 되는 경우인 것이다.

이런 점들로 미루어 볼 때 우리 인간의 결혼은 상당한 의미를 가지는 것이다.

결혼은 다음과 같은 의미를 가진 계약의 성격을 띤 약속이라고 본다.

1) 일생을 당신하고만 번식기능을 발휘하겠다.

2) 살아가며 어려운 일이 있어도 참고 같이 살겠다.

3) 가정이라는 울타리를 지키겠다.

4) 부모를 섬기고 자식을 잘 키우겠다.

5) 사회 질서를 위한 법을 잘 지키겠다.

자식을 잘 키우겠다는 4)의 경우는 야생동물도 자립능력이 생길 때까지는 새끼를 정성껏 키운다. 그리고 나름대로 강자의 논리로 진행되는 질서가 어느 정도 잡혀 있다. 야생동물의 본능이 어느 정도 인간에게도 있으며 그래도 인간이 동물과 다르다는 것은 결혼약속을 지키겠다는 것이다. 야생동물이 지킬 수 없는, 즉 인간만이 할 수 있는 것이 사회질서를 지키는 것이다. 적어도 1)~3)까지는 약속이고 지켜야 하는데 동물적 욕구를 억제하며 말이다.

이 '억제' 라는 말은 자기의 동물적인 본능의 희생을 각오해야 한다는 뜻이다.

부부 사이의 충돌

부부 사이에 충돌은 사소한 것이라도
깊은 사랑을 만들 때도 있고,
파탄을 만들 때도 있다.

부부 사이의 충돌에는 어떤 것들이 있을까?

1) 자식의 배우자 선택시 기준의 차이

2) 남편의 늦은 귀가나 외도, 반대로 같은 형태의 부인의 경우

3) 남편이나 부인의 능력 불균형에서의 불만

4) 취미의 차이

5) 갖는 종교가 다를 때 오는 이해의 부족

6) 경제적 충돌

7) 성격에서 오는 충돌

8) 시댁과 처갓집의 문화의 차이
9) 화냄과 손찌검
10) 사고방식의 차이

먼저 첫 번째 자녀의 배우자 선택문제이다. 신랑 집에서 신부를 고른다고 생각해 보자. 예를 들어 어머니의 기준은 미모, 재력, 학벌을 중요시하는데 아버지 쪽에서는 건강과 사람됨을 기준으로 할 때 선택하기란 대단히 힘들어진다. 결정을 자식이 하도록 했다면 그만이지만 부모의 승낙이 중요할 때는 어머니와 아버지 사이에 의견 충돌이 자연히 생기게 된다. 이런 외형적인 것들은 결혼을 결정할 때 몇 달간이 문제이고 결혼 후를 보아야 한다. 외형적인 조건이 다 갖춰졌다고 하더라도 결혼 후에 성격이 맞지 않는다거나 문화적인 차이로 파탄이 오는 경우가 대부분이다. 그렇다면 이런 외형적인 문제의 다툼은 실은 의미가 없는 것이다. 그런데도 사람들은 이 외형적인 문제에 매달리는 경우가 많다.

며느리를 맞은 집에서
"우리 집에 복덩어리가 들어왔어."
한다면 이것이 내적인 면이다. 모든 것은 자식에게 맡겨야 하며 부모는 자랄 때 아들(또는 딸)로 하여금 상대방의 속을 들여다보는 인격을 형성시키는 일에 힘쓰면 되는 일이다. 쓸데없이 부모 간의 다툼이 무슨 의미가 있단 말인가?
"너를 믿는다."
한마디 하고 결정하면 얼마나 멋이 있는 일인가?

남편의 늦은 귀가를 가지고 다투는 여자는 여자로서 있을 수가 있는 일이지만 혹시 남편이 바람이나 피우지 않나 해서 미리 경계를 치는 수법으로 시비를 걸게 되는 경우도 있다. 또 일찍 들어오면 바람을 피울 수 있는 기회가 적어질 것으로 생각하는 속마음이 있기 때문이다. 늦게 들어오는 남편에게

"오늘은 어디로 샜던 거야."

"지금 몇 시야."

"오늘 누구를 만난 거야."

"당신 회사는 웬 회식이 그렇게 많아."

"오늘 혹시 그 여자동창 만나는 것 아냐, 못 봐 주겠어."

라고 하기보다는

"당신은 이렇게 고생하는데 나는 큰 도움이 못 되니……."

하면서 등에 때를 밀어 주든가 발을 씻어 주는 등 서비스를 강화하면(세상에 이런 일이 어디 가능하겠는가? 한 번 해본 말?) 귀가시간이 자연히 빨라지게 된다. 그러면 말다툼할 일이 어디에 있겠는가?

"내가 무슨 천사라도 되는 줄 아시오!"

말할지 모르겠으나 이렇게 하면 당신은 천사가 되는 것이다. 바람을 피우던 남편도 80% 이상 반성하며 돌아올 것임에 틀림없다.

부부간에 능력의 차이는 있게 마련이다. 이런 경우 개중에는 능력이 높은 쪽에서 낮은 쪽을 업신여길 때 충돌이 일어난다. 즉 능력이 있는 쪽에서 자신의 우월성을 상대방에게 과시하려 할 때 일어나게 되어 있다. 아니꼽다고 생각될 때

"그래 너 잘났다."

하게 되면 사태는 발전하게 된다. 더구나 상대방을 데리고 어디에 가는 것이 창피하다고 해서 데려가지 않거나

"당신은 집에 있어, 당신이 갈 자리가 아니야."

하게 되면 이것은 심각한 문제로 발전할 수가 있다. 오히려 능력이 떨어진다고 생각하는 부인을 그런 자리에 더 많이 데려가야 한다. 이러면 무슨 다툼이 생기겠는가? 이런 것이 잘 안 되면 먼저 노력해 보고 정 안 되면 아예 헤어지는 것이 낫다. 그러나 헤어져도 이런 사람은 절대로 원만한 가정을 다시 꾸릴 수가 없다. 능력이 만족되는 사람을 재혼으로 만나면 다른 쪽, 예를 들면 당신이 멸시를 당할 수가 있다. 오히려 지금의 상태를 진정으로 고맙게 생각해야 한다.

취미나 사고의 차이는 결혼 초기에 약간의 이견을 보일 수도 있으나 상호 각자의 취미를 인정하고 오히려 잘 발전할 수 있도록 도와주는 것이 늙어 좋다. 왜냐하면 늙었을 때는 각자가 즐길 수 있는 취미를 가지고 거기에 열정을 쏟으면 세상이 즐겁다. 다행히 취미가 같으면 예를 들어 등산을 한다거나 야외 스케치, 사진 같은 것은 참 좋다. 그러니 이런 것 가지고 말싸움은 있을 수가 없다.

사고방식의 차이도 어느 한쪽이 양보하고 상대방의 사고를 이해하거나 동화되면 되는데 결혼해서 이 정도의 양보는 있어야 한다.

종교적인 차이는 심각한 문제를 일으키는 경우가 많다. 더구나 광신도일 경우는 사생결단을 하거나 집을 나가는 경우도 있으니 매우 조심스러운 일이다. 주의할 것은 맹종하는 식의 광적인 형태로 가정까지 버린다면 정신적으로 이상이 있는 경우이고 그것은 종교적으로 얽히는 단순한 문제가 아니기 때문에 열심히 믿는 것은 좋지만 가정을 버리는 것은 안 된다.

경제적인 충돌은 정말 많이 일어나는 것 중의 하나이다. 여자 쪽에서 보면 자기 친구들의 수입과 비교하게 되는 경우가 많은데 이때 오히려 수입이 많은 친구를 그대로 인정해야 하는 것이다.

"저 애는 학교 다닐 때는 형편없었는데 남편 잘 만나 호강하는 것 아냐!"

이렇게 심사가 꼴리기 시작하면 세상이 허탈해지고 만사가 귀찮으며 우울해질 수가 있는 것이다.

"이것이 바로 인생이구나!"

하고 생각하면 된다. 그것을 인정하지 않으면 세상을 살 수가 없는 것이다.

성격 차이로 이혼한다는 사람들이 많다. 특히 자라온 환경이 다를 때 이런 경우가 많은데 즉 문화적인 차이가 성격을 다르게 하며 이해하는 형식도 다르기 때문에 일어난다. 결혼할 때 가장 중요한 것이 바로 이 성격과 문화적인 차이를 인정해서 상대방을 이해하려고 노력해야 하는 것이다.

이것이 없이 자기 기준만을 고집하게 되면 충돌은 항상 일어나게 되어 있다. 부부 사이에 이해해야 한다는 말은 바로 사랑하기 때문이다. 구태여 사랑이란 표현을 쓰고 싶지 않다면 그럼 계약을 이행하기 위해서라고 해도 좋을 듯하다. 그러나 이왕이면 사랑이란 말이 '좋게' 들리지 않는가?

부부 사이에 가끔 화를 내는 경우는 있을 수가 있지만 손찌검을 한다면 이것은 '이혼감' 인 것이다. 이혼은 결혼생활의 파산과도 같은 것이다.

절대로 손찌검은 안 된다.

실수로 하게 되었다면 실수를 인정하고 상대방에게 용서를 구해야 한다. 그런데 이 용서를 구하는 일이 자주 생긴다면 문제는 다르다. 이미 손찌검하는 쪽에서 '손찌검 병' 에 걸린 것이다. 이 병부터 고쳐져야 하는 것이다. 맞는 쪽에서도 격분만 하지 말고 병이라는 것을 남편이 인정하면 함께 정신병원에 가보는 것이 좋을 것이다. 그래도 안 되면 갈라서는 길밖에 없다.

타고난 성격으로 부부관계에 있어서 문제가 되는 것은

1) 도박벽

2) 백수 근성

3) 거짓말 잘함

4) 급하거나 너무 느린 성격

5) 껄렁하여 과대망상에 빠져 있는 사람

연애시절이나 결혼 초기에는 나타나지 않던 것이 세월이 지나며 서서히 나타나기 시작한다. 특히 1)과 5)는 가벼운 병적인 경우가 대부분으로 당사자가 이해만 해준다면 정신병원에서 충분히 교정될 수 있고 부부생활에 문제가 없다. 그러나 도가 지나쳐 이미 정신분열증에 돌입 했다면 입원 치료가 필요하며 최선을 다하여 치료하는 것이 인간의 도리인 것이다.

단순한 삶

복잡한 이 세상을 단순하게 살 줄 알아야 인생을 아는 사람이다.

사람과 야생동물이 다른 점은 사람은 복잡한 사고를 하는 반면 동물은 사고 같은 것은 없고 그때그때 반사적인 본능 즉 적으로부터의 방어, 발정기 때 교미, 배고플 때 사냥(또는 풀 뜯어 먹기), 배설, 이것이 전부다.

그러나 사람은 끝도 없는

1) 욕심
2) 시기
3) 질투
4) 군림
5) 시도 때도 없는 성욕
6) 멸시
7) 살인
8) 모함
9) 사기
10) 투쟁(요사이)과 쟁취

등 다양하게 엉켜 있다. 더구나 지난 일을 잊지 않고 집착하는 것을 보면 진절머리가 날 때도 있다.

인간이 과거를 무시할 수가 없는 것은 과거 일어났던 좋지 못한 일이

다시는 일어나지 않도록 하자는 거울로 생각할 때만 생각해야 한다. 그러나 늘 복잡한 우리 인간은 현재를 살면서도 그리고 미래를 보아야 하는데도 자기에게 불리한 일이 생기거나 난처한 입장에 처할 때는 '과거 때문에 그렇다든가' 또는 '다른 사람이 잘못해서 자기가 피해를 입었다든가' 하면서 현재의 자기를 감추고 과거와 타인에게 그 난처한 처지를 돌려보내려는 사람들이 세상에는 꽤 있다.

그리고 자기의 실수는 인정하지 않고 남이 실수한 과거를 끈질기게 물고 늘어지는가 하면 부부 사이에도 어떤 때는 과거를 들추면서 상대방의 기를 꺾으려 하는 경우가 많다.

비겁한 일이다.

미래에 대해서도 그렇다.

성경에 보면

'내일 일을 위하여 걱정하지 말라. 내일은 그날에 속한다'

고 하고 있다. 과거를 들추고 지나치게 미래를 걱정하다 보면 '현재라는 귀중한 때' 를 비참하게 살게 되는 것이다.

최근에 살기 어려우니까 미래는 생각하지 않고 이혼하거나 사별한 가정의 경우 자녀를 고아원에 버리게 되는 경우(현재 도피형)를 많이 볼 수가 있는데 그 자녀가 성장하여 부모에 대한 원망을 어떻게 하겠는가?

최근에 해외로 입양되었던 사람들이 고국을 찾아와 부모를 원망하지 않을 테니 한번만 보고 싶어 하는 것을 볼 때 우리는 정말 이런 점을 반성하지 않고는 장래 희망이 없는 것이다. 현재의 괴로움을 피하기 위해 가정을 파괴해 버리는 것은 안 된다. 이것은 '현재의 귀중한 때' 를 비참하게 사는 것이다. 동물도 완전히 혼자 살아갈 수 있는 자립력이 길러질 때까지는 자기가 죽더라도 새끼를 책임을 진다. 하물며 인간은 어떻게 하여야 하겠는가? 현실이 어렵더라도 참고 견디면 하늘은 언젠가 스스로 도와준다.

그러니까 단순하다는 것은 과거 같은 것은 다 잊고 '현재가 가장 중요하다' 고 생각하고 충실히 일하며 아직 오지도 않은 미래를 걱정하지 않는 것이 단순한 것이다.

베트남이 과거 전쟁의 앙금을 잊고 그 당시의 적들과 친해지려고 애쓰고 있다. 또 프랑스와 독일을 생각해 보라. 이제는 옛날을 다 잊고 서로 아무런 반목도 없이 왕래하고 있다. 물론 속으로는 치욕스럽던 과거를 마음속으로 다스릴 것이다. 십자군 전쟁이니 프랑스와 영국과의 관계도 따지고 보면 과거에 대한 서로의 감정이 있겠지만 잊고 산다고 보는 것이 맞을 것이다. 조상들 사이의 반목이 자식들의 대까지 이어진다면 이것은 서로 불행할 뿐만 아니라 삶이 행복하지가 않다.

앞의 10개 항목이 우리의 생활을 단순하지 않게 한다. 이런 것들을 버려야 삶이 단순해진다.

"인간을 천사나 부처로 보는 거냐" 고 할 수도 있다. 위의 어느 하나도 (살인과 사기는 빼고) 버리고 살기가 매우 힘든 일이기 때문이다. 어릴 때 우리는 '천진난만' 하다고 한다. 이 말은 단순하다고 하는 뜻이다.

욕심은

1) 돈을 많이 벌어야겠다.

2) 학교에서 1등을 해야겠다.

3) 국회의원이 되어야겠다.
4) 법관이 되어야겠다.
5) 의사가 되어야겠다.

얼마나 건전한 욕심이겠는가. 그러나 이런 것들을 성공하려면 사람들은 삶이 단순할 수가 없다고 생각한다.

그러나 이런 좋은 욕심을 성취하려면 오히려 생활이 단순해야 한다. 천재적인 소질을 갖고 있는 사람들도 대부분 단순하다. 그 이유는 자기 일에만 집중하여 전념할 수 있는 두뇌를 가지고 있기 때문이다.

시기와 질투는 나쁜 욕심을 불러일으키게 만들며 나 스스로 속병이 되고 친구와 친지, 아는 모든 사람에게 나쁜 말을 하고 다녀야 하니 얼마나 고달픈 인생살이인가.

군림하는 것도 간단하지가 않다. 한자리한다는 것은 남을 괴롭히고 어떤 때는 굴복시켜서 자기 앞에 쩔쩔매게 하여야 할 터이니 이것 또한 간단하지가 않고 머리를 써야 한다.

성욕은 우리 사회의 가정생활에 상당한 문제를 일으킨다. 부인 몰래 또는 남편 몰래 바람을 피우려니 눈치를 살피고 몰래 빠져나가야 하니 정말 힘든 일일 것이다.

남을 멸시하는 사람들은 대개 돈과 권력을 가진 자 중에서 많이 볼 수가 있다. 돈 많고 권력있는 사람들의 생활도 한번 상상해 보라!

그렇다고 돈 많은 사람들이 다 사람을 멸시한다는 것일까? 물론 아닌 사람도 많다.

또 상급자가 많은 하급자를 대하다 보니 간혹 멸시하는 것 같은 행동을 할 때도 있다. 이와 같은 삶도 단순하겠는가?

살인하는 사람은 자기 인생을 내던지는 이판사판인 사람들이다. 감옥살이를 평생 해야 하는데 이를 뉘우치지 않고 옥살이를 안 한다고 한다면 평생 숨어 살거나 도망 다녀야 하지 않겠는가?

모함하는 사람들은 대개 질투심 때문인 경우가 많이 있다고 본다. 대개는 언젠가 모함했다는 것이 반드시 들통날 터이니 발 뻗고 잘 수가 있겠는가?

"사기꾼들이요! 당신들은 단 한시도 편히 잠들지 못할 겁니다."

투쟁과 쟁취는 여러 가지 목적이 있겠지만 사회질서를 파괴하지 않는 범위는 모를까 그렇지 않으면 힘들 것이다. 업으로 하며 즐기는 사람들도 있을 것이나 삶이 순탄할까?

좀 바르고 단순하게 살자!

서로 도우며 믿고 협력하며 그렇게 말이다. 미래를 생각하고 내 후손들이 어떻게 살아야 할지의 모범된 삶을 살아야 하지 않겠는가.

도 움

남을 돕는 것은 항상 즐거움과 행복을 가져오지만,
돕지 않으면 불행을 가져올 수도 있다.

이 세상에 도움이라는 말이 없다면 인간사회는 이미 존재하지도 않았을 것이다. 도움은 누가 주고 받는 사람은 누가 받기에 그럴까?

다음 몇 가지 경우만 생각해 보자!

1) 부모가 자식을 돕는다.

2) 부자(있는 사람)가 가난한 사람을 돕는다.

3) 젊은 사람들이 노인을 돕는 것과 노부부간의 도움이다.

4) 친구간에 어려울 때 돕는다.

5) 친척간에 돕는다.

아무리 부모를 못살게 굴어도 부모는 대부분 자식을 사랑하며 어떻게 하든지 도우려 하는 것이다. 보통 야생동물은 새끼가 혼자 사냥을 할 수가 있을 정도가 되면 그 다음에는

"저놈이 누구지?"

하고 쳐다볼 정도로 잊어버리고 만다. 그러나 인간은 늙어 꼬부라질 때까지도 자식이 필요하다고 하면 어떻게 하든지 도와주려고 애쓴다. 그 이유는 신이 인간을 만들고 돌보려는 것과 같은 것이다. 일방적인 사랑인 것이다. 물론 간혹 자식이 못되게 굴면

"너 이 자식, 이제부터 내 자식 아니야!"

하고 외면하는 경우도 있지만 속으로는 고민하는 것을 볼 수가 있다.

우리의 경우 부모의 일정에 따라 공부만 시키는 데 치우치는 경향이 있다. 본인이 자립할 때까지 돕고자 하는 것은 좋은 것이나 그것이 자칫 자립정신을 길러 주지를 못하고 오히려

1) 게으르고
2) 자기밖에 모르는 욕심쟁이고
3) 남에게 의존하려 하고
4) 악착같이 하지 않고 적당히 넘어가며
5) 집중력이 떨어지고

하는 형태가 된다면 자식을 성장시키는 데 도움을 주는 것이 아니고 오히려 파멸 내지는 무능력한 사람으로 만드는 형국이 될 수도 있는 것이다.

애가 좋아하는 것이 무엇인지를 관찰해 혼자 그것을 즐기도록 해주면 열심히 하는 것을 볼 수 있고, 그것이 진정으로 자라나는 자식을 돕는 것이다.

부자가 가난한 사람을 돕는 것은 그리 간단한 문제가 아니다. 어려운 사람의 심정을 어려운 사람이 안다고 부자가 가난한 삶을 잘 이해하지 못하는 경우가 많다. 어떻게 보면 돈이 많을수록 누가 자기 돈을 축낼까 싶어 가지고 더 쩔쩔매며 돕지 않는 경우가 많다. 그래서 우리는 돈이 많은 사람보다도 보통 중산층에 있는 사람들이 남을 돕는 데 주체가 되어야 효과적이라고 생각한다.

남을 돕는다는 것이 처음에 접근하기가 힘들지 일단 빠져들면 오히려

빠져나올 수가 없다고 한다. 그만큼 남을 돕는 일이 즐거운 것이다.

불행한 사람은 여러 형태가 있다.

길거리에는 거지가 있다.

이들 중에는 일부러 거지가 되고 싶어서 거지가 된 경우는 없겠지만 일단 거지 맛을 보면 세상 편하고 좋다고 하는 사람도 있다고 들은 적이 있다. 왜냐하면 하루 잠깐만 동냥하고 나면 하루 종일 일할 필요도 없이 편히 지낼 수가 있기 때문이라고 한다.

어떤 분이 미국에서 경험한 일이다. 거지에게 돈을 몇 푼 주었다고 한다. 멀쩡한 거지에게는 절대로 동냥을 주지 말아야 한다는 것이다. 그래서 오히려 주변 사람들로부터 불평하는 소리를 들었다고 한다. 이런 사람들이라면 불행한 사람 축에 들어가는 것이 아니고 얻어먹는 '건달' 에 속한다는 것이다. 그래서 불행한 사람이 어떤 사람인지를 구분하기란 매우 힘든 때도 있다.

IMF때 실업자를 돕는다고 지원금이 나왔는데 '그랜저' 타고 다니며 지원금을 받은 사람들이 있었다는 이야기를 TV에서 들으니 불행한 사람을 구별한다는 것은 매우 힘든 일인 것이다.

따라서 불행한 사람을 돕는다는 것은 꼭 내가 찾아가서 기자들 앞에서서 사진이라도 찍고 전달하는 형식의 '자기 시위적인 도움' 보다는 종교 단체나 자선 기관이 많이 있는 만큼 이런 곳에 헌금하는 것이 바람직하다. 고아원에 보내는 것도 이런 곳을 통하면 안전하게 도울 수가 있기 때문이다. 왜냐하면 사기성 구호단체들이 많이 있기 때문이다.

내가 잘 알고 있는 선배 한 분은 교회에서 하는 내 자식 결혼식에 참석한 후 한참 후에 식당에 들어왔다. 그 이유를 가만히 들어보니 주례를 서신 목사님을 만나고 온 것이다. 이유인즉 우리 교회 목사님께서 북한 주민 돕기 사업을 한다는 말을 들었던 터라 어떻게 도울 것인가를 생각하다가 주례를 끝내고 들어가는 목사님을 따라 들어가 꽤 되는 성금을 북한 동포를 위해 써 달라고 기증한 것이다. 이분은 실제 교인도 아니다. 다만 평북 출신으로 굶고 있는 고향 사람들을 돕고 싶었던 것이다.

우리나라에는 유니세프, 대한적십자사 등 큰 단체들이 많이 있다. 자기 지역 사람을 돕고 싶으면 동주민자치센터 사회복지과에 가면 얼마든지 도울 수 있는 길이 있다. 여기에 매달 일정액을 지원한다면 틀림없이 불우한 이웃을 도울 수가 있는 것이다. 내가 남으로부터 받는 것보다는 도울 수만 있다면 돕는 것이 받는 것보다 10배의 기쁨이 오는 것이고 이 기쁨을 한 번 알게 되면 헤어 나올 수가 없다고 한다.

그러나 한 번 시작하는 용기, 이것이 힘든 것이다. 여러분도 용기 있는 사람이 되어 보라! 인생의 보람을 발견할 수 있을 것이다.

젊은 사람이 늙은이를 돕는 것은 자기도 늙으면 젊은이들로부터 도움을 받아야 하기 때문이다. 자연의 법칙이다. 그러나 젊은 사람들은 '다 바쁜데 어떻게 늙은이들만 돕고 있겠는가' 라고 할 것이다.

그래서 어떻게 보면 늙은이들은 늙은이들끼리 건강한 사람이 병들거나 노쇠한 사람을 돕는 것이 순조로울 수가 있다.

부부라는 것은 결혼 초기에는 쓸개라도 빼줄 것처럼 하지만 세월이 지남에 따라 점점 그 강도는 약해지고 많이 늙으면 '서로 외로움을 달래는 파트너' 정도로 되고 마는 경우가 많기 때문이다. 그런데 노인 부부가 서로 돕는 것은 병들었을 때 무엇보다도 중요하다고 생각한다. 병자의 간병일 것이다.

암,

뇌졸중,

당뇨

등 성인병의 경우 서로 도와야 한다. 특히 당뇨 같은 것은 식사관리가 중요하고 뇌졸중으로 반신불수가 되거나 움직일 수가 없게 되었을 때 그리고 암 같은 것은 말 한마디가 서로 얼마나 중요한 도움이 되는 것인지 말할 필요도 없다.

이런 병에 걸린 사람 앞에서 부부가

"당신이 없어도 살아갈 자신이 있어.(빨리 죽으란 말과도 같음.)"

"암에 걸리면 대부분 죽는다던데 내 팔자야! (자기 편하자고 잘 살자고 결혼한 인간아!)"

"어떻게 하다가 당뇨엔 걸려 가지고 나를 괴롭히지! 힘들어 죽겠네! (너는 인간도 아니야!)"

"당신은 건강해 보이는데 왜 그래! (꾀병 부리지 말라고 엄포를 놓고 있음.)"

"내가 어떻게 간호해! 간병인 쓰면 되잖아! (상대방의 존재가 이제 와서 귀찮다는 말투이다.)"

등 이런 식으로 말하는 사람은 실제 거의 없겠지만 있다면 얼마나 한심한 도움이 되겠는가. 용기를 줄 수 있는 말이 얼마든지 있는데 말이다.

점점 늙어 가며 부부가 서로 돕는 것은 우선 말을 주고받는 일일 것이다.

가령 돈이 없어 가난하다고 할 때

"쥐뿔 돈도 많이 못 벌어 오는 주제에 놀고 있네! (업신여김)"

"내 친구의 남편은 회사 중역이었는데 퇴직했는데도 평생 돈이 나올 거래! (능력이 없는 것을 인정하라고 엄포)"

"당신 웬 돈이 그렇게 헤퍼? (자기는 아끼고 있다는 경고)"

이렇게 말하면 충돌이 일어날 것은 뻔한 일이다.

"내 일에 당신 간섭하지 마! (여자의 배짱)"

"웬 남자가 그렇게 쪼잔해! (무시)"

글쎄 노부부의 도움이란 이런 식으로 되어서는 안 되고

"당신 건강은 내가 책임질 거야!"

"내가 당신을 위해 매일 기도하고 있어! 곧 일어날 거야."

"XX의 아빠도 당신과 같은 병이었는데 지금은 멀쩡하대."

"돈 없으면 어때! 밥 세끼면 그만이지."

하는 말들에 인색한 것은 왜 그럴까? 소위 사랑이라는 것이 없어서일까? 좀 지나친 말이 될런지는 모르나 극단적인 표현으로

1) 결혼이라는 계약 때문에 묶여 체면만 지키고 있고

2) 자식 및 남들의 눈 때문에 살고 있으며(최근에는 아랑곳하지 않음)

3) 이제 남편의 생활력이 없어 재산을 부부 사이에도 분할을 서로 요구하고 그 다음에는 배짱으로 나오는 판에(간혹)

다정한 말이 나오겠는가?

과연 진실된 도움이란 무엇일까?

상대방의 입장이 되어 생각해 주는 것이다.

글쎄 힘든 일이다.

그래도 노력은 해야 하지 않을까?

돈의 속성

돈은 인생의 필수 조건은 아니지만
소중한 것임에는 틀림없다.

돈이 할 수 있는 것이 무엇일까?

서양 속담에

"돈이면 어떤 일도 할 수 있다.(Money will do anything.)"

라고 한다. 또

우리 속담에는

1) 돈만 있으면 귀신도 부릴 수 있다.

2) 돈만 있으면 처녀 불알도 산다.

3) 돈에 침 뱉는 놈 없다.

4) 돈이라면 뱃속의 아이도 기어 나온다.

5) 돈이 원수다.

6) 돈이 장사(壯士)라.

7) 돈이 돈을 번다.

8) 돈은 돌고 돈다.

9) 돈이 양반이라.

10) 돈이라면 호랑이 눈썹이라도 빼온다.

11) 돈 있으면 활량, 돈 못 쓰면 건달.

12) 돈이면 지옥 문도 연다.

13) 돈에 대한 사랑은 돈이 자랄수록 자란다.

14) 돈이 없으면 적막강산이요, 돈이 있으면 금수강산이라!

15) 돈이 많으면 장사를 잘 하고 소매가 길면 춤을 잘 춘다.

위의 15개는 국어사전에서 돈에 대한 예를 몇 개만 열거한 것이다.

돈이 있으면 무엇이든지 할 수가 있다는 말은 결국 인간이 돈을 벌어야 한다는 말이다.

보도 새퍼의 『돈』이라는 책에서

1) 돈이 전부가 아니다.

2) 내가 벌면 누군가 잃는다.

3) 돈은 사람을 거만하게 하고 건방지게 한다.

고 말하고 있다.

또

『돈의 심리, 부자의 심리』 (저자: 서기수) 에서도

"부자는 돈이 많은 사람이 아니라 돈의 속성을 잘 알고 있는 사람이다."

라고 말하고 있다.

또 있다.

『부자 아빠 가난한 아빠』(저자: 로버트 기요사키 외)에서는

"부자들은 절대 돈을 위하여 일하지 않는다."

라고 말한다. 일은 즐기는 것이라는 말이다.

그리고 돈을 찬양하는 돌아다니는 시가 있어 소개한다.

주유천하개환영 홍국홍가세불경(周遊天下皆歡迎 興國興家勢不輕)

거복환래래복거 생능사사사능생(去復還來來復去 生能死捨死能生)

천하를 두루 돌아다니며 어디서나 환영받으니 나라와 집안을 홍성케 하여 그 세력이 가볍지 않네! 갔다가 다시 오고 왔다가는 또 가니 살리고 죽이는 것도 마음대로네.

명인들의 돈에 대한 명언도 있다.

1) 벤자민 프랭클린

돈의 가치를 알고 싶거든 나가서 남에게 돈을 꾸어 달라고 해 보라.

적에게 돈을 꾸어 주면 그를 이기게 되고 친구에게 꿔 주면 그를 잃게 된다.

2) 소크라테스

재산이 많은 사람이 그 재산을 자랑하고 있더라도, 그 돈을 어떻게 쓰는지 알 수 있을 때까지는 그를 칭찬하지 말라.

3) 프랜시스 베이컨

돈은 최선의 종이요, 최악의 주인이다.

성경에서는

1) 한 달란트 받은 자는 땅을 파고 그 주인의 돈을 감추어 두었더니(마태복음 25:18)

2) 돈을 사랑하지 말고 있는 바를 족한 줄로 알라(히브리서 13:5)

1)번은 열심히 일하라는 말이요 2)번은 돈에 너무 욕심내지 말라는 것이다.

우리가 보통 일상생활에서 돌아다니는 말을 또 보면

1) 사람 낳고 돈 낳지 돈 낳고 사람 낳나!

2) 유전무죄 무전유죄! (有錢無罪 無錢有罪)

3) 돈이 사람을 따라야지, 사람이 돈 따르면 되나!

4) 돈은 단지 삶의 수단에 불과하다!

5) 돈은 개처럼 벌고 정승처럼 써라!

6) 시간이 돈이다!

7) 세상 돈은 다 나만 피해 간다!

8) 온통 세상에는 돈이 날라 다닌다. 다만 보통 사람들은 그 돈을 잡는 방법을 모른다.

9) 돈 가지고 안 되는 것이 있다. 홀인원(골프), 자식농사.

10) 돈은 빌려 주지 말고 그냥 주어라.

왜 이처럼 돈에 대한 말이 많을까?

소련은 1867년 10월 알래스카를 종전 후 돈이 급해 720만 불에 미국에 팔아먹었다. 돈의 중요성 때문인지 땅에 무식해서인지는 몰라도 미국은 몇 푼 안 주고 엄청난 큰 보물을 산 것이다. 돈의 위력이다.

돈 때문에 옛날에는 가난한 사람들이 애를 부잣집에 머슴으로 팔았고 노예시장에서는 마치 소 경매 부치듯이 사람을 노예로 팔았다. 도망가면 죽여버려도 죄가 되지 않는 시대도 있었다.

최근에는 젊은 아가씨들이 인신매매시장에서 팔리는 경우가 많이 있다고 한다.

어떤 조직폭력배는 기본 목표가 돈을 갈취하는 것인데 인신매매에 연루되는가 하면 마약거래를 한다.

모두 인륜을 저버린 행위로 돈을 챙기는 것이다.

합법을 가장한 것은

1) 사채놀이

2) 아파트, 땅 투기

3) 주식 거래(바람직)

4) 채권 매입(고상함)

5) 골동품 매입(미술품 포함) (아주 고상함)

모두 어떻든 돈을 어떻게 그리고 빨리 버는가가 목적이다.

로또를 사면 어떨까?

글쎄 당첨만 된다면 그런 횡재가 어디에 있겠는가? 하지만 확률적으로 보면 당첨은 불가능하다. 만일 당첨되어 100억 원을 손에 넣었다고 하자. 온전하게 지킬 수가 없다. 많은 사람이 그렇다고 말한다.

그러니까 정상적인 과정을 밟아 벌어야 잘 지킬 수도 있다.

사업이나 직장을 가지고 버는 것이 매우 바람직하다. 더구나 생산업을 한다는 것은 힘들고 조직이 함께 열심히 일해야 이익을 낼 수가 있고 부를 축적해 나갈 수가 있는 것이다. 그렇다고 하더라도 지나치게 이익을 남기는 것도 사실 부도덕한 것 중에 하나가 될 수가 있다.

"무슨 천사 같은 소리 하고 있네!

이것이 인간사(人間史)이다.

많이 벌어라!

"그러나 도둑놈! 소리는 듣지 말라!"

돈의 노예가 된 사람의 판별법(필자가 임의대로 정한 것임)

1) 월급 액수를 잘 알고 있다. (꼭 노예라는 말을 할 수는 없다.)

2) 남을 위해 돈을 써 보거나 그냥 준 적이 없다.

3) 경마, 카드와 같은 도박이 좋다.

4) 남들로부터 뇌물을 받은 적이 있다.

5) 돈을 꾸어 달라는 친구가 밉다.

6) 돈을 많이 주겠다는 직장으로 옮기고 싶다.

7) 돈을 많이 벌기 위해 남을 희생시킨 적이 있다.

8) 돈을 많이 벌기 위해 남을 속인 적이 있다.

9) 은행통장의 잔고를 외우고 있다.

10) 공짜가 좋다.

위에서 5개 이상 해당된다면 이미 돈의 노예가 된 것이 아닐까?

돈의 노예가 아닌 사람이 이상한 사람이다. 당연한 것이 인간의 돈에 대한 속성이다. 그렇다는 이야기다.

열심히 자기 일을 좋아서 하면 돈은 반드시 따라온다. 조급증을 가지고 기다리면 절대로 오지 않는다.

그러니까 살기 위해서 돈이 필요한 것이지 돈을 위해서 산다면 비참한 것이다.

"웃기고 있네!"

할 것이다.

글쎄…….

말

말은 씹을수록 더러워지나
침묵은 할수록 깨끗해진다.

나는 학생들에게

"말을 많이 하면 손해요, 말은 한 마디도 안 하면 본전은 된다."

라고 가르쳤다. 맞는 말인지는 잘 모르겠으나 내 경험상 생각이 그래서 그랬다. 말이 얼마나 중요한지는 우리의 조상들이 남긴 말도 많고 그동안 흘러 내려온 것 중에 말하는 것과 관련된 것들도 너무나 많다.

우선 성경을 보면

야고보서 1:19와 3:2에 너무나 잘 아는 '말' 에 대한 말씀이 있다.

- 내 사랑하는 형제들아 너희가 알거니와 사람마다 듣기는 속히 하고 말하기는 더디 하며 성내기도 더디 하라.

- 우리가 다 실수가 많으니 만일 말에 실수가 없는 자면 곧 온전한 사람이라.

이 두 구절만 보더라도 말은 한 마디를 하더라도 신중해야 하고 말의 실수가 없는 사람이 인간으로서 완성된 것임을 말하고 있다.

말과 엉킨 전래되는 것 중에서 우리나라는

1) 힘센 아들보다 말 잘하는 아들을 낳아라!

2) 말 한 마디가 천냥 빚을 갚는다.

3) 말은 마음의 거울이다.
입은 마음의 문이다.(채근담)

4) 가루는 칠수록 곱고 말은 할수록 거칠다.

서양(탈무드)

5) 말이 당신 입안에 돌고 있을 때 그 말은 당신의 노예지만, 일단 밖으로 튀어나왔을 때는 당신의 주인이 된다.

잘 아는 시조도 있다.

말하기 좋다 하고 남의 말을 말을 것이,
남의 말 내 하면 남도 내 말 하는 것이,

말로써 말 많으니 말 말을까 하노라.

상록회 자유 게시판에 고유순 씨의 '말의 힘' 이라는 글에 좋은 구절이 있어 여기에 소개한다.

지혜의 말은 밝은 빛을 주고
참회의 말은 영혼의 감동을 준다.
무시의 말은 마음을 분노케 하며,
원망의 말은 마음을 불편하게 만들고,
저주의 말은 복수의 마음이 일게 한다.

이처럼 말과 엉킨 세상살이가 간단하지를 않다는 것을 말해 주고 있다. 최근 정치하는 분들이 말을 함부로 함으로 일으키는 세상의 파장을 생각해 봐도 알 수가 있다.

이처럼 말에는

1) 칭찬하는 말(축하하는 말)

알고 있거니와 『칭찬은 고래도 춤추게 한다』는 책도 나와 있다. 많은 애들 가운데 칭찬으로 크는 아이가 있는가 하면 그 반대도 있다. 부부 사이에도 칭찬은 서로 큰 활력소가 될 수가 있다. 의례적인 칭찬보다는 구체성을 가지고 칭찬하면 당사자는 그 칭찬받은 부분을 오래 기억할 수가 있다.

2) 거짓말(사기성 말)

많은 정치가들의 거짓말에 국민이 속고 사기꾼들에게 농락을 당하는 경우가 너무나 많다. 선의의 거짓말은 오히려 어떤 화근을 면할 수도 있기 때문에 이해관계와 관련된 거짓말이 아닌 이상은 그대로 넘어갈 수도 있다.

3) 간사한 말(아부하는 말)

정치인(또는 회사 간부)에 아부해서 출세하는 사람들. 그렇게 나쁘다고만은 볼 수는 없지만 비겁한 경우도 많이 있다. 그런데 문제는 그런 간사한 말을 듣는 사람이 이런 말에 너무 길들여지면 싫은 소리는 욕으로 들리기 시작하는 데 문제가 있다. 아부하는 말이 달콤해지기 시작하면 중독증상이 나타나기 시작하는 것인데 높은 자리에 오래 지내다 보면 많은 사람이 이렇게 되기 마련이다.

4) 화내며 하는 말(속에 품었던 말이 튀어나올 수도 있음)

화를 내는 것은 상대방과 대화 중 빠져나갈 구멍이 없이 몰린다는 뜻이다. 성격이 급한 사람일수록 화를 잘 내는 경우가 많다. 왜냐하면 생각할 수 있는 시간을 가질 수가 없기 때문이다.

물론 병으로 오래 고생한 사람들은 신경이 예민하여 신경질이 늘어나고 짜증이 있으며 만사가 귀찮은 형편이 되면 화를 잘 낸다. 이런 경우는 환자로 인식해야 하기 때문에 그만한 배려를 해 주어야 하는 것이다.

5) 동정하는 말(위로의 말)

동정하는 말과 위로하는 말도 앞뒤 잘 생각해 보고 해야 한다. 아무렇게나 뱉어내면 말한 후 반드시 후회를 하게 되는 것이 보통이다. 몇 가지 예를 들어보자.

옳은 말

"노력 참 많이 했는데 다음에 기회가 있지 뭐." (고시생)

"춘부장께서는 나에게 삶의 기준이 되었는데 안타깝습니다!" (상갓집)

틀린 말

"요새 합격이 힘들다던데 이제 그만 하지"! (고시생)

"노인네 참 오래도 살았지!" (상갓 집)

6) 멸시하는 말(건방진 말)

인간은 건방진 것 빼면 빈껍데기가 될 정도로 우월감에 사로잡힌다. 그래서 이미 이런 지경에 사는 사람들은 자기가 하는 말이 건방진 말인지를 전혀 모르고 하게 되는 경우가 있는 것이다. 그래서 우리가 늘 성경이나 인생에 지표가 되는 많은 책을 항상 보아가며 삶의 거울로 삼아야 한다는 것이다.

다음 말을 보자!

"우리 가문을 어떻게 보고 그 애를 추천하는 거야!" (중매)

"너 같은 게 뭐 안다고 까불어!"

이런 말들이 오고 가면 슬픈 일이다.

7) 떠벌이는 말(거짓말이 많이 혼합)

나는 소양인이다. 소양인의 성격에 관한 책을 보았더니 말이 많으며 성격이 급해서 일단 말을 해 놓고 후회하는 성격이라 했다. 무엇이 급한지 덤비는 성격이다. 이런 사람은 대개 늘 후회하며 살아간다. 이래선 안 되지! 하지만 다음에 또 실수를 한다.

"어제 낚시질 가서 팔뚝만 한 붕어를 5마리나 낚았어!"

묻지도 않는 말에 이런 말을 한다. 실은 두 마리밖에 낚지 못했지만 어떻게 인정해 줄 것 같지 않아서 좀 과장한 것이다.

8) 윽박지르는 말(상대방 기죽이기)

대개 상사와 부하 직원 사이, 친구 사이, 그리고 부모 자식 간에(일부) 일어날 수가 있다.

"야! 너 모르면 가만있어!"(친구 간에)

"너 항상 일을 이 따위로 하면 좀 곤란해!"(상사와 부하)

"너 다음에 성적 이렇게 나오면 노동판에 보낼 거야!"(부모와 자식 간, 진실이 아님. 그러나 이런 말은 큰 상처가 됨)

9) 농담(弄談, 진실이 있을 수도 있고 없을 수도 있다)

농담은 영어로 a joke, fun 같은 말로 쓰인다. 인간이 살아가면서 농담이 없는 세상이라면 얼마나 삭막할까 생각도 해 본다.

누가 말할 때 분명히 웃고 넘어가지만 가만히 집에 와서 생각해 보니 진담 같은 생각이 들어 마음이 움찔하는 경우가 있다면 진담일지도 모른다. 그래서 농담은 주로 성적(erotic)인 것이 무난하다. 그러나 여자 분들이 있을 때에는 잘못하면 희롱으로 들릴 수가 있어서 주의를 요하는 것이 또한 농담이다. 여자들은 자기에게 위로나 기분 좋은 말이라고 판단되면 그냥 넘어가고 기분 나쁘다고 생각되면 '성희롱'으로 고발할 수 있는 편리성이 있는 것이 또 농담이다.

"미스 김 엉덩이는 백만 불짜리야!"

했을 경우 엉덩이에 늘 불만이었던 사람은 기분 좋은 일이 될 수도 있고 비꼬는 듯하게 들릴 때에는 기분이 나쁠 수도 있다. 이런 때는 성희롱으로 고발하려고 할 것이다. 다 내 자신의 문제이다. 좋아하는 남자가 그랬다면 천하에 기분 좋은 일이다.

또 농담은 충고를 하려고 살짝 돌려 농담처럼 해서 본인이 깨닫게 하려 할 때도 쓰일 수도 있다. 이처럼 농담은 어떻게 쓰느냐에 따라서 천만금을 얻을 수도 있고 잃을 수도 있다.

10) 욕

어떤 사람이 욕을 하면 그냥 애교로 들리는데 다른 사람이 하면 되게 기분이 나빠지고 싸움을 할 각오를 할 수도 있다. 악의가 없다는 것을 알면 농담으로 들리고 좀 무엇인가 기분이 나쁘던 사이라면 거슬린다. 아예 '욕쟁이 할머니' 라고 소문이 난 식당 집 할머니의 욕은 재미가 있지만 회사 상사의 욕은 적개심을 일으키는 것이다.

"야! 너 언젠가는 나한테 죽을 줄 알아!"

친구 사이라면 이런 말쯤은 그냥 넘어갈 수도 있다. 모르는 사람이라면

"뭐! 이 새끼야!"

당장 험해질 수밖에 없다.

어느 하나도 무시할 수가 없다. 왜냐하면 말 한마디로 죽으려 했던 사람이 희망을 가질 수도 있고 법정에서는 유무 죄가 서로 바뀔 수도 있다.

부부간에도 말 한마디가 행복의 눈물을 만들 수도 있다.

말 잘하는 사람이 자주 쓰는 말

1) 미인은 다르다니까! (여자 중년의 친구 간에)

2) 왜 그렇게 늙지를 않지. 그대로야! (여자 중년의 친구 간에)

3) 나는 네가 늘 부러워.(여자 중년의 친구 간에)

4) 너는 정말 예뻐! (남자가 여자에게)

5) 우리 부장은 정말 자상해.(회사원)

6) 난 우리 회사를 다니게 된 게 행운이야.(회사원)

7) 사는 게 즐거워! (환자가 건강한 사람에게)

8) 그 애 정말 잘생겼군, 장군감이야! (어린애를 보고)

9) 이게 얼마 만이야. 보고 싶었어! (친구에게)

10) 늘 건강하고 오래오래 사세요! (노인에게)

말 잘할 줄 모르는 사람이 자주 쓰는 말

1) 잘난 체하네!

2) 웃기고 있네!

3) 알기는 아는군!

4) 그 애 늘 그 따위야! (친구 간에 딴 친구를 지칭해서)

5) 날 뭘로 아는 거야! (모르는 사람 간에)

6) 너 만날 그 모양이야!

7) 우리 까놓고 이야기합시다! (거래 시)

8) 그 애가 뭐 안다고 그래!

9) 형편없던 애가 용 되었소!

10) 알지도 못하는 게 까불어! (친구 간에 딴 사람을 지칭해서)

문화의 이해

아무리 문화는 달라도 인간은 통하는 것이 있다.
그것은 사람의 진실된 마음이다.

문화란 과연 무엇인가?

살아오면서 서로 묵인하고 생활 패턴으로 받아들여진 그 나라, 그 지역, 그 가족, 그 사람들의

1) 삶의 형성
2) 생물적인 본능의 표현
3) 예술의 형성
4) 가정과 직장
5) 종교
6) 정치
7) 경제
8) 역사
9) 교육
10) 외교

등의 물질적, 정신적 형성체가 문화일 것이다.

가정에서 가족끼리 지내는 시간이 가족 상황에 따라 달라지겠지만 짧게는 8시간 길게는 24시간까지도 가능하나 직장이 있는 사람에게는 직장에 가서 다른 사람들과 어울리며 직장문화를 형성해 거기에 적응해서 살고 있는 것이다.

그러니까 어떤 사람들을 보면 잘못된 가정문화로 일생을 헤매며 사는

사람이 있는가 하면 일생을 아주 행복하게 사는 사람도 있다. 이것은 태어날 때의 가정문화가 얼마나 중요한지를 말해 주는 것이며 다음이 학교에서 받는 영향, 그리고 친구들과 어울릴 때 받는 영향에 의하여 결정되는 경우도 있다.

젊은 청년의 경우에는 자기 가정의 문화보다 다른 집의 문화가 마음에 끌릴 때에는 자기 집에서 반항하는 경우도 있고 학교에서도 친구들이 조직을 가지고 나쁜 행동을 하는 것이 새롭게 느껴지고 마음에 끌리면 따라 하게 되고 자기문화로 정착하려는 시도를 하게 되는 경우도 있다.

이런 말들은 결국 가정에서부터 자라는 사람들에게는 그 가정과 학교, 지역사회에서 영향을 받아 문화적인 인격이 형성되겠지만 한 나라 안에서 보면 이 중에서 가장 큰 영향을 받는 것이 가정의 문화인 것이다.

태어나서 7~13세 정도까지 받은 영향이 그 사람의 일생을 지배할 수도 있다고 한다.

교회 설교에서 들은 이야기 중 일본에서 실제로 일어났던 사실을 소개하고자 한다.

살인강도가 죄를 짓고 사형을 언도받고 최후 진술을 묻는 판사의 말에 죄수는 마지막으로 어머님의 젖을 빨아보고 싶다고 했다고 한다.

재판관은 어머니에 대한 사랑의 표시로 생각하고 어머니를 데려오게 했고 젖을 빨도록 허락해 주었다. 그런데 그 사형수는 어머니 젖을 물어 피를 흘리게 하여 말릴 새도 없이 어머니를 죽게 만든 것이다.

그 사유를 알아본즉 죄수의 사연은 이러했다.

어렸을 때 친구 집에 놀러 갔다가 신발 한 짝을 잃어버리고 돌아왔다

고 한다. 이것을 본 어머니가

"이놈아, 네 신발 한 짝이 없으면 남의 신이라도 좋은 것 하나 골라 신고 오지 그래 한 짝만 신고 와." 하고 매질까지 해대며 나무랐다는 것이다.

이 사형수의 성장이 이렇게 시작되었다면 그 후에 계속 이런 식으로 이어졌을 것이다. 그래서 도둑, 폭행, 살인 같은 것을 양심에 가책을 받지 않고 자행하게 되었으며 현재 자기가 이렇게 된 것은 어머니 때문이므로 이를 응징한 것이라 했다.

가정의 문화는 참으로 어린이의 성장에 엄청난 영향을 미치게 된다는 것이다.

그렇다고 하여 여기 제목에서 이런 잘못된 가정의 문화적인 차이를 인정하라는 것이 아니라 가정마다 생각이 좀 다를 수도 있고 하니 범죄적 문화가 아니라면

"아! 그럴 수도 있구나!"

하고 한번 생각해 보면 이해가 갈 경우는 다행이나 사회 통습에 비춰 봐서 도저히 이해가 가지 않으면 잘못된 것이라 생각하고 상대를 안 하는 편이 오히려 범죄 문화에 휩쓸리지 않게 되는 것이다.

위의 10가지에서 형성된 문화를 나름대로 써 볼까 한다.

1) 삶의 형성

삶의 형성을 더듬어 볼 수 있는 것은 과거의 기록을 근거로 하는데 그 '기록' 이라는 것이 몽상가의 꿈을 쓴 것을 그때 실제 있었던 일로 받아들인다면 어처구니가 없을 것이고 도(道)를 한다는 사람들이 명상에 잠

겼을 때 나타나는 명상록일 수도 있다. 또 그냥 옛날 이야기처럼 꾸며서 쓴 기록이 사실로 받아들여질 수도 있다.

인간의 삶의 형성과정을 몇 가지 기록을 들춰 가며 이러하다 저러하다 말할 수는 없을 것이다. 지금 각국의 문화를 보면 너무나도 이색적으로 형성된 것만은 틀림이 없다. 이것은 왕래와 통신이 없이 전통적으로 그 지역에 따라 생활해 온 생활습관이 정착된 것이다.

마틴 J. 개논의 『세계문화의 이해』를 보면 23개국의 메타포(cultural metaphor, 그 사회의 중요한 특징)를 각국에 담아두고 있는데 몇 개만 소개해 보면

1) 일본: 정원

2) 인도: 시바 춤

3) 폴란드: 마을 교회

4) 미국: 미식축구

5) 이스라엘: 키브츠와 모사브

이러한 정원이며 미식축구 등이 메타포를 형성하는 데는 흘러온 역사와 이때 형성된 생활의 패턴, 성격 등이 모두 어우러져 이루어졌다. 그러니 전혀 다른 문화권의 사람들이 "불결하다"(인도), "노출이 심하다"(브라질), "엄하다"(일본)라고 말한다면 그것은 문화를 이해하지 못한다는 말과도 같은 것이다.

한 나라에서도 예를 들면 우리나라의 경우 동서와 남북의 메타포를 다르게 말할 수도 있을 것이다. 이태리도 그렇고 독일도 남부지역과 북부지역의 현저한 차이를 이루는 것은 지형적인 특색이 그렇게 만들고 있다고 보여진다.

따라서 한 가정에서도 어른들의 행동과 말, 그 삶 자체가 이어져 자손들에게 전하여 문화를 형성해 가는 것이다. 그래서 우리나라에서 내려

오는 말 중에는 혼사를 논할 때 '가문을 보라' 고 따져보는 것이 바로 삶에서 형성된 신랑, 신부의 몸에 배인 문화적인 배경을 보는 것이다.

100% 문화적인 차이는 아니지만 형성된 가정문화의 차이는 결혼 후

1) 성격이 맞지 않는다.

2) 씀씀이가 헤프다.

3) 성질날 때는 물불을 가리지 않는다.

4) 행실이 천박하다.

5) 너무 고상하게 군다.

6) 항상 잘난 척한다.

7) 나를 깔본다.(여자의 입장에서 남자에게)

8) 술을 잘 마시고 도박을 좋아한다.

9) 바람기가 있다.

10) 백수 근성이 있다.

등의 말이 나온다면 그가 살아온 삶의 형성 과정까지 더듬어 올라가야 원인을 알 수가 있겠지만 이미 때는 늦은 것이다.

따라서 가정이 중요하고 살고 있는 나라의 문화가 중요한 것이다. 그러나 나라의 문화는 그 나라의 독특한 형태로 정착된 것이므로 나쁜 결과를 일으키는 요소가 없다면 오히려 여기에 적응하여 사는 것이 옳은 것이다.

2) 생물적인 본능의 표현

최근 우리나라도 옷차림에서도 그렇고 지하철 실내에서까지 젊은 남녀가 진한 애정 표현을 하여도 개의하는 사람이 없다. 옛날 같으면 상상도 못할 일들이 인간의 생물적인 본능의 표현에서 일어나고 있는 것이다.

문화가 바뀌고 있는 것이다.

이는 서양의 문화를 받아들인 것이다. 어떤 종교를 믿는 나라에서는 종교의 벽이 이를 막아 주지만 그렇지 못한 나라에서는 썰물처럼 들어오고 또 밀물처럼 나가버리는 그 자리에 다른 것이 대체된다.

성에 대한 관념이 변하고 결혼관이 변하고 이혼관이 변하고 자식에 대한 책임감이 변하고 앞서 말한 애정표현이 변하고 애를 모유보다는 분유를 먹이고(일부) 조상을 고려장하고 부모를 잘 찾아가지도 않고 병들어도 돌보지 않는(못하는 경우도 많음) 현상들이 일어나고 있다. 모든 국가가 다 그런 것은 아니겠지만 세계의 문화교류가 활발해지면 특별한 이유(전쟁이나 악마 같은 독재자의 출현, 어떤 특정국가와 같이 종교적인 벽)가 없는 한 자유로운 생물본능의 쪽으로 가게 되어 있다.

따라서 한 국가는 한 가정의 장점을 유지하고 강력한 문화가 침략당하지 않도록 노력한다면 얼마간은 그대로 유지가 가능할 것이다.

3) 예술의 형성

'세계문화가 형성된 과정에서 메타포로 예술과 체육을 내세우는것을 보면 브라질의 삼바, 독일의 심포니, 미식축구, 이탈리아의 오페라, 러시아 발레, 스페인과 포르투갈의 투우를 들 수가 있다. 이들은 좋아서 하는 것들이다. 그 초기 시발점을 모두 설명하기란 끝이 없지만 말 그대로 문화, 즉 삶 속의 일부가 된 것이다. 우리나라도 오페라가 좋아서 많은 사람들이 이태리로 오페라를 배우러 간다. 이처럼 느낌이 좋은 것은 유입되기 마련인 것이다. 이태리의 오페라는 이태리의 과거 침략 전쟁으로 걸어온 이태리 국민의 역사와 배경에서 이루어진 것이라고 한다.

떠들썩하니 거리로 뛰어나와 웅성대는 것은 난리를 묘사한다고 한다. 역사를 알면 이를 이해할 수가 있다.

우리나라의 메타포는 김치로 되어 있다.

"왜 김치일까? 기호 식품일 뿐인데."

이런 생각을 하면서 오히려 최근의 메타포를 말하라면 '학원' (과외) 또는 '아파트' 로 하는 것이 맞지 않겠나 나는 생각해 보았다.

그 메타포 설정의 배경을 보면 초기 한국의 김치는 7세기경 신라 31대 신문왕의 결혼을 축하하는 잔치로 거슬러 올라가야 한다고 한다. 681년부터 692년까지 다스린 임금이 바로 신문왕이다. 한국인들은 식생활의 필요상 신선한 야채를 가꾸기가 힘들어 저장성을 높이기 위해 일 년 내내 먹을 수 있도록 한 것이 김치라는 것이다. 발효 저장식품인 것이다. 유럽의 발효 고기와 같은 것이다.

말이 좀 빗나갔지만 예술의 형성도 필요에 의하여 형성되는 것이다. 앞에서 말한 대로 이탈리아의 오페라는 이탈리아의 모든 것을 말해 준다고 한다. 무대는 삶의 어떤 것도 표현할 수가 있어 풍자할 수가 있고 특히 노래는 문화의 정수라고 한다.

우리의 앞으로의 문화가 어떻게 변화 · 발전할지는 두고 볼 수밖에 없지만 최근 예술과 체육의 기운이 일고 있는 만큼 그 정신 그대로 조직적이고 협동하는 쪽으로 문화가 이루어졌으면 좋겠다.

4) 가정과 직장

우리나라의 최근 가정문화는 일제의 강점기, 6.25사변을 겪었고 근년에 빠른 경제 성장으로 바다의 파도와 같은 격동의 삶 속에서 이루어졌다. 가정으로 보면 대가족으로 살던 형태에서 핵가족으로 발전했고 자식은 많을수록 좋던 시절에서 이제 하나 아니면 겨우 둘 정도 낳고 만다. 자식들은 서로 부모를 모시지 않겠다고 하고 유산은 서로 많이 차지하려고 싸움 · 소송까지 가는 경우도 있다.

어린아이들은 불타는 교육열에 몰려 '조기교육' 의 필요성을 강조하면서 각종 학원에 내몰리는가 하면 좋은 학교 가기 위해서 또는 최근에는 미국 유명 대학에 가기 위해서 현지인 교사를 데려다 미국과 같은 환경을 만들어 공부시키는 사람들이 늘고 있다. 많은 젊은이들이 자격증을 따려고 애써야 하고 전문성을 갖추려 노력하는 좋은 현상도 나타나고 있다.

어떻게 보면 역동적인 문화가 움튼다고 보아도 좋을 듯하다. 그래도 과열 양상만은 피하는 것이 좋을 것이다.

직장은 간판을 중요시하던 시대가 엊그제인데 이제는 능력을 중시하는 형태로 바뀌는 모습도 보인다. 그러나 노사관계는 세계에서 유래를 볼 수 없는 대치관계를 지난 20년간이나 지속하고 있는 것은 좀 길다. 소위 '막무가내' 이다.

이런 형태의 직장문화가 정착된다면 우리에겐 미래가 없다. 이런 문화가 정착되어 나가다 보면 죄의식도 없고 무엇이 정의인지도 모른 채 언젠가는 파멸할 것이다.

현재의 젊은이들은 옛날을 알 리가 없다. 알려고 하지도 않아 소통이 되지를 않는다.

이러한 것이 우리의 가정과 직장의 문화이다.

5) 종교

『세계문화의 이해』에서 메타포로 종교를 다룬 곳은 폴란드의 '마을교회' 와 중국의 '가족제단' 이다. 이 책에는 이슬람교(터키, 이란, 이라크, 나이지리아, 그리고 말레이시아 등 포함)를 다루고 있지 않다. 이유가 있다고 본다. 문화 형성에 종교는 절대적인 역할을 한 것은 틀림없다. 세계 도처를 다녀봐도 문화유산으로 남아 있는 것은 종교적인 유적물이다. 유럽의 구교 사원, 아세아의 불교 절, 인도의 힌두교 사원들, 아랍의 이슬람 사원, 그리고 이집트의 신전을 보면 1000년, 2000년, 3000년 전의 문화를 상상해 볼 수가 있다. 약한 인간이 무엇인가 절대적인 능력이 있는 신에게 의존해 보려는 것은 인류의 탄생에서부터 시작되어 문화를 이룬 것이다.

6) 정치

정치는 권력이다. 권력자는 법을 개정할 수도 있고 집행까지 할 수가 있으니 정치인은 마음먹기에 따라서 국가를 말아먹을 수도 있다. 그래도 임기가 있으니 잘못하면 다음에 국민이 안 뽑으면 그만이겠지만 대개 권력자들은 별 수단을 다 동원해 권력을 놓으려 하지 않는다. 일단 권력을 잡으면 두 가지 아니 두 가지 맛을 볼 수가 있을지도 모른다.

1) 부자를 굽신거리게 만들 수가 있고
2) 돈을 직간접으로 뜯어낼 수가 있다.

술자리도 제공받고 골프도 공짜로 할 수가 있으며 많은 사람이 집에 찾아와 굽신거린다. 어디 그뿐이겠는가. 죄짓고 잡혀간 사람도 내보낼 수가 있고 취직 못한 사돈의 팔촌까지 좋은 직장 얻어 줄 수가 있고 친구들도 한자리 만들어 줄 수가 있는 것이다. 이것이 권력이다. 그러니 누가 정치판에 끼어들려 하지 않겠는가.

이런 정치문화는 나라마다 역사적으로 이루어진 그 무엇인가가 국민과 공감대를 이루어 정해진다. 감정이 앞서거나 의심이 많은 민족은 올바른 정치인을 뽑을 수가 없고 선동에 잘 넘어간다. 인간의 속성은 크게 다를 바가 없는데 말의 잔재주에 속고 또 속아서 항상 당하는 것이 국민이다. 그런 면에서 보면 국민의 성숙된 면이 있어야 한다. 용서할 만한 것은 용서하고 안 되는 것은 그 뿌리를 뽑아야 한다. 그런데 그것이 안 돼 고생들을 하는 나라가 많다.

따라서 정치문화의 형성은 그 나라 국민의 성숙도에 따라 결정되며 변해 왔으나 그래도 아직 계속 당하고 있는 것은 국민이다.

법안 하나를 만들 때도 고심하고 심사 숙고해야 하는데 그저 뚝딱 만들어 놓고는 수정에 수정을 하느라 야단인 것이 최근의 우리 정치문화이다.

만족할 만한 정치문화를 국민이 바라는 것은 무리이지만 적어도 국민이 원하는 것은 안심하고 생업에 종사하며 사는 것이다. 기업의 노조가 큰소리치고 많은 형태의 NGO가 만들어져 야단법석을 해대며 온통 국민들을 혼란스럽게 하는 것은 누구의 탓도 아니고 우리 스스로의 탓인 것이다. 그 나라의 정치문화는 국민들의 결집과 나라를 지키려는 무언의 애국심이 만들어 내는 것이다.

깡패, 건달, 졸부, 아첨꾼, 투기꾼, 술수꾼, 말재주꾼(거짓말이 많이 섞인 말을 하는 사람들) 같은 정식과정을 밟지 않고 사는 사람들이 정치에 끼어들면 안 된다. 이들은 무엇이든 사리사욕을 채우려고 혈안이 되고 뒤로 무슨 짓을 할지 모른다. 그들은 나쁜 짓을 정상적인 일로 착각하고 있기 때문이다.

그러나 이런 것들이 현실에 개재되어 있는 것이 우리 정치문화의 현

주소는 아닐는지? 설마

7) **경제**

국가에서 가장 바르게 그리고 국민들에게 필요한 것이란?

1) 올바른 전통문화(바른 생각의 역사)

2) 올바른 정치

3) 넉넉한 경제

4) 올바른 교육과 도덕성

5) 상호 신뢰

라고 한다면 이 중에서 상호 신뢰를 바탕으로 한 넉넉한 경제가 제 1일 것이다. 아무리 경제가 넉넉하다고 하더라도 신뢰가 없는 사회라면 물론 넉넉한 경제문화가 이루어질 수 없는 것이다.

경제는 흐름이다. 몸에 피의 순환이 있듯이 경제가 순환이 되지 않는다면 그 나라는 죽거나 순환 안 되는 부분은 썩어 잘라버려야 된다. 이렇게 순환이 잘 이루어져서 튼튼한 경제를 이룬 나라들이 선진국인 것이다. 경제는 사람이 이룬다. 튼튼한 경제를 이루기 위해서 필요한 것은 과학과 기술이 발전해야 하는 것은 틀림없지만 전통문화와 올바른 가치관 등 위의 5가지가 조화를 이루어야 한다. 우리가 중국인들을 타고난 장사의 재주를 가지고 있다고 하며, 유태인은 타 민족에게 미움을 받지만 자기 실속을 찾는 데에는 어느 민족도 당할 수가 없다고 생각한다.

우리나라는 지난 30~40년간 눈부신 경제 발전을 이룩하였다. 이것은 우리의 특성 즉

1) 끈질긴 근면성

2) 급한 성격

3) "돈을 벌어야 한다!"는 강박증

4) 신나게 일하는 근성

5) 불타는 듯한 교육열

이런 것들이 문화적으로 정착되며 이루어진 것이다.

그러나 최근 이런 것들이 변질되고 있다. 자신의 이익을 많이 챙기면 그만이라는 문화가 움트는 것이 염려스러운 것이다. 그렇다고 우리 경제 문화가 쉽게 나빠지지만은 않을 것이라고 생각한다. 왜냐하면 우리 민족이 그렇게 미련하지 않기 때문이다.

8) 역사

현재 우리문화는 지난날 우리의 역사 속에서 형성된 것이다.

중국의 문화의 영향을 받아 한문을 사용했지만 우리의 성군 세종대왕은 우리말 한글을 창조했다. 이는 백성을 위해 창제한 글이다. 이후 일제 식민지, 해방, 6.25전쟁을 겪은 후 박정희 대통령은 우리 역사에서 위대한 경제 업적을 남긴 사람이다. 그가 독재를 했다고 하지만 그의 업적은 이러한 것들을 다 상쇄하고도 넉넉히 남을 수 있는 공을 세운 역사적인 인물인 것이다.

우리는 강대국들 사이에 끼인 작은 나라다. '우리가 살 수 있는 방법이 무엇인가?'를 생각하며 살아오면서 만든 문화가 근대 우리의 문화인지도 모른다.

어떻게 보면 살아남으려고 발버둥치며 만든 생존의 역사문화를 가지고 있다.

우리 민족은 정치를 좋아하고 회장, 사장, 국회의원을 좋아한다. 남위에 군림하는 것을 명예롭다고 생각하는 사람들이 많다.

그리고 지배도 해보고 싶은 것이다. 이권에 개입하여 무엇인가를 많이 거둬들이고, 미운 사람은 감옥에 보내고 싶어 하는 그런 옛날 벼슬문화가 아직 존재하고 이런 역사를 현재도 되풀이하고 있는지도 모른다.

9) 교육

우리의 교육문화는 세계의 어느 나라에서도 볼 수 없는 문화를 만들어 가고 있다.

1) 학원문화
2) 유학문화
3) 영어 어학문화
4) 고학력(석 박사)문화
5) 스타 문화

평범한 생활을 하며 사는 것이 아니라 유창한 영어나 불어 또는 일어나 중국어를 하며 박사나 교수라는 경어를 듣고 싶어 하기 때문에 출세하려고 박사학위를 돈 주고 취득하는 경우도 있다.

교육이란 내가 세상을 살아가며 편리하게, 그리고 모나지 않게 누구나 다 인정하는 것을 하며 살면 된다. 그러나 우리 민족은 타인에게 억압받고 멸시받던 때를 기억하고 적어도 내 자식 대에만은 이런 일이 없도록 해야겠다고 생각한 것이 과열되어 지금에 이른 것으로 생각된다.

불가피하게 정착이 되었다면 이젠 뜯어 대폭 고치려 하기보다는 '올바른 정착' 이 되도록 수정하는 것이 옳은 것으로 생각된다.

10) 외교

우리 민족은 과거에는 중국, 그리고 근대사에서는 일본에 이어 서양 문화를 받아들이며 외교적 활동이 본격적으로 시작되었다고 볼 수 있고, 현재는 실리보다는 자존심을 중요시하는 감이 있다. 외교는 상호적이다. 주고받는 것이다. 어떤 때는 받는 것이 많을 수도 있고 또 어떤 때는 잃는 것이 많을 때도 있다.

국민들에게 경제를 주고 웃음을 주며 행복감을 가져다주는 외교가 되어야 한다.

외교도 경제가 강해야 우위에 설 수가 있고 발언에 권위가 생긴다.

아직도 우리는 더 강해져야 하며 그래야 강한 외교를 할 수가 있다.

국민들의 얼굴에 미소가 돌 수 있는 문화가 되도록 말이다.

아는 만큼

안다는 것은 자신만의 즐거움을 주어야지
과시가 되어 교만을 주어서는 안 된다.

사람은 참 단순한 때도 많다.

대개 어떤 일에 부닥쳤을 때 판단은 그동안에 자기가 경험한 배경을 깔고 하는 것이다.

그래서 이런 말이 있어 왔다.

1) 사람은 자기가 경험한 것만큼만 볼 수 있다. 또는

2) 사람은 자기가 아는 만큼밖에 볼 수 없다.

1)의 것은 공부는 못했더라도 오랜 축적된 경험으로 나이가 먹은 사람들에게 해당한다고 볼 수가 있고 2)의 것은 나이는 적더라도 책을 많이 보고 들어 공부를 열심히 하여 기초를 쌓은 경우라고 할 수가 있는 것이다.

그러나 최근에는

3) 아는 만큼 건강하게 산다.

4) 아는 만큼 예배한다.(목사가 교인의 심리를 잘 파악하고 확실한 메시지를 전달하는 예배를 해야 한다는 것으로 이해된다)

5) 아는 만큼 느낀다.

6) 아는 만큼 고뇌한다.

7) 아는 만큼 행한다.

8) 아는 만큼 더 힘이 든다.

9) 아는 만큼 이해한다.

10) 아는 만큼 실천한다.

같은 문구가 인터넷에 뜨는 것을 볼 수가 있다.

병원에서 의사의 말을 무조건 믿으면 좋지만 자기 나름대로 아는 것이 좀 있다고 거기에 예측하여 판단을 한 후 의사를 불신하는 경우도 있다. 의사들은 또 의사들 나름대로의 자기 학문적인 기초와 임상경험을 토대로 '무엇 무엇일 것이다' 라고 판단하게 되는 수가 있는데 이것이 딱 맞으면 좋아도 틀릴 때에는 치료시기를 놓치게 되는 경우가 있다. 이렇게 되면 대부분의 사람들은 이 병원 저 병원 기웃거리게 마련인 것이다. 검사(檢査)와 해석이 시원치 않을 때 더욱 그렇다.

내 친구는 천식이 있는데 한 병원에서는 약을 한줌씩 먹으라고 줘서 먹었는데 그 의사가 안식년이 되어 다른 병원에 갔더니 새 의사는 약을 주지 않았다고 한다.

"약 안 먹으면 기침이 나오는데요!"

했더니

"그렇지요! 천식환자가 기침 좀 하는 것은 당연합니다."

정 괴롭거든 조금씩 먹으라는 것이다. 그러니까 처음 진단한 의사는 기침까지 나지 않도록 하는 데 기준을 둔 것이고 후자의 경우는 해로운 약을 매일 먹는 것보다는 기침을 좀 하더라도 경험상 독한 약을 안 먹는 편이 건강에 좋다는 기준을 가지고 있는 것이다.

위의 6)과 8)은 아는 만큼 고뇌가 되고 힘이 더 든다는 것이다. 모를 때에는 그냥 넘어갔지만 알고 나서는 아는 것으로 인하여 판단 기준이 달라지니 당연한 것이다.

이처럼 사람들은 나름대로 자기가 경험하고 알고 있는 것을 늘 머리에 새겨 넣고 닥치는 일을 판단하는 것이다. 전혀 새로운 것이 나타나면 받아들여지는 데 상당한 시간이 걸리는 것이다. 짧게는 2~3초가 되겠지만 긴 것은 몇 년이 걸릴 수도 있고 영 모르고 죽을 수도 있다.

이처럼 사람은 완벽하지 못하므로 그저 한평생 주어진 조건에 따라 살다가 세상을 등진다. 주어진 조건이 좋은 사람은 일생 좋은 환경에서 군림할 수도 있고 여건이 나쁜 사람은 그 환경에서 벗어나지를 못하고 만다.

"첫 단추를 잘 채워라!"

라고 하는 말의 의미를 알 수가 있다.

'아는 만큼' 을 어떻게 만들 것인가?

하는 것은 어릴 때 보고 배우는 환경이 중요하다는 것을 의미한다.

"이것이 교육이다."

교육이란 과열되어서도 안 되지만 그렇다고 방치할 수도 없는 것이다. 어릴 때 책을 좋아하면 좋은 책을 읽도록 해 주면 된다고 생각한다. 미국의 보이스카우트의 정신이 바로 이런 것을 자연과 접목한 것이다. 즉 경험이다.

나는 에너지 사용이 환경에 미치는 영향이 상당히 중요해졌다는 말을 약 20년 전에 어느 신문의 대담에서 말한 적이 있다. 유가가 쌀 때여서 에너지 절약을 강조하기가 쉽지 않은 때라 어떻게 해야 국민들이 에너지 절약을 할 수 있을까 고민하던 때이다. 그러나 국내에서는 전혀 공감대가 없었기 때문에 대담기사를 쓰는 기자도 이 말은 쏙 빼버린 것이다. 기자의 눈에는

'아는 만큼' 의 시야가 없었다.

약 2년 후에 국제회의에 관료가 다녀와서 이 문제를 깨닫게 되면서부터 여론이 형성되는 것을 보았다.

그렇기 때문에 회의 같은 데서는 남의 말에 귀를 기울여 잘 들어보고 이해가 안 되면 그것을 이해해 보려고 노력해야 하는 것이다.

"왜 그런 말을 했을까?"

라고 생각해야 하는 것이다.

그렇지 않고 자기 기준만 내세운다면 어리석음을 범할 수가 있는 것이다. 즉 옳은 것을 고집하는 것이 아니라 자기 생각을 버릴 수가 없기 때문에 잘못된 것을 고집한다면 미련하다고밖에는 말할 수가 없는 것

이다.

세상은 넓고 지식과 경험은 여러 가지다. 우리가 아는 것은 누가 말했듯이 해수욕장의 몇 알의 모래알과 같다고 하지 않았는가.

노인들은 옛 경험을 사용하는 것이 편리하기 때문에 이를 고집하는 경우가 있으나 완전히 잘못된 것이라고는 말할 수는 없고 옛 경험 위에 새로운 지식을 올려놓아야 튼튼해지는 것이다.

옛것을 다 무시해 버리면 이미 경험한 것을 되풀이해 가며 다시 경험하려는 잘못을 범할 수가 있기 때문이다.

'아는 것만큼.'

그것을 어릴 때 교육과정에서 어떻게 형성시켜 주며 또 얼마나 자연을 경험할 수 있는가가 중요하다.

아인슈타인이 빛에 관심을 갖게 된 것은 아버지가 발전기를 제작하는 회사를 운영했는데 이때 도와주며 경험을 했다. 특히 삼촌이 계산을 하루 종일 하는 것을 보고 아인슈타인이 쉽게 그 자리에서 계산을 해치우며 도와주어 흥미를 갖게 되었고 아버지와 삼촌을 놀라게 했다. 아인슈타인은 이때 보이지 않는 자장이 있는 것을 보고 빛에 관심을 갖게 되었고 여기에 일생을 바친 것이다.

어릴 때 무엇을 보고 자라느냐가 일생의 방향을 제시하는 경우가 대부분이다.

어리석음

어리석은 행동은 좋은 결과를 낳을 수도 있지만
약은 행동은 오히려 불행을 낳는 경우가 많다.

'어리석음' 이라는 말 자체가 철학적 의미를 가지고 있는 듯하다. 많은 사람들이 어리석음에 대하여 글을 쓰고 있으며 심지어는 『마티아스 반 복셀』은 『어리석음에 대한 백과사전』을 썼다.

책의 내용에서 "어리석음이 우리의 현재 삶의 기초를 형성하며 오히려 인간만이 가질 수 있는 재능이 될 수가 있다."고 말한다.

그러니까 인간의 어리석음을 통제하려는 무엇인가의 노력이 오히려 우리 문명을 발전시켰다는 뜻이다. 어리석게 굴다가 망하고 이것이 오히려 다음에 무엇인가를 경험으로 발전시켰다는 것이 이 책 속에 있다.

우공이산(愚公移山)이라는 말도 있다.

"어리석은 영감(靈感)이 산을 옮긴다."

결코 어리석음이 나쁜 것만은 아니고 우둔해 보이지만 꾸준히 하면 이룰 수 있는 것, 오히려 그것이 큰 성과를 거두는 것이다.

우리나라의 새만금사업은 처음 시작할 때 저걸 어떻게 하나 생각했지만 막기는 막았지 않았는가? 이런 어리석은 일을 할 수가 있는 것은 우리 인간뿐인 것이다. 동물은 할 수가 없는 하나님의 창조물인 인간이 가능하게 하는 것이다. 이런 좋은 어리석음은 결단력이 있는 사람만이 또 할 수가 있다.

우리나라 황해도 사람들을 일컬어 '석전경우(石田耕牛, 돌밭을 가는 소)' 라고 말한다. 어리석다는 말이다. 그러나 근면하고 인내심이 강하다는 말인데 무엇인가를 해내려면 어리석게 보이는 것이 많다는 뜻이다.

성경에 어리석은 자(사람)에 대하여

"어리석은 자는 노를 다 드러내어도 지혜로운 자는 그 노를 억제하느니라(잠언 29:11)."

말하고 있다. 여기서는 화를 잘 내고 이를 제어할 줄을 모르는 인간을 어리석다고 하고 화를 억제하는 사람을 지혜 있는 자라고 하고 있으므로 어리석음의 반대는 지혜이다.

그럼 과연 지혜롭지 못한 인간의 어리석은 행동에는 어떤 것들이 있을까를 생각해 보고자 한다.

1) 어리석은 사람은 조그마한 불행을 현미경으로 확대해 스스로 큰 고민 속에 빠진다(라 로슈푸코의 말).

2) 어리석은 자는 그 마음에 이르기를 하나님이 없다 하도다! 저희는 부패하고 소행이 가증하여 선을 행하는 자가 없도다(시편 14:1, 무신론자를 어리석다 함).

3) 인간은 자기가 언젠가는 죽는다는 것을 모르고 있는 것처럼 군다(그래서 욕심을 부린다).

4) 인간은 거들먹거린다(건방짐, 자기과시 그리고 존경받기).

5) 인간은 많은 부를 가지고도 더 가지려 한다(졸부들의 욕심).

6) 인간은 거짓인 줄 알면서도 자기를 칭찬해 주면 좋아한다(높은 지위계급).

7) 인간은 남을 도와주는 것을 게을리 한다(부자 중에).

8) 인간은 남의 험담을 좋아한다(푼수들).

9) 인간은 남 흉내 내기를 좋아한다(약삭빠르다는 사람들).

10) 인간은 남의 일에 끼어들기를 좋아한다(자제력 부족).

또 일반적으로 정치와 사업 등에 있어서 절대 있어서는 안 되는 어리석음에 대하여 극단적인 것들을 10가지씩만 가정해 보자 .

정치

1) 곧 들통날 것인데 돈을 슬쩍 받는다.

2) 곧 들통날 것인데 '아니' 라고 우긴다.

3) 자기 외에 다른사람은 아무도 믿지 않는다.

4) 자기 허물보다 남의 허물에 더 관심이 있다(나중에 자기 허물을 알았을 때 맞교환하려고 하는지도 모른다).

5) 곧 들통날 거짓말도 한다(그렇게 넘어간 적이 있기 때문인지도 모른다).

6) 국가보다도 자기의 이익에만 더 관심이 있다(당초에 국가에는 관심이 적었는지도 모른다).

7) 자기과시를 좋아한다.

8) 항상 남을 비방한다(자신은 그렇지 않다는 것을 드러내려고 하는지도 모른다).

9) 무엇 때문인지 항상 바쁘다고 한다.

10) 한번 정치를 한 다음에는 죽을 각오라도 하고 다시 하려고 한다. 왜?

사업

1) 소비자의 입장을 잘 그리고 충분히 이해하려 하지 않는다.

2) 주위의 쓴 말보다 측근의 달콤한 말이 항상 좋다.

3) 자식과 친인척을 주위에 두고 싶어 한다(남을 믿지 못함).

4) 정치인에게 돈을 준다.

5) 정치인과 친한 것이 자랑스럽다.

6) 정치인이 초대하면 좋다.

7) 자기 혼자 모든 것을 다하고 싶다.

8) 늙어서도 계속 그 자리를 지키고 싶다.

9) 자선 및 지역발전투자에 돈을 쓰고 싶지 않다.

10) 근로자의 노력을 경시하는 경향이 있다

이런 것들의 어리석음에 있어서는 안 되겠다는 의미에서 가정하여 상상해 본 것이다.

또 최근 보통 우리 주변에서 사람들을 어리석게 만드는 말에는 어떤 것들이 있을까.

1) 이자 많이 줄 테니 돈을 꿔 달라고 할 때 혹한다.

2) 의사가 아닌데 병 고칠 수 있다고 파는 물건에 뻑 간다.

3) 불치병 환자들에게 병을 고칠 수 있다며 이상한 치료로 돈을 요구할 때 혹한다.

4) 중매쟁이가 여자 측과 남자 측에 대하여 과장되게 말하는 것을 그대로 믿는다.

6) 최근 땅 사라고 전화해 대며 돈 많이 벌 수 있다고 말하는 것을 그대로 믿는다.

7) 권력자와 유명인사와 친하다고 하며 접근하여 돈을 벌게 해줄 테니 섭외비로 돈을 요구하는 말에도 뻑 간다.

8) 돈을 요구하며 학교 붙여 주겠다거나 취직시켜 주겠다는 말을 믿는다.

9) 사기꾼인 줄 알면서도 하는 말을 그대로 믿으려 한다. 설마하고

10) 인터넷에 뜨는 말 중 솔깃한 것을 믿는다.

이들 외에 여러 가지의 솔깃한 말이 있겠다. 어떻든 복권 당첨이 아닌 이상, 나의 노력의 대가 없이 누가 내게 이익이 되게 해 준다는 것은 다 거짓말이라고 생각하면 된다. 어떤 경우는 심하게 말해서 부모 자식 간에도 못 믿을 경우가 생기기도 하는 것을 볼 수가 있는 것이다. 하물며 전혀 그 사람의 과거력(過去歷)을 모르는데 접근해서 이익을 주겠다면 그것은 대부분 사기꾼이라고 일단 생각하고 의심해야 하는 것이다.

열심히 일해도 먹고살기가 힘든데 그렇게 좋은 것이 있다면 자기가 많이 벌 일이지 남에게 권할 리가 없는 것이다. 그러나 사람들 중에는 이런 솔깃한 말을 들을 때

"야! 이제 내게 운이 트려는가 보다."

생각하는 어리석은 사람이 꽤 있다. 이런 현상은 우리나라의 경우 더욱 심하다고 볼 수가 있는데 그 이유는 곤경에 빠진 사람이 너무나 많이 있다는 것이다. 그렇기 때문에 이런 사기꾼들이 판을 치게 되는 것이다.

아무리 이런 사기꾼을 조심하라고 신문, 라디오, TV에서 떠들어대도 당하는 사람이 많이 나오는 것을 볼 수가 있다.

어떤 회사에서 많은 사람이 이직을 하게 되었다. 퇴직금이 상당한 액수가 되기 때문에 회사에서는 특별히 돈 관리하는 강좌를 개설해 주었다. 이때 강사는 이런 말까지 했다.

"지금 이곳에는 여러분들이 퇴직금을 받는다는 말을 듣고 서울 사기꾼들이 이미 내려와서 대기하고 있으니 특별히 유의해야 한다." 고 했다.

그러나 6개월 내에 이들 퇴직자 중 50%가 사기를 당했다는 것이다. 그만큼 사기꾼들은 기기묘묘하게 접근한다.

"우리 회사(가짜)에 투자하면 전무이사 자리를 드리겠습니다."

"자가용에 비서, 그리고 보너스를 1,000% 드리겠습니다." 이런 말이 오고 가면 "이제야 내가 제대로 대접을 받는 거야!" 생각하게 되는 것은 인간의 어리석음 때문이다.

돈을 벌고 가정을 꾸미는 것은 내가 노력해서 그 대가로 얻는 소득으로 살아야 인생에 보람이 있는 것이다. 그리고 돈은 내가 쓰는 만큼만 있으면 되며 없으면 없는 대로 고맙게 생각하며 살면 하늘은 반드시 무심하지 않다는 것을 알아야 한다.

억울함

억울함을 당하는 편이 차라리 억울함을 남에게
주는 것보다 낫다.

억울(抑鬱)함이란 말은 '애먼 일을 당하여 원통하고 가슴이 답답하다' 라고 사전에 씌어 있다.

성경에서 주로 억울함을 나타내는 것을 보면

1) 객이나 고아의 송사를 억울하게 하지 말며(신명기 24:7)

2) 악인을 두둔하는 것과 재판할 때에 의인을 억울하게 하는 것이 선하지 아니하니라(잠언 18:5)

3) 너희는 의인을 학대하며 뇌물을 받고 성문에서 가난한 자를 억울하게 하는 자로다(아모스 5:12)

4) 품꾼의 삯에 대하여 억울하게 하며 과부와 고아를 압제하며(말라기 3:5)

5) 객이나 고아나 과부의 송사를 억울하게 하는 자는 저주를 받을 것이라(신명기 27:19)

성경은 약한 사람을 억울하게 하지 말라는 것이다. 약한 사람은

객(客),

고아,

의인,

품꾼,

가난한 사람,

과부

를 말하고 있다. 다른 말로 말해 보면 모든 것이 넉넉한 사람이 삶에 있어 부족한 사람들을 괴롭히거나 착취하지 말라는 말이다.

예수님이 십자가에 못 박힌 것은 모든 인간의 죄를 사하기 위해서 하나님께 제물로 희생된 것인데 예수님 자신으로 보면 억울한 것이다. 그저 우리 인간은 고마울 뿐인 것이다. 이것은 지구 인류사의 획기적인 억울한 사건으로 이해된다.

그럼에도 불구하고 우리 인간은 나쁜 짓을 골라 가며 했다. 가장 대표적인 것이

'노예' 를 두었던 것과

'전쟁' 이나 '타 인종 학살'

이었다. 노예들은 얼마나 억울했겠으며 전쟁으로 죽은 사람들을 한 번 상상해 보라.

불교의 보왕삼매론(寶王三昧論)에서 억울함에 대한 몇 구절을 들여다보면

1) 억울함 당하는 것을 수행하는 문으로 삼으라.

2) 하루에도 몇 번씩 일어나기 쉬운 마음이다.

3) 억울하다는 마음은 "내가 옳다"는 아상(我相)의 마음이다. 상대방은 자기가 억울하다고 할 수가 있다는 것이다.

억울한 일을 당할 때 그저 그것을 교(敎)의 수행과정으로 삼으라는 것이다. 인생의 삶의 한 과정으로 여기라는 것이다.

그러니까 억울한 일이란 얼마든지 이 세상에 있을 수가 있다고 생각하고 사는 사람만이 행복하게 살 수가 있다.

하나님이 세상을 창조하고 인간을 이 세상에 살도록 하였다. 그의 섭리를 인간이 측량할 길이 없기 때문에 '왜 이렇게 하셨습니까?' 라고 말한다면 신의 섭리를 비판하는 것이 되는 것이다. 신이 그렇게 하시고 싶어서 하신 일을 인간이 이렇다! 저렇다! 말할 수가 없기 때문인 것이다.

1) 교통사고를 당하는 일

2) 어른들의 전쟁으로 희생되는 어린이들

3) 거짓 증언으로 누명을 쓰고 감옥에서 일생을 보내는 사람

4) 정치가의 편협한 생각으로 국민이 당하는 고통

5) 지나가다 강도를 당하는 일

6) 파렴치범에게 당하여 가정이 파괴되는 경우

7) 이유 없이 사기 당하는 일

8) 어린 나이에 암에 걸려 사망하는 일

9) 장애아로 태어나는 일

10) 길을 가다가 깡패에게 맞거나 맞아 죽는 일

11) 회사에서 밉보여 부당해고를 당하는 일

12) 재판에서 억울하게 판결을 받는 경우

13) 사기판매에 걸려 할부금 물어주는 것(상품을 억지로 보내고 돈을 통장에서 빼내가는 경우)

14) 미친놈이 집이나 자동차에 불을 지르는 경우

15) 남의 재정보증 서주었다가 집 날리는 경우

16) 자기 마누라가 있으면서 사기로 결혼하는 경우(여자의 입장)

17) 남이 물에 빠진 것을 건지려다 자기가 죽는 경우

18) 밀린 월급을 못 받고 일자리를 잃는 경우

19) 노예로 팔려가는 경우(현재도 일어나고 있음)

20) 전염병으로 죽는 경우

우선 20개만을 나열했으나 억울한 일이 어디 이것뿐이겠는가. 그러나 이런 일들은 지금도 세계 도처에서 계속해서 일어나고 있는 것이다. 가해자를 처벌한다고 하여 내 억울함을 어떻게 보상받을 수가 있겠는가? 신이 원망스럽기까지 한 것이다.

50년대 중반의 그 힘든 시기에 내가 아는 분의 아들이 미국에 유학 중이었다. 학교에서 밤늦게 돌아오던 중 흑인 불량배들로부터 구타를 당

해 사망하는 사건이 발생했다. 이 집 가정으로 볼 때는 청천벽력과도 같은 일이었다. 교회를 다니는 분들이어서 그 구타한 흑인들을 선처해 달라는 탄원서를 미국에 보내기까지 한 적이 있는 것이다. 온 가족이 착실한 교회 집안이고 그 죽은 학생도 착하기 이를 데 없는 사람이었지만 왜 이런 슬픈 일이 일어나야만 했을까?

그러니까 이런 현상을 어떻게 받아들여야 할 것인가? 종교적으로 말하면 마귀의 시험일까? 즉 그러니까 "이런 고통을 주었을 때 어떻게 행동하나 보자!" 하고 마귀가 한 것일 수도 있는 것이다.

구약에서 나오는 욥처럼 말이다. 욥은 이러한 마귀의 시험에 어떻게 대처했는가 생각해 보면 신의 뜻을 좀 이해할 수도 있을 것이다.

요셉이 형들에게서 미움을 받아 억울하게 애굽으로 팔려갈 때는 아무도 그 뜻을 몰랐던 것처럼 하나님의 섭리를 인간이 이해할 리가 없으나 크게 보면 하나님은 그 분을 잘 믿는 사람들은 항상 축복해 주었다.

미국 사람들 중에는 길거리에서 억울하게 강간을 당한 경우, 당한 여자는 얼마나 원통하겠는가? 그러나 그저 며칠 울고 훌훌 털고 일어나 그전 얼굴을 되찾는다고 들었다. 왜냐하면 이런 일이 있어서는 안 되겠지만 일단 있었던 일, 비가역적인 억울한 일(되돌이킬 수가 없는 일)을 놓고 자기 일생을 걸고 고민할 필요가 없다는 것이다.

우리 인간은 시간을 보내면서 이러한 비가역적인 세상을 살고 있는 것이다.

"말을 조심해서 하라."는 것도 한번 뱉은 말은 절대로 다시 담을 수가 없다는 것, 즉 그의 비가역성 때문인 것이다.

억울한 일을 이미 당했다는 것도 비가역적인 현상인 것이다. 그러니 그것이 어떠한 형태이든 되돌릴 수는 없는 것이기 때문에 어디에서도 일어날 수 있는 현상이 내게서 일어났구나!

'픽' 하고 웃어넘길 수 있는 여유를 가지면 이를 감당할 수 있는 용기가 생긴다는 것이다.

보상을 받아서 만족을 얻으려 한다면 그것은 그 억울함을 결국 그 값에 팔았다는 것, 즉 소득을 얻기 위해서 그 일을 한 것처럼 되어버리고 마는 것이다. 그렇다고 보상을 받지 말라는 것은 아니고 너무 집착하지 말자는 것이다. 보상금의 뜻을 잘 아는 사람들은 그 돈을 복지재단 등에 기부하는 것을 볼 수가 있다.

집착하면 할수록 당한 나만 비참해지고 마는 것이다. 그러나 '픽' 하고 웃어넘기면 시험하던 그 마귀는 혼비백산해서 도망을 가게 될 것이고 나는 다시 행복을 되찾을 수가 있다. 그러니까 현실을 그대로 받아들여 웃고 말자는 것이다.

이것은 어떻게 보면 감정이라는 것이 있는 인간에게 마치 나무나 동물처럼 생각하라는 것과 같은데 적어도 '나무처럼 묵묵히 살려고 노력은 해보자' 는 것이다.

너무 감정이 앞서지 말고…….

왜냐하면 불행은 붙들고 늘어질수록 더 불행해지기 때문이다.

"그래!" 하고 넘어가자는 것이다.

억울함이란 그저 흔하게 일어나는 세상의 일 중에 하나이기 때문이다.

좀 모자람

좀 모자란 것이 넘치는 것보다 훨씬 낫다.

사람이 살아가는 데 있어 넉넉해도 될까 말까 한데 좀 모자라다고 한다면 그 말에 모순이 있는 듯하다. 그러나 그 의미는

첫째는 겸손하게 살자는 뜻이 있고
둘째는 남을 대접하면서 살자는 것이다.

이렇게 살면 좀 모자란다고 할 것이다. 자기를 낮추는 겸손이라는 것은 으레 사람이 살아가면서 지켜야 할 일이다. 아무 앞에서나 건방을 떤다면 불한당으로 몰릴 수도 있다. 삶의 태도가 인간의 본심인 욕심을 버리고 남을 먼저 생각함은 물론이거니와 상대방에게 모든 것을 양보할 줄을 알아야 하며, 그의 인품과 지식을 인정하고 나아가서는 둘째인 극진한 대접까지 하자는 것이다. 이런 태도가 보통을 사는 사람에게는 좀 모자란 듯이 느껴질지도 모르겠으나 상대방이 이런 태도를 취할 때에는 당사자는 기분이 좋은 것이 인간인 것이다.

깡패일 경우는
"자식 그러면 그렇지" 할 것이겠지만

일반 사람이라면
"그 사람, 사람이 좋아!" 하는 것이 상식이다.

성경(마 7:12)에 '그러므로 누구든지 남에게 대접을 받고자 하는 대로 너희도 남을 대접하라' 라고 씌어 있다.

'웃는 얼굴에 침 못 뱉는다' 는 말도 있다. 내가 어떻게 하느냐에 따라 상대방의 태도가 결정되는 것이다.

내 친구가 사업을 하는데 매우 겸손하고 세심하며 자상한 성격을 가지고 있다. 남을 대접할 때는 정성껏 웃는 얼굴로 사심 없이 대접하고 심지어 식당에서 나올 때 신을 신기 좋게 똑바로 놓아 주는 것은 물론이고 집에 당도했을 것이라고 생각되는 시각에 전화를 걸어 잘 도착했는지 안부를 묻고 고마움의 말을 잊지 않는 것을 보았다.

이것은 어떤 사업을 하기 위한 수단이 아니고 즉 고객이 아닌데도 친구 사이에도 이렇게 하는 것을 보았는데 사업이 지금도 한창 번창하는 것을 볼 수가 있다.

기업주는 어떻게 하면 내 종업원을 대접할까를 고민하고 종업원은 어떻게 하면 내가 하는 일이 회사에 도움이 될까를 생각하며 상사, 사장과 기업주에게 고마운 마음이 있어야 하는 것이다. 이런 마음은 겸손에서부터 나오는 것이다.

미국의 카네기는 종업원들에게 '어떻게 하면 가족이라는 의식을 갖게 해 줄 수 있을까' 고민한 끝에 근무 연한에 따라 자기 주식을 무상으로 배분했다고 한다. 우리나라에서도 그런 예가 상당히 있다고 듣고 있다. 회사는 종업원을 필요로 하며 종업원은 회사가 없다면 자기 직장도 없다고 생각한다면 상호 협력을 해야 하는 것은 당연한 일이다. 문제는 자신을 낮추고 얼마나 진심, 겸손, 그리고 성실하게 대접하려는 생각을 가지고 있느냐에 달려 있는 것이다.

자기를 보잘것없는 사람이라고 생각하고 남을 섬기며 대접하는 것은 처음에 하기가 힘든 것이지만 일단 그 맛을 보면 매우 달콤하고 뿌듯한 감정마저 느끼게 되는 것이다.

물론 잘못된 사람들이 가끔 이런 겸손하고 대접하려고 노력하는 사람에게 "병신" 이라고 빈정대며 찬물을 끼얹는 경우가 있다. 이런 경우는 속으로 웃고 넘어가는 것이 편하다.

사람은 성장하면서 자신이 쌓아가는 경험과 남이 쌓아 놓은 경험을 책이나 각종 인쇄물을 통해서 알거나 다른 사람으로부터 들어서 자기의 것으로 누적해서 머릿속에 새겨 정보로 쌓아 두게 되는 것이다. 그리고 자기 삶의 거울로 되어 반사적으로 작용하며 나타나게 되어 있다. 여기에는 여러 형태의 지식과 경험이 누적된 형태가 있게 마련인 것이다.

1) 가난한 환경이었으나 착하게 자라며 얻은 경우
2) 가난한 환경에 나쁜 친구들과 어울려 잘못된 것을 배워 얻은 경우
3) 부유한 환경에서 착하게 자란 경우
4) 부유한 환경이었지만 나쁜 친구들과 어울려 잘못된 것을 배워 얻은 경우

1)과 3)의 경우는 겸손할 줄 아는 사람이 많이 있다. 그렇다고 해서 2)와 4)의 경우는 무조건 나쁘다고는 할 수가 없는 것이다. 2)와 4)의 경우에도 커서 교회나 절을 나가서 성경, 법전을 통하여 자기가 어디가 잘못됐는지 알게 된다면 사람의 의지에 따라 올바른 길로 갈 수도 있다. 교

회나 절을 다녔다고 다 자기를 보잘것없는 사람이라고 낮추어 생각하지는 않는다고 생각한다. 교회를 다니나 성경에 따라 살지를 않고 건방을 떠는 사람이 많이 있다. 즉 타인의 본보기가 되지를 못하는 경우도 많이 있다는 말이다. 여하튼 여기서 말하고자 하는 것은 사람의 뇌에 들어 있는, 즉 그 사람을 지배하는 저장된 정보가 어떻게 정리되어 있느냐 하는 것이다.

누가 어떤 말을 해도 사람들은 일단 자기의 정보망에서 자신의 정보와 비교해 보고 일치가 될 때에는 "바로 그거야." 하고 인정하지만 일치가 안 되면 우선 이해를 할 수 없다거나 "뭐 그런 게 다 있어." 하고 콧방귀를 뀌다가 다음에 그에 관한 정보를 얻게 되면 "아! 그랬구나?" 하고 끄덕이게 된다. 따라서 사람은 어떤 일에 부닥치더라도 일단은 즉석에서 거부 반응을 일으키지 말고 이해해 보려는 노력을 시도해 보아야 하고 "그저 나는 모릅니다." 하는 겸손한 자세로 뭐든 받아들여야 한다. 그러나 대부분의 사람들은 그렇지가 않다. 자기 머릿속에 든 것이 우수하다고 착각하고 있기 때문이다. 옛말에 '잘 익은 벼가 고개를 숙인다'는 말이 있지 않는가? 잘 익은 벼는 많은 정보가 들어 있으므로 누가 무슨 말을 해도 무시하지를 않고 자기 머리의 많은 정보와 비교하느라 애쓰거나 적어도 그럴 수 있을지도 모른다는 결론을 내린다. 그리고 공부를 더 하거나 심사숙고 끝에 결론을 얻게 되므로 시간이 걸리게 되며 신중한 사람이 되는 것이라고 생각한다.

따라서 성격이 급한 사람의 대부분은 모든 일을 즉석에서 결론을 내리고 실제 행동에 들어가게 되는 것이다. 이것이 일을 그르칠 수가 있는 것이다.

대부분의 겸손한 사람들이란 바로 많은 지식의 소유자가 많다. 그러나 겸손하게 될 정도의 지식을 가진 사람은 세상에 그렇게 많지는 않다. 많은 지식으로 겸손해질 수가 없을 때에는 가정교육을 통해서 겸손해하는 방법을 가르쳐야 하는 것이다.

그러니까 자식들에게 늘

"남들 앞에서 너무 아는 척하지 마라!"
"좀 더 많은 공부와 경험을 해야 한다."
"빈 깡통의 소리가 요란하단다."
"항상 신중해야 한다."

는 식으로 말하며 키워야 하는 것이다.

그러나 인간의 본능은

1) 자신을 과시하고 싶고
2) 거들먹대고 싶고
3) 부풀려 돋보이고 싶고
4) 군림하고 싶고
5) 남을 기죽이고 싶고
6) 굴복시키고 싶은 것

이 정상이라고 할 수가 있는 것이다. 여기서 정상이라고 하는 것은 그런 사람이 많다는 것이다. 이런 사람들은 자신이 무엇인가 부족하다고 여겨질 때 내재적으로 자기가 부족하지 않다는 것을 남에게 알리기 위한 수단으로 큰 소리를 내는 것이라고 볼 수가 있는 것이다.

그렇기 때문에 자기를 보잘것없는 사람이라고 생각하기는 매우 힘든 일이다.

사람의 자존심이란 그 사람의 생명과도 같다고 생각하는 경우가 많은데 그럼에도 불구하고 남의 자존심은 살려 주려고 노력해야 하고 자신의 자존심은 없애버리자는 것이다.

내가 내 자존심을 과시하려 하기보다는 남이 나를 존중해 주어야 하기 때문이다. 어떻게 보면 약간 모자란 듯한 편이 완전한 것보다는 훨씬 낫다는 것이다. 그래야 많은 사람이 내 주위에 있게 되고 진실된 마음으로 나를 도우려 하게 되는 것이다.

이것이 겸손을 통한 성공의 비결이라고 생각한다.

취 미

취미는 사람의 마음과 활동을 풍요롭게 한다.

취미는 인간에게 행복을 만들어 주는 가장 좋은 도구라고 생각한다.

그 취미는 두 가지 형태가 있다.

태어날 때 타고난 개성 때문에 소질적으로 갖게 되는 취미로서 이것은 자신이 살아가며 자신도 모르게 빠져들어가고 마는 것이다.

공과대학에 다니던 분이 있었다. 사진이 취미여서 옛날 등교 길에 달려오는 기차 앞에서 사진을 찍다가 기차가 급정거하는 바람에 기관사로부터 얻어맞은 적도 있었지만 끊임없이 사진을 찍어댔다. 이분은 공과대학 기계공학과를 졸업했지만 후일에 방송국에서 카메라맨이 되었다.

어떤 영화에서 본 일도 이와 비슷한 경우가 있다.

어느 가정에 낡은 카메라가 있었다. 그 집의 아들 녀석이 그 카메라로 사진 찍는 것을 부모는 늘 보게 되었다. 그래서 단순한 애들의 장난기라고 생각하고 있다가 생일 때 좋은 카메라를 선물했는데 이것이 계기가 되어 그의 타고난 재주가 드러나게 되었고 이로 인해서 이후 유명한 카메라 기자가 되었다고 한다.

이처럼 취미를 타고난 사람이 많고 대개 이들은 그 분야에서 천직으로 알고 일생을 바치는 것을 볼 수가 있는데 그것은 그 일에 엄청난 즐거움이 있기 때문이다.

영화 중 누구나 다 잘 알고 있는 〈시네마 천국〉에서 보면 극장에서 심부름하던 개구쟁이가 나중에 커서 유명한 영화배우가 되어 옛날 일하던 극장을 찾는 것을 보았다. 이런 경우는 후천적으로 환경으로부터 취미가 형성된 것이라고 할 수가 있는 것이다.

그래서 옛날 공자 어머님이 세 번 이사한 이유도 여기에 있는 것이다.

아버지나 어머니가 탤런트인 집안의 자녀들이 탤런트가 된 경우가 많이 있는데 이 중에는 탤런트의 기질을 유전적으로 물려받은 경우도 있겠지만 상당수가 부모님이 만들어 놓은 환경으로 인해서 형성되는 것이다. 다른 직업에서도 이런 경우를 많이 볼 수가 있다.

그러니까 우리의 취미는 선천적으로 형성되는 전자보다는 후자로서도 훌륭히 형성되어 일생을 즐길 수가 있는 것이다. 그리고 그 사람의 일생을 좌우하게 된다. 우리나라의 교육열은 바로 후자를 너무 강조하다 보니 개인에 따라 능력에 한계가 있는데도 무리하게 부모님들이 요구하는 과정에서 목적 달성이 쉽게 이루어지지 않는 것이다. 즉 후자의 선택은 본인이 해야 하고 부모는 그것을 후원만 해주면 순조롭게 된다. 골프선수 박세리 양도 피나는 노력을 했으면서도 본인이 그것을 후천적으로 즐긴 것이 성공의 원인이라고 한다.

취미는 여가를 보내기 위하여 하는 일이라고 생각하지만 뒤바뀌는 경우가 있고 그렇게 가야만 성공할 수가 있는 것이라는 것을 알 수가 있다. 그래서 여기서 말하는 취미라는 것은 자기가 솟구쳐 하고 싶은 일이라면 그것이 취미요 또 직업이 될 수도 있는 것이고 직업 선택의 가장 좋은 방법이 될 수가 있다는 것을 말하고 싶은 것이다.

이처럼 하고 싶고, 즐기고 싶은 일이 없는 사람이라면 세상을 헛되게 산 것이라고 할 수도 있다. '음악 감상' 이나 '영화 감상' 이 취미라고 하는 것은 '시간 죽이기' 에 불과한 것이다.

즉 백과사전에는 취미를 '논리의 개입이 적은 인간이 기쁨을 얻는 활동' 이라고 정의한다.

취미의 성질은

1) 좋아하는 데서 시작한다.

2) 지속성이 있다.

3) 직업과 구별된다.

라고 하는데 분야의 구분은 애매한 것이다.

취미는 선천적이든 후천적이든 마음에서 솟구쳐 올라와야 한다.

나는 농촌에서 자라서 그런지 몰라도 초목에 관심이 많다. 봄철이 되면 양지바른 땅에 새싹이 움트는 풀을 보면 세상의 신비함을 느끼게 되고 여기에 감탄을 하다보니 최근에는 식물의 이름을 분별해 내고 약초의 경우는 그의 약효를 알아보는 것에 빠져 취미가 되었다. 이것은 우리가 어떤 일이든 얼마나 관심을 갖느냐에 따라 취미가 생길 수도 있고 안 될 수도 있다는 이야기가 된다.

바둑 두고 골프 치는 것도 반드시 취미라고 말할 수는 없다. 내 생각으로는 취미는 혼자서 즐길 수도 있으며 시간 가는 줄 모르게 보낼 수가 있는 것이어야 한다.

즐겁다고 마음에 반복하여 새기면 신이 나고 또 계속 해보고 싶은 생각이 들게 되는 것이다.

사람은 어떤 일에 잠시 빠져들더라도 곧 지루함을 느끼고 포기하는 경우가 많은데 이 지루하다고 느끼는 것은 고비만 잘 넘기면 몸과 마음, 그리고 손에 그 일이 익숙해지고 또 얻어지는 결과가 보람 같은 것으로 이어지기 때문에 계속할 수가 있다.

아인슈타인은 어릴 때 어머니가 바이올린 강사로부터 사사받도록 하였지만 그는 그것이 싫어서 집안에 있는 물건을 내던지고 야단을 쳐 강사가 도망갈 정도로 하지 않으려고 했다. 그러나 계속 다른 강사를 대주어 결국 억지로 배웠지만 후에 일생 동안 그는 바이올린을 연주하며 살았다. 실력은 그저 그랬지만 어디서 피아노 치는 소리만 들려도 달려가 피아노 치는 사람이 모르는 사람인데도 협주를 했다고 한다.

취미에는 과연 어떤 것들이 있을까?

1) 스포츠(등산, 수영, 테니스, 골프)

2) 예술(그림 그리기, 독서, 영화감상)

3) 난 등 화초 가꾸기

4) 수집(우표 또는 동전 모으기, 조개껍데기 모으기, 레코드판 · CD ·

비디오테이프 모으기, 종(bell) 모으기, 담뱃갑 모으기, 헌책 · 특별한 책 모으기, 손톱깎이 모으기)

5) 게임

6) 애완동물 기르기

7) 여행, 탐사

8) 모델 만들기

등 이루 헤아릴 수가 없다고 생각한다. 이들 중에는 돈 벌기와 직결될 수가 있는 것들이 많이 있다. 그러니까 취미가 나중에 생업으로 이어질 수도 있다는 것이다.

나이가 많은 사람들은 욕심 부리지 말고 쉽게 접근하는 방법을 택해야 할 것이다.

"돈 있는 사람들이나 취미생활 하지 못 사는 사람이 무슨 취미생활이냐"고 특히 나이 든 사람이 무슨 취미가 생기겠느냐고 하지 말고 지금이라도 늦지 않으니 가능한 것 중에서 취미로 받아들일 수 있는 것이 무엇인지를 찾아야 하는 것이다.

내가 아는 분은 일생 동안 계속해서 우표를 모았는데 지금은 몇 10억 원의 가치가 있다고 한다. 이렇게 취미가 엄청난 부를 가져다주는 경우도 있는 것이다.

그렇다고 해서 돈 벌 목적으로 취미를 만들면 부도 취미도 모두 잃을 수가 있다.

제2장 사회

서로 돕고 협동하는 건전한 사회가 되는 것은
사람들이 마음을 비울 때 가능하다

관심

관심은 사랑과 흥미를 낳지만
무관심은 증오와 욕을 일으킬 수도 있다.

상대방에게 관심을 갖는다는 것은 그 사람으로 하여금 기분 좋은 상태를 만들어 주고 싶은 것이다. 그리고 또 그게 사람 사는 방법이다.

사람 사이에 관심을 접었다면 이미 그들 간의 관계는 아무런 의미를 줄 수가 없게 되는 것이다.

따라서 항상 관계 속에, 즉 관심을 나타내며 살아야 하는 것이다.

1) 부부간에

2) 부모와 자식 간에

3) 친구와 이웃 간에

4) 스승과 제자 간에

5) 상사와 부하 간에

6) 장교와 사병 간에

7) 이웃 간에

8) 상인과 손님 간에

9) 종교 지도자와 교인 간에

10) 의사와 환자 간에

친구

오래간만에 만난 친구에게 또는 소개받은 사람에게 무덤덤하게 관심을 보이지 않는다면 서먹서먹해지고

"나에게 무슨 유감이 있나?"

하고 생각할 수도 있는 것이다.

관심이라면 과연 어떻게 하라는 말인가?

우선 활짝 웃어야 한다.

눈을 맞춰야 한다.

오랜만에 만날 때는 서양식으로

한번 안아 주면 더 좋다.

"너 참 오래간만이구나! 보고 싶었어."

소개를 받았을 때는

"이 친구가 늘 말하던 바로 그분!"

"골프 핸디가 싱글이신 분!"

TV에 얼굴이 보인 경우는

"일전에 TV에 나오신 분이시네요!"

등 상대방에 대하여 알고 있는 것 중 들어 기분이 좋아질 수 있는 이야기를 하는 것이다.

만일 만남이 예정되어 있었다면 상대방의 취미가 등산일 경우 산에 대하여 공부를 한다거나 등산의 여러 가지 상식을 익혀 만난다면 금상첨화(錦上添花)일 것이다.

같은 취미를 가진 사람을 만난다는 것은 기분 좋은 일이다. 왜냐하면 무엇인가 말 상대, 즉 말의 이해가 통하는 사람을 만나는 것은 그리 쉽지 않기 때문이다.

말을 한다는 것은 기분 좋은 일이다. 그래서 사람들은 너무 말을 많이 하다가 생각지도 않게 실수를 한다거나 거짓말을 하게도 되는 것이다. 물론 말을 많이 안 하는 것을 좋아하는 사람도 있다.

그러나 좋은 말 상대를 만난다는 것은 기분전환이 되고 스트레스도 말끔히 해소할 수가 있는 것이다.

그러니까 상대방의 스트레스를 풀어 준다고 생각하고 맞장구를 쳐

주면 더욱 좋다고 하겠다. 그렇게 되면 친구가 아니었던 사람도 친구가 될 수가 있고 또 상대방에게 만나고 싶은 마음이 생길 수가 있는 것이다.

친구가 낯선 사람과 동행할 경우도 소개를 안 해도 그대로 지나치지 말고 인사를 끄떡하면서 웃는 얼굴을 보이면 좋은 인상을 받게 된다. 그렇게 되면 자연히 소개를 해 줄 것이고 소개를 받으면 "만나게 되어 반갑습니다."라고 한다면 얼마나 좋겠는가?

누구를 대하든 상대방의 눈을 쳐다보아야 한다. 눈에서 에너지, 즉 기가 흐르며 기의 파장에 따라 느낌이 다르게 오는 것이다. 나쁜 감정으로 보는 눈에서는 불쾌감이 온다. 파장이 짧다. 웃는 얼굴을 하고 상대방의 눈을 보면 좋은 파장이 나간다. 악수는 너무 세게도 쥐지 말고 약하게도 쥐지 말며 적당히 상대방의 강도를 보아가며 조절해야 한다. 상대방은 손목에 힘을 세게 쥐는데 내 쪽에서 약하게 쥐면 성의가 없다거나 건방지다는 감정을 갖게 되는 수도 있다.

상대방이 대통령이나 어느 회사 돈 많은 회장이면 아무렇게 쥐어도 그저 영광스럽지만 후배이거나 처음 만나는 사람에서 그렇다는 것이다.

세상에는 이런 일들을 잘 하도록 타고난 사람들도 있다. 그렇지 않다고 본인이 생각되면 훈련으로 이런 습관을 길러야 하는 것이다.

사회라는 것은 나 혼자 사는 것이 아니고 많은 사람들이 어울려 서로 위로하고 위로받으며 돕고 도움을 받으며 사는 것이다.

신약성서에 보면 어떤 강도를 만난 사람이 죽게 되었는데 유대인의 한 제사장은 그를 보고 피하고 레위인도 피하여 지나갔지만 사마리아인(유대인이 좋아하지 않는 민족)이 불쌍히 여겨 기름과 포도주를 상처에 붓고 싸매고 자기 짐승에 태워 돌보아 주었다고 되어 있다(눅 10:30).

이 셋 중 누가 진짜 인간의 사회를 잘 이해하고 사는 것일까요. 비록 천대받지만 사마리아인이 우리가 필요로 하는 사회의 참된 일원, 즉 남에게 관심을 갖는 사람이라고 할 수가 있다.

가정

부모와 자식 간의 관심 표명은 점점 힘들어지는 듯하다. 관심을 나타낼 수 있는 기회, 즉 시간이 실생활에서 많지 않다는 것이다. 각자 자식들은 자식들대로 바쁘다고 하고 아빠는 늦게 들어오기 때문이다. 같이 식탁에 앉아 하루의 일을 이야기하며 마음에 담았단 말을 쏟아내면 얼마나 좋겠는가? 그러나 그것이 잘 안 되는 세상에 살고 있는 것 같아 안타까운 일이다. 그래서 어떤 가족은 아침식사는 반드시 함께 먹는다는 원칙을 세운 집도 있다고 한다. 식탁에서 아버지가

"얘 너 큰애, 요즈음 하는 일이 어떻니?"

"영애야! 너 점점 얼굴이 예뻐지는데 남자 친구라도 생겼니!"

이것이 사람 사는 세상이다.

상점

손님이 들어왔는데 장사꾼이 아무런 반응을 보이지 않는다면 이것도 문제이다. 오히려 손님이 귀찮게 물건을 구경하는데 졸졸 따라다니며

"뭣을 찾는데 그래요!"

하면 이것은 관심이 아니라 괴롭히는 것이다. 우선 손님이 가게에 들

어오면

"어서 오세요!"

얼굴에 눈을 맞추고 머리로 살짝 웃는 얼굴로 인사한다. 그리고 손님 측에서 상인에게 도와줬으면 하는 눈치가 보이면

"도와드릴까요."

하는 정도라면 좋을 것이다.

군부대

군 복무에서도 사병이 장교 보고

"충성!"

거수경례를 하면

"힘들지 않아?"

그리고 덧붙여

"애로가 있으면 언제든지 내 방에 오게." 하는 인사를 받으면 사병은 큰 힘을 얻게 된다. 나도 군 복무할 때 연대장인 대령을 먼발치에서 보면서 감히 쳐다보기가 황홀할 정도였다. 그러니 장교의 사병에 대한 관심은 얼마나 사기가 오르겠는가.

회사

상사가 부하에게 관심을 가져주는 것이 원칙이지만 그게 안 되면 부하직원이 관심이 될 만한 일을 만들어 상사를 찾아가서 말을 걸어가며 관심을 보이는 것도 서서히 인간관계가 성립되는 것이다.

병원

환자에 대한 의사의 관심은 절대적으로 치료에 도움이 되는 것이다.

의사가 환자를 쳐다보지도 않고
"어디가 불편하세요?"
또는 반말조로 말하는 경우도 있다. 자초지종을 설명하지도 않고
"검사 받으세요."
그리고 환자는 가급적 말을 못하게 하는 경우도 있다고 한다. 아마도 짧은 진료시간 때문인 것이 문제이겠지만 그래도 1~2분 차이가 아니겠는가?
오히려 환자 이야기를 시간의 여유를 가지고 다 들어보고
"많이 아팠겠어요?"
"약 드시면 금방 나을 거예요."
"걱정하지 마세요!"
"딴 데 아픈 데는 없으시고요?"
"요새 감기환자가 많이 늘었어요, 찬바람 조심하세요."
등 좋은 말을 많이 해 주면 환자의 기분은 벌써 나은 감을 갖게 된다.
만일
"요새 감기는 잘 낫지도 않아요!"
"글쎄 봄이나 되어야 기침이 나을지 모르겠네요!"
정나미가 떨어지는 말이다. 무관심과 악담이다. 그럴 리는 없겠지만?

교회

교회에서 특히 큰 교회에서는 목사님이 일일이 교인 한 사람 한 사람을 위로해 줄 수는 없을 것이다. 그러나 목사님이나 신부님은 어떻게 하든지 한 번 교인을 만나서 여러 가지를 물어보는 기회를 2, 3년에 한번이라도 가진다면 신도들에게 큰 힘이 되는 것은 틀림이 없다. 그리고 면담을 요청하면 부목사에게 맡기지 말고 당회장 목사가 만나야 한다. 설

교가 무엇보다도 중요한 의미를 가지겠지만 목회의 중요한 일은 교인 한 사람 한 사람의 인생살이와 신앙관리도 매우 중요하다고 생각한다.

친구 간에

내 말을 다 들어 주며
"그래 나 때문에 얼마나 마음 고생이 많았니, 미안하다!"
라고 말할 수 있는 친구를 가져라.

친구 간의 다툼이란 과연 무엇일까.

실은 친구인데 무슨 의견의 충돌까지 발생시키겠는가? 그러나 의견의 충돌이 가끔 있다.

1) 오해로 인한 것
2) 이해(利害)관계가 발생할 때
3) 금전 거래 시 약속의 불이행
4) 기 싸움(자존심 경쟁)
5) 질투(친구가 자기보다 항상 한 수 위일 때)

인간의 삶이란 참 복잡하고 힘든 일이다. 친구 사이에 이해와 양보만 있다면 이런 일들은 발생할 수가 없는 일이지만 그게 아닌 경우가 많기 때문에 일어난다. 어떤 분이 다음과 같은 말을 했다.

"친구에게도 등급을 매겨야 합니다. 예를 들면 1점, 5점 하는 식으로 매겨 놓고 1점짜리에게는 마음을 다 주어도 되지만 5점짜리에게는 그저 인사나 하며 지내고 거래를 하지 말며 무슨 말을 해도 듣는 둥 마는 둥 해버리면 마음이 편합니다."

일리는 있는 이야기라고 생각은 되지만 어떻게 친구를 구분해야 한단 말인가? 이것은 너무 기계적이다. 친하지 않던 사람, 또는 일정한 거리를 두었던 사람도 이쪽에서 하기에 따라 가깝고 또 1 점이 될 수도 있는 것이다. 그러니 넓은 마음으로 친구를 대하고 잘못된 일이 반복될 때는 좀 신경을 쓰면 되지 않을까 한다.

친구 사이의 오해는 의사 소통상에 문제가 있을 때 발생할 수가 있기 때문에 이상한 소리가 들리면 직접 전화를 걸어 확인해 보고 오해를 털어버리는 것이 좋다.

이해관계는 대개 거래 시 발생한다. 동업을 하는데 한쪽이 상대방 모르게 돈을 챙긴다거나, 이익이 많이 발생했을 때 한쪽이 욕심이 생겨서 다른 쪽을 털어버리려는 때에 발생한다. 따라서 법적으로 확실한 법인 형태가 아닌 이상 동업은 안 하는 편이 좋고 할 수 없이 하게 되는 경우는 초기에 후에 일어날 수 있는 여러 가지 가능한 법적 효력이 있는 문서들을 만들어야 하는 것이다.

금전거래는 안 하는 편이 최선이고 이미 언급한 대로 그냥 주어버리는 것이 좋다. 그래서 이 문제는 비교적 간단한 문제인 것이다.

그러나 기 싸움이 친구 사이에 가장 많다고 보여진다. 모임 같은 데서 자기의 우월감을 얻고자 할 때 발생한다. 돈이나 자기 직위 또는 명성

등을 가지고 친구를 제압하려 한다면

"아! 그래 참 좋겠다."

하고 넘어가면 말다툼 할 일이 어디 있겠는가?

"이 자식이." 하고 이를 갈면 언젠가 큰 말싸움이 생길 수가 있다.

질투는 친구 사이에는 금물이다. 오히려 친구의 출세를 진심으로 축하해 주고

"나는 왜 이렇게?"

라며 비교하려 하지 않는 편이 좋은 것이다. 친구의 출세는 다 그만한 이유가 있기 때문이다.

사기꾼

사기꾼에게 당하는 사람은
대부분 욕심이 많은 경우가 많다.

일전에 전철을 타고 가다가 갈아타려고 의자에 걸터앉아 다음 차를 기다리고 있었다. 약 40대 중반 되는 어떤 젊은 사람이 씩씩거리며 들어와 의자에 앉더니

"다 사기꾼이야! 다 사기꾼!" 해 대면서 나보고 들으라는 듯이 큰 소리로 중얼거린다.

그리고는 "안 그래요?" 하고 나를 바라보면서 동의를 구하는 것이었다.

그래서 나는 "그래도 사기꾼 아닌 사람이 더 많아요."라고 했더니 "아니에요 전부 다예요." 하는 것으로 보아 굳게 믿었던 사람으로부터 방금 사기를 당한 듯했다.

과연 그럴까?

실은 사기를 당하는 사람이 많다는 것은 사기꾼들이 판을 치고 있다는 것이기도 하다.

상대방의 말이 논리적으로 성립하지 않아도 그 사람이

1) 옷차림새가 그럴듯하다거나 사무실이 번쩍번쩍하다든가

2) 유명 브랜드의 자회사라고 말한다든가

3) 유명한 대학 출신이라고 한다든가, 유학을 갔다 왔다고 한다든가

4) 전에는 ○○○그룹 전무를 하다가 독립했다든가

5) 유명한 특허품이라든가

6) 미국의 OOO 가 발명한 것이라든가

7) 이것이 미국의 우주인들이 먹는 것이라든가

말하면서 가짜 서류를 만들어 보여준다. 그러면 우선 아무 조건 없이 "그런 사람 회사라면 믿어도 되지!"

즉 우리의 외향성이 그런 결론을 내리게 할 수도 있다.

또는 "이것은 당신에게 특별히 배려하는 것이야."

라든가 "내가 널(또는 당신을) 도와야지." 하면 자기가 특별히 대우를 받기라도 하는 것으로 착각에 빠지게 된다. 인간의 본능 가운데서도 자기를 특별히 대우해 주는 사람을 만나게 되면 대개는 흥분하게 된다. 이성을 잃는 것이다. 그래서 당하게 된다. 그렇다고 해서 세상을 무조건 믿지 못하고 모든 사람을 사기꾼으로만 여길 수는 없지 않겠는가?

물론 최근에는 TV보도, 신문기사, 월간지, 특히 주간지 등의 보도라는 것은 물론 특히 인터넷, 그리고 시중에 떠도는 소위 소문이라는 것은 50% 이상이 진실 여부가 힘든 것일 수도 있기 때문에 다음과 같은 삶의 원칙을 세워 놓고 살아야 한다.

1) 부동산과 돈이 끼어드는 일은 반드시 횡재수가 없다는 것이다.

2) 노력이 없이 얻어지는 일확천금(복권, 뜻밖의 유산은 제외)은 세상에는 없다.

3) 친구(남자 및 여자)는 물론 모르는 사람은 더더구나 갑자기, 그리고 이유 없이 베풀거나 애정표현을 할 때에는 한번 의심해 보아야 한다.

4) 동네 계는 하지 말 것

5) 교회나 절간 다닌다고 다 믿지 말 것

이런 것만을 마음에 늘 품고 살면서 일단 이런 현상이 나타나지 않는다면 믿어도 된다. 물론 오랜 시간이 지난 후에 나타날 수도 있는데 심지어는 5년 후에 나타난 예도 있다.

실은 믿고 안 믿고의 문제는 반드시 돈의 문제가 개재될 때의 일이기 때문에 위의 다섯 가지 같은 데에서 벗어난다면 믿어야 하지 않을까?

직업으로 의심을 주는 경우는

1) 청와대 근무, 대통령의 친인척, 각료의 친인척

은근히 알리는 사람

2) 정보원 근무

신분증 보여 주는 사람, 권총(가짜일 것임)을 슬쩍 보여줌.

다른 명함이 드러나면 신분을 감췄다고 하는 사람

3) 대기업의 친인척

실제 그 회사를 드나들며 사람들을 아는 척하는 사람(진짜일 수도 있으므로 의심으로 관찰 요)

4) 자기가 땅이 많다는 사람

땅 문서를 가지고 다님. 친구(같은 사기꾼)들과 땅 이야기를 함.

5) 잠깐 나타났다 없어지는데 자주 만나게 되는 사람

바쁜 체함.

6) 사무실은 그럴듯한데 외부 실적을 확인할 수가 없는 사람

사무실을 출입할 때 직원들이 요란함. 냉철하게 눈동자를 쏘아보면 알 수가 있음.

7) 이것저것 늘어놓으며 무엇인가 복잡하게 만드는 사람

헷갈리게 해서 홀리는 것임.

8) 외국 잡지를 들고 다닌다.

자기가 무슨 하버드 MBA출신이라는 둥 둘러댄다.

9) 잘 만든 명함을 내민다.

내용이 요란하다. 다 거짓이다.

10) 법에 대하여 너무나 잘 알고 있다.

자기가 법적으로 해결해 준 사례를 예를 들어가며 실력자인 것처럼 굴면 그것은 틀림없다.

위에 내용은 실지와 구별해 내는 것은 여유를 가지고 관심을 두지 않으면 알 수가 없다. 사람을 조급하게 만드는 경우가 많은데 이런 유형은 틀림없이 의심의 대상이다.

그리고 우선 당하지 말아야 한다. 그러나 많은 돈이 아니라면 좀 당하더라도 웃고 넘어갈 수만 있다면 세상을 행복하게 살 수가 있는 것이다. 생활비로 보면 된다.

대부분의 사람들은 착하게 살아야 한다는 교육을 받았다.

남을 돕고 남을 축하하며 특히 어려울 때 위로하며 사랑한다. 이것이 어릴 적에 받은 교육인데 어른이 되어가며 어른들의 세계에서 사기 행각을 배우게 되는 사람들이 있기 때문에 세상이 이 꼴이 된 것이다.

그러나 세상에는 실제 성실하게 살려는 사람이 더 많다는 것을 기억해야 한다.

물론 일생을 뼈빠지게 노력했는데도 풍부하게 살지 못하지만 사회에 한마디 불평하지 않고 사는 사람이 얼마든지 있다는 것이다.

종교적인 관점에서 본다면 하나님이 왜 무심할까, 저런 착한 사람에게 왜 많은 재산과 자식의 번창을 주지 않나? 할 때도 많이 있다. 단순히 '하나님께서 그 분을 통해서 다른 뜻하신 바를 이루려 하신다' 는 말밖에는 할 말이 없는 것이다.

그러나 우리는 일단 모두가 착한 사람이라고 생각하고 살아야지 사기꾼처럼 대한다면 어떻게 이 세상을 살겠는가?

과정과 절차

과정은 제대로 밟지 않으면 스스로의 함정에 빠질 수 있고
절차는 무시하면 외톨이가 될 수 있다.

사람으로서 인간사회에 적응하면서 살려면 그 시대의 주어진 '인생(사람)' 이 되는 과정을 밟아서 성장해야 한다.

1) 대화의 방법
2) 예의와 사회범절
3) 교육과정(기본 과정과 기술, 예체능 등)
4) 인간관계(인생을 어떻게 어울려야 하는지)
5) 남을 돕는 방법(다른 사람과 어울리는 방법)

이런 과정들을 밟고 성장하면 사람으로서의 인격을 갖추게 된다. 그런데 이런 과정이 잘못되어 엉뚱한 방향으로 성장과정이 이루어진다면 정상적인 우리 사회의 기본방향과는 멀어지는 일생을 살게 될 수도 있다. 그러니까 이런 과정 중 어느 부분이 생략되거나 방향제시가 잘못되게 되면 이 과정을 밟는 사람은 그것이 정상인 양 몸에 익혀 교정이 매우 곤란한 사람, 즉 삐딱한 사람을 만들게 되고 사회악의 요소를 제공할 수도 있는 것이다. 그러니까 어려서부터 제대로 된 과정을 따라 성장해야 한다. 그러나 우리 인간 사회는 그것이 100% 가능한 그런 유토피아 사회는 아니기 때문에 100% 유토피아의 기준으로 1%에서부터 90% 정도의 '어떤 분포' 를 형성하며 그 분포의 형태가 어떻게 이루어지느냐에 따라 그 사회가 갖는 '사회구조' 의 특징이 형성된다. 그러기 때문에 인

생을 만드는 과정은 매우 중요한 의미를 갖는 것이다. 따라서 기성세대는 많은 투자를 해가며 '정상적' 인 과정을 사회가 갖도록 힘을 쓰는 것이다.

그러나 아무리 이런 정상적인 과정을 밟고 사회가 이루어졌다고 하더라도

1) 전쟁
2) 선동분자들의 책동(특히 교육계, 교계, 기타 단체에)
3) 장기 집권에 의한 또는 사회의 지도층의 부패
4) 통치권자의 무능 내지는 삐딱한 인생관
5) 권력자의 추종자들의 편견

이 있을 때에는 이 '좋은 분포' 의 모양이 찌그러지게 된다.

이처럼 우리의 삶에서

1) 돈을 버는 일
2) 출세하는 일
3) 권력자가 되는 일
4) 성직자가 되는 일
5) CEO가 되는 일

에서도 '인생' 의 과정 위에 일정한 과정과 절차를 밟아 이루어져야 하는 것이다.

그러니까 돈을 쉽게 벌었다면 그것은 정상적인 과정과 절차를 밟지 않았을 것이다.

만일 그런 것이 있다면 그것은

1) 사기

2) 도둑

3) 복권당첨

같은 것일 것이지만 여기에는 번다는 말을 쓸 수가 없는 것이다. 정당하게 얻은 것 중에서 복권은 일종의 마약의 역할을 하게 되어 인생을 비참한 숲으로 몰아넣고 만다. 사업하던 사람이 복권에 당첨되면 특히 그 액수가 커지면 커질수록 그 상태는 심각한 지경에 이르게 된다. 자기의 사업으로 버는 돈은 그렇게 노력했는데 복권의 당첨으로 얻은 것에 비해 너무나 적고 가치가 있는 것인데도 불구하고 아주 작게 보이고 나중에는 그 귀중한 노력의 대가를 간과하게 된다.

바로 그래서 과정과 절차가 중요하다는 말인 것이다.

마약이 무섭다는 것은 마약의 맛을 보면 마약을 하지 않았을 때의 삶은 환희가 없는 괴로움 그 자체로 여기게 된다고 한다.

특히 실제 마약으로 성관계를 가진 사람은 다음에는 죽어도 좋으니 한번만 더 마약을 복용한 후 관계를 가지려고 한다는 것이다.

위에서 나열한 사기도 한번 해서 돈이 들어오게 되면 희열에 빠진다고 한다.

도둑질도 그 짓을 할 때 위험만 넘기면

"그 돈이 다 내 꺼다." 하는 기분을 맛본다는 것이다.

길거리의 거지도 한번 맛을 보면 좀처럼 벗어나지 못하는 사람들이 꽤 있는데 거지들도 한번 동냥을 해서 먹고 나면 다 내 세상처럼 되는 경우도 있다고 하니 우리 인간은 인생의 참된 길을 어렸을 때부터 정상적인 교육을 통해서 옳은 방향으로 잡아 놓지 못하면 참된 인간의 구실을 할 수가 없는 것이다. 그만큼 교육이 중요하고 그 교육을 통해서 인간으로서의 인격체를 만들어 가는 과정을 이루어야 하는 것이다.

어렸을 때 성장과정이 잘못되면 그 사람의 인생은 보장받을 수가 없고 반대로 어렸을 때 훈련이 잘 된 사람은 인생이 보장된다고 해도 좋다.

다만 탄탄하게 반복해서 다져 주어야 한다.

그런 면에서 보면 우리나라의 조기 교육의 열성은 우리나라의 앞날을 보장해 줄 것으로 생각이 된다. 너무 지나친 경우가 문제가 되기 때문에 이런 점만 잘 조정하면 된다고 본다. 즉 부모가 자신의 기준을 가지고 자식을 몰지 말고 자식을 잘 관찰해서 그 애의 소양을 따라 지도하면 되고 특히 도시생활에서 벗어나 시골의 자연과 접하게 해야 아량이 있고 폭넓은 사람이 되고 인생의 잘못된 마약에 빠지지 않게 된다.

MBC 드라마의 '영웅시대'를 보면서 고 정주영 회장의 재벌 총수로서의 그를 있게 한 것이 바로 그 분의 어린 시절과 젊은 시절의 탄탄하게 다져온 인생의 배경이 그를 영웅으로 만든 것이라는 것을 연상케 한다.

최근 간혹 우리 젊은 사람들 중에는 자그마한 일 몇 가지를 해 놓고 마치 개선장군의 기세를 보이는 세태는 어떨 때는 한심하기까지 하다.

이탈리아의 거대한 포도밭도 하나하나의 포도나무가 모인 것이다. 그 포도나무 하나하나를 농부가 신경을 쓰지 않았다면 포도밭은 아름답게 보이지 않을 것이며 수확도 없고 더더구나 수확으로 얻어지는 포도주는 기대할 수가 없을 것이다.

인생도 성공된 인생으로 이루어지기 위해서는 잘 다져진 그의 인생의 과정을 중요하게 생각해야 하고 국가의 교육도 이런 점에 바탕이 있어야 한다.

과정이야 어떻든 결과가 좋으면 된다는 것은 한탕주의이고 마약이 되기 쉽다.

군 림

군림한 사람 치고 욕심 없는 사람 없고
심지어 많은 사람을 괴롭히기도 한다.

군림이라는 것은 일반적으로 동물의 본능이다.

동물의 왕국에서 보면 원숭이, 사자 같은 동물도 대장이 있는 것으로 보면 그렇다고 생각한다. 그러나 인간의 군림과는 좀 다르다. 동물은 대개 영역 싸움이나 많은 암놈을 차지하기 위해서이다. 그러니까 자기 종족을 많이 퍼뜨리려는 생물학적 본능 때문일 것으로 생각된다. 인간이 바람을 피우는 것도 이와 비슷한 본능, 즉 번식 본능의 맥락에서 생각해도 좋을 듯싶다.

그런데 인간의 군림은 많은 사람들이 자기 앞에서 굽실거리는 것을 좋아한다. 동물에게도 높은 지위, 즉 제일 힘센 동물이 먼저 먹이를 먹고 그 다음 힘의 서열순으로 먹는 방식으로 사는 경우가 많이 있다.

옛날 어떤 회사의 회장은 사장들의 굽신거리는 각도로 그 사람의 회장에 대한 충성심을 가늠하는 경우도 있었다고 한다. 충성심이 크다고 할 때 회사가 잘 되고 자신의 직위가 확고하게 자리를 잡는다고 착각하게 되기 때문이다.

아마도 그것은 나이가 들수록 더욱 그럴 것이다. 그래서 그 각도가 시원치 않으면 속으로

"저 자식 내가 늙어서 곧 물러날 것으로 생각하는 것인가."라고 생각하게 된다.

그러면서 "어림없다"라고 생각하며 어떻게 하든지 그 위치를 오래 지탱하려고 애를 쓰게 된다.

그것도 그럴 것이 들리는 말에 의하면 오래전 어떤 국회의원이 재선에서 떨어지니까 그렇게 따라다니며

"의원께서 당의 중심이십니다!"라며 부추기던 사람들이 하루아침에 발길이 뚝 끊어지게 되고 인사하는 사람의 구부림의 각도가 90도에서 30도로 떨어지거나 아예 인사도 안 하고 지나가게 된다고 한다.

그렇게 되면 "저 자식이! 두고 보자." 하면서 차기에는 어떻게 하든지 재선되어야겠다고 속으로 다짐하고 가진 재산을 다 들여 재당선에 애를 쓸지도 모른다.

이 정도가 되면 이미 중독현상이 마약처럼 지배하고 있으며 여기서 벗어나려면 여러 가지 금단현상을 경험한 후에야 겨우 제정신을 차리는 사람들도 있을지 모른다.

그리고 인간은 사람에 따라 다르겠지만 어떤 사람들은 큰소리칠 때 행복을 느낀다고 한다. 그래서 어떻게 하든지 그것을 오래 지탱하고 싶

어 하며 사생결단의 수를 다 쓰게 된다고 한다. 그리고 독불장군의 탈을 쓰기 시작한다. 이 정도가 되면 부하직원의 보고가 뜸하다든가 내용이 자기에 대한 충성심을 나타내지 않으면

"그 자식 왜 나한테 그래", "요새 보고가 시원치 않아."

하며 불쾌감을 전달하고 다음에 만나면 눈을 돌리고 똑바로 보지도 않으며 쌀쌀한 얼굴을 해 보이며

"이 자식아! 넌 이제 내 눈에 났어 알아." 하고 속으로 중얼거린다고 한다.

최근의 유고슬라비아의 밀로세비치 같은 사람은 권력의 완전중독자였다. 물론 이라크의 후세인 같은 사람도 마찬가지다. 이렇게 권력의 완전중독자는 엄청난 반대세력의 숙청을 거침없이 해낼 수가 있는 것이다. 결국 둘 다 현재는 권력을 잃고 죽었다. 이런 사람들의 말로를 볼 때 그 사람들이 그대로 취했던 마약의 권력에서 깨어나지를 못하고 있었던 것을 보면 권력의 군림이라는 것이 얼마나 무서운 병인지를 알게 해준다.

이런 군림의 실체는 과연 무엇일까?

계급사회에서 이루어지는 것이다. 계급에는 권력과 재력, 그리고 종교에서도 마찬가지로 이루어진다. 여기에 지배 계급은 자연스럽게 피지배 계급을 압박하며 다스리게 되고 절대적인 순종을 강요하게 된다. 순종하지 않을 경우는 권력자의 경우는 입법을 통해서 법으로 순종하게 만든다. 입법을 할 때 진통을 겪기는 하지만 그래도 밀로세비치나 후세인 같은 군림은 아니다. 언론을 장악한 경우는 방송으로 여론을 조성해 가며 법을 만들기 때문에 국민들은 어물쩍 모르는 사이에 당하게 된다.(거짓을 그대로 믿게 됨) 그러니까 악법인 것이다. 그 다음에는 국민

들에게 법 지키기를 강요한다. 국민이 멀쩡하게 당하는 것이다.

재력으로 할 경우에는 돈으로 복종을 강요한다. 이 경우 선진국의 경우는 그래도 양질의 법을 적용하기 때문에 다소 낫다고 볼 수가 있으나 저개발국에서 온전한 법이 없을 경우는 돈 가진 사람의 말이 법이기 때문에 복종해야 한다. 일반인은 그래야 편하기 때문이다.

종교에서의 군림은 엄청난 것이다. 역사를 보면 대개는 권력이 종교를 이용한 경우가 많이 있었다. 현재도 아랍국가 중에서는 절대적이다. 후세인의 경우도 자기가 알라의 사도이니 자기에게 복종하는 것은 바로 알라에게 복종하는 것임을 강조했던 것 같다. 그러면서 자기에게 불복종한 자를 죽이는 것은 당연한 알라의 심판 정도로 국민들을 착각하게 만들었던 것이 아닌가 생각한다. 아마도 본인도 착각하고 있었는지도 모른다. 왜냐하면 최근 재판정에서 아직도 자기가 이라크의 대통령이라고 생각하고 있었던 것을 보면 마약에서 깨어나지를 못했던 것이다.

옛날의 구교에서 교황의 위치는 어마어마해서 권력 위에 있기도 했던 것으로 보아 종교의 힘을 알 수가 있다. 그리고 많은 사람을 죽였다.

캄보디아의 앙코르와 트 왕국의 종교 유적을 보면 놀라움을 금치 못할 엄청난 역사의 흔적을 볼 수가 있는데 그 당시의 국민들이 당한 고통을 헤아릴 수가 있다. 그러한 유적이 현재는 물론 캄보디아의 엄청난 관광자원으로 수입의 원천이 되고 있다.

그러니 들어 보지도 못한 작은 이교도들의 행태는 교주의 대표적인 군림의 온상이 되어 오고 있다.

통치라는 것은 국민들의 공감대에서 얻은 법으로 다스리는 것을 말한다. 그러나 공감대도 아닌 것을 공감대라고 우기면서 만든 법을 강조하는 것은 독재, 즉 사기에 의한 군림인 것이다.

옛날 공산주의 군림은 당이라는 것을 이용한 사기의 군림이었다. 당에 절대 복종해야만 하고 복종하지 않는 것은 반동이라는 굴레를 만들어 핍박하여 복종하게 하였다. 깊이 생각해 볼 필요가 있는 것이다.

인간이 이 세상에 태어났으니 반드시 죽게 되어 있는 것처럼 조직 사회에 있어서는 어떤 직위에 올라 있으면 반드시 그 직위에서 그만두는 날이 온다. 정권의 경우는 이러한 중독자들의 중독현상이 점점 심해져서 결국 쇠퇴하고 망하고 마는 것이다. 그래서 사람들은

"그 자리 있을 때 잘해!"

하며 충고하게 된다. 당사자는 이 자리 있을 때 챙길 것을 다 챙겨야겠다고 마음먹는 사람도 있을지 모른다.

그러나 행동하는 것을 보면 죽을 때까지 할 것으로 도취되어 날뛰는 경우가 많고 공정성과 정의는 점점 없어지며 심지어는 반대세력을 죽이는 일에 많은 시간을 보내며 자리 지키기를 위한 투자를 강화하고 이상한 정신분열적 증상이 나타나기 시작한다.

이 정도가 되면 약도 없다. 큰 홍역을 치러야 정상으로 돌아올 수가 있으나 완전히 100% 정상으로 돌아오는 것도 물론 힘들고 상당한 후유증에 시달리게 된다. 후유증의 정도는 사람에 따라 달라지는데 타고난 배짱이 두둑한 사람은 좀 낮은 후유증을 가질 것이 아니겠는가!

그러니까 다시 말하면 정치를 하거나 회사 또는 조직을 운영하는 사람의 대부분은 이런 현상을 잘 즐기며 살고 있다고 생각할 수가 있다. 회사의 경우는 돈 앞에 굽신거리는 것이며 정치판에서는 권력에 굽신

거릴 것이고 깡패의 경우는 주먹 앞에 굽신거리게 되는 것인지도 모르겠다. 군림하는 위치에 있는 사람은 주변에 있는 사람들에게 무엇을 하라고만 하면

"네 알겠습니다!" 하고 복종하는 것 그것이 흡족하게 하는 것 같다.

따라서 출세의 본질은 절대 복종과 순종에 있는 것이다.

그저 세상 사는 것은 이런 수렁에 발을 디디지 않는 것이 마음 편하고 좋다. 그러나 봉사정신으로 많은 사람을 위하여 헌신하겠다는 투철한 마음가짐이 있다면 이런 사람들이 책임자의 직위에 있어야 하고 직위를 과시용, 그리고 장식품으로 보는 사람이라면 빨리 그만두어야 그 마약의 후유증을 면할 수가 있다.

그러나 쉽지는 않을 것 같다. 왜냐하면 우리나라와 같이 정치에 관심 있는 사람들이 많은 나라에서 과연 그렇게 될까? 국민이 정치권좌에서 거들먹거리는 정치인을 절대 뽑아 주지 않는다면 가능할 것이다.

기 회

찾아온 기회를 보려면 등불(준비)을 켜고 있어야 하며
온 기회를 잡지 못하면 일생을 후회하며 살 수도 있다.

미국의 빌 게이츠 회장은 잘 알고 있듯이 재학 중이던 대학을 2학년 때 그만두고 만다. 그 이유는 당장 너무나도 할 일이 많아서 대학에서 한가하게 강의나 듣고 있을 형편이 아니라는 것을 깨달았기 때문이다.

자기가 하고자 하는 것은 대학을 계속 다니지 않아도 지금의 실력으로도 가능하다고 생각했다. 지도교수를 찾아가 학교를 그만두겠다는 말을 했다. 이 말을 들은 교수는 그 내용을 들어 보고 흔쾌히 승낙하면서 액수표시가 없는 수표 한 장을 내주며 쓰라고 하며 투자를 자청했다고 한다. 간판이 중요한 것이 아니라 할 일이 있고 또 능력이 되면 그만이다. 미국인의 스타일이다. 그 제자의 그 스승이라고 할 수밖에 없다.

빌 게이츠는 인생에서 간판보다는 자기가 써야 할 시간, 즉 기회를 잘 가려서 활용한 대표적인 성공한 예라고 할 수가 있다.

인간은 태어나서 일생에 한번 살고 또 그 삶은 되돌이켜 반복할 수가 없는 비가역성을 띠고 살아간다. 연습할 수도 없는 것이다.

어떤 사람들은 "대충 살지 뭐." 이렇게 말하는 사람도 있지만 대충이란 말은 모나지 말게 살자는 의미지 아무렇게나 시간을 낭비하며 살라는 것은 아닌 것이다. 시간을 허비하며 사는 것은 정말 죄인 것이다.

우리가 기회라는 단어를 쓸 때 다음과 같은 말을 많이 쓴다.

기회를 놓치지 마라.
기회는 자주 오는 것이 아니다.
이번이 너한테는 기회야. 또는 마지막 기회야.
우리한테(또는 나한테) 이런 기회는 없어.
기회는 항상 오는 것이 아냐.

말하는 환경에 따라 다를지 모르나 모두 같은 말이다. 이외에도 기회를 말하려면 얼마든지 있다. 그러나 여기에서 기회는 대부분 때를 말하는 것이다. 시간의 개념이다.

시간은 발사된 총알과도 같다. 절대로 되돌아오지 않는다.

아침에 먹는 밥은 오늘 먹었으면 내일 아침도 먹을 수가 있고 공부하는 것도 좀 늦게 할 수도 있지만 공부할 시절에 놀다가 일할 시기에 공부하는 어리석음을 범할 수는 없다. 위의 빌 게이츠는 이것을 잘 구분한 예인 것이다.

과거 우리의 조상들이 한 말 중에는 일생에 운명을 가르는 세 번의 기회가 온다고 했다. 세 번이라는 것이 딱히 정해진 의미는 없겠지만 기회는 그리 많이 오지를 않는다는 말과도 같다. 어떤 사람은 일생에 한번 지나가는 기회를 멍청히 놓친 사람이 있는가 하면 수십 번 왔는데도 번번이 헛되게 보내면서

"또 있을 거야. 다음 기회에 하지!" 하고 넘어가고 만다.

그러나 머리가 번쩍이는 사람 그리고 준비가 넉넉히 된 사람이라면 절대로 찾아온 기회를 기회로 바로 알고 놓치지 않을 것이다.

어렸을 때 위에서 말한 세 번의 기회가 찾아온다는 말을 귀가 닳도록 들었기 때문에 나이가 들어 가면서 나는 "이번이 그 세 번째인가, 전번 것은 두 번째이고" 하는 식으로 기회를 셈한 적도 여러 번 있었다. 어떻게 보면 얼마나 어리석은 셈인지 알 수가 없다. 약한 인간이기에 어떤 정해진 운명 속에 살면서 그 운명의 시나리오를 상상해 세어 보는 것이다.

예정론을 무시할 수도 없지만 그렇다고 100% 믿을 수도 없다. 그러니까 자기의 앞날은 자기 하기 나름이다.

기회라는 것은 준비가 넉넉하게 되지 못한 사람에게 주어지는 말일

것이다.

기회가 어떤 것이기에 이런 말들을 할 수가 있을까?

기회는 보통 자기의 앞날에 좋은 결과를 가져다줄 선택을 말할 것이다.

이미 목적이 정해져 있고 준비가 완료된 상태라면 기회를 크게 망설이며 논할 필요가 없다.

이런 경우는 대개 진로가 학자를 희망하는 경우라면 공부가 될 것이고 공부가 충분해서 넉넉히 자기분야의 실력을 갖춰 놓았다면 선택만이 남은 것이다.

준비가 불충분하다면 어디엔가 들어가 일할 곳을 찾아 헤매야 한다. 이런 경우에 기회라는 말이 꼭 필요할 것이다. "어디 오라는 곳이 있으면 이것이 기회다." 하고 얼른 결정해야 하기 때문이다.

우리에게는 앞서 말한 대로 시간과 선택은 밀접한 관계가 있다. 시간에 따라서 선택의 대상이 바뀌고 나이가 먹을수록 선택의 영역도 좁아지다가 나중에 가서는 없어지고 마는 것이다. 그래서 기회의 중요성이 있는 것이다.

사업하는 사람이라면 시장조사가 잘 되어 있고 완벽한 연구 성과와 이를 생산에 옮길 계획, 충분한 자금 확보, 그리고 일할 사람들의 완벽한 훈련이 있다면 실패할 이유가 거의 없다. 그렇다고 해서 이러한 조건들이 다 갖춰졌다고 사업이나 프로젝트가 반드시 성공하는 것만은 아니다.

왜냐하면 타이밍이 중요하기 때문이다. 시대적인 요청이 없는데 엉뚱한 물건을 시장에 내놓으면 실패할 것이 뻔하다.

어느 일본회사의 중역으로부터 들은 이야기인데 많은 신제품을 개발해 놓고 이를 연구단계에서 다듬고 있으며 모든 공정을 완벽하게 설계

해 기다린다는 것이다. 이런 신제품이 7종이나 된다고 했다.

"그런데 왜 생산을 안 하느냐?"고 물었더니 아직은 때가 아니란다. 이것이 바로 회사의 기회를 노리는 전략이다. 기회를 내다보고 있는 제품이 많을수록 회사가 건실할 것이다.

연구 또는 투자의 의미는 바로 미래를 대비하는 것이다.

우리나라는 특별히 교육열이 높다. 특히 영어에서 대단하다. 이것은 부모들의 옳은 판단이다. 앞으로의 국제화 시대에 살아야 할 자식을 그 시대에 맞게 훈련시키는 일이야말로 매우 중요한 기회를 대비하는 것이기 때문이다.

그런데 초등학교 1학년 때부터 영어는 물론이거니와 일어와 중국어를 동시에 가르쳐야 한다고 나는 생각한다. 미국인, 일본인, 그리고 중국인 교사가 실제 한국어로 하지 말고 자기 모국어로 학교수업을 하면 쓰기는 차후에 하더라도 의사소통할 수 있도록 해주면, 차차 자연스럽게 쓰기도 될 것이기 때문에 문제가 없다. 최근 영어교육에서 이런 기운이 보이기 시작하고 있다. 국가 장래에 큰 힘이 될 것이다.

벨기에나 네덜란드, 핀란드 같은 유럽의 틈새 국가들은 초등학교 6학년 정도가 되면 4, 5개국의 언어소통이 가능해진다. 왜 이렇게 언어를 중요시할까. 장차 성장했을 때 틈새 국가에서 기회를 놓치지 않게 하기 위해서이다.

이러한 면을 볼 때 우리나라 국민들도 어학교육에 대한 남다른 교육열로 과외나 어학연수를 보내는 수법을 쓰고 있으나 가계에 너무 많은 부담을 주고 있는 것이 현실이다.

어학은 기회의 타이밍으로 볼 때 유치원에서부터 초등학교 6학년까지가 매우 중요한 시기라고 본다.

사람이 활동할 수 있는 기간이 60세라고 가정해 보면 앞서 말한 대로 30년간이 활동할 수 있는 기간이다. 만일 40세까지 공부를 한다면 20년을 위해서 40년 준비하는 것이다. 무엇을 그렇게 많이 배워야 하는가? 그러니 교과 내용을 줄여 쉽게 해야 함은 물론이거니와 생활에 필요한 어학에 더 많은 시간을 허용한다면 될 수 있다고 본다.

또한 중 · 고등학교에서는 교과목수를 효과적으로 대폭 줄이고 실제 필요한 것만 배우도록 하며 사회에 나가 실제 필요한 경험이 쌓이도록 교과과정을 대폭 수정하지 않으면 그 젊은 사람들에게 좋은 기회의 시간을 국가가 가로막고 방해하는 꼴이 될지도 모른다.

국민 각자가 성공할 수 있는 기회를 놓치지 않도록 교육시키는 것은 국가의 책무이다. 이것은 경영인은 물론이거니와 근로자 또는 학생들의 교육도 국가발전의 미래를 보고 설계된 것이 되어야 하기 때문이다.

기회주의자

세상엔 기회주의자를 받아들일 때도 있으나
이것은 진심으로 받아들이는 것이 아니라
잠시 그의 화려한 가면을 이용하는 것이다.

기회주의자란 과연 어떤 사람을 말하는 것일까.

이것부터 정의해 보자.

1) 간에 붙었다가 어떤 때는 쓸개에 붙었다 하는 사람, 즉 유리한 쪽으

로 언제든지 서는 사람, 글쎄 어떤 사람들일까?

2) 시대변화에 따라가며 왜정 때 열심히 일어를 배워 일인들로부터 도움을 받던 사람이 해방된 후 영어를 열심히 배워 미군부대에서 미국인으로부터 도움을 받는 사람

3) 어떤 일을 다 같이 은밀히 하기로 해 놓고 혼자 빠져나와 그 은밀함을 폭로하는 사람

4) 약속을 이미 해 놓았지만 돌이켜 생각해 보니 불리하다고 생각이 들어 약속을 지키지 않는 사람

5)연애하며 결혼까지 약속했음은 물론 자식까지 낳았으나 정식 결혼을 하지 않았다는 이유로 태도를 바꿔 돈이 많은 권력자의 딸과 결혼하는 남자

이런 것들을 기회주의자라고 하지만 이런 일들이 시대변화에 잘 대처하며 사는 현명한 사람으로 생각하는 사람도 많다. 2)의 경우에는 어떻게 보면 당연한 것인지도 모른다. 다만 일본이 한국을 식민지화했기 때문에 애국적인 입장에서 일인에 붙어먹던 것이 못마땅하다는 견지에서 기회주의자로 보는 것이다. 3)은 여럿이 도둑질하기로 약속해 놓고 빠져나와 폭로를 했다면 당연히 좋은 일이고 기회주의자라기보다는 양심적인 사람으로 보아야 한다. 4)는 법률적으로 보아 하자가 없다면 기회주의까지 사람을 몰고갈 필요까지는 없다고 본다.

우리가 사는 사회는 서면으로 약속하든 구두로 약속하든 서로 약속했으므로 그것이 좋든 싫든 일단 약속한 것은 지켜야 하는 것임에는 틀림이 없다고 생각한다.

사기꾼들이란 바로 거짓약속을 하는 사람을 말한다. 실은 사기까지는 생각하지 않았지만 그 약속은 자기에게 불리할 것이라고 생각해서 지키지 않는다면 그것이 또 바로 사기가 되는 것이다.

국가에도 1급, 2급이니 해서 비밀문서가 있고 회사에서도 비밀을 요하는 것들이 있다. 누가 돈을 많이 주겠다고 하니 그 비밀을 팔아넘긴다면 우리는 이들을 큰 배신자로 여기게 된다.

그래서 회사에서도 사람을 뽑을 때 이런 점들을 상당히 중요하게 생각한다. 좋은 일이든 나쁜 일이든 자기의 이익을 생각해서 약속을 지키지 않는다면 그것이 바로 기회주의자라고 생각하면 된다.

이런 사람들은 사회악이다.

왜냐하면 생활문화에서 잡아 놓은 사회질서를 파괴하는 사람들이기 때문이다.

이런 사람들은 세 가지 요소에 의하여 결정되는 것 같다.

첫째는 일부 유전적인 요소, 즉 부모를 닮는 형태가 있는데 많지는 않다고 본다.

둘째는 후천적인 것으로 그런 일을 한두 번 해 보니 상당한 이익이 자기에게 오는 것을 깨닫고 맛이 들어 즐기는 것이다.

셋째는 후천적인 것 중에서 자라온 환경, 즉 어렸을 때 늘 그런 일을 보고 자신도 모르게 배운 사람이다.

첫 번째 해당하는 사람들은 열심히 자기와의 싸움, 즉 자기를 이기고 여기서 벗어나야 하는 것이다.

문제는 후천적인 것이다. 한번 맛을 본 사람은 마치 마약과도 같아서 벗어나기가 매우 힘들어 그 수렁에서 헤매는 것을 볼 수가 있다. 때로는 자기의 그런 성격을 숨기려고 친구들에게는 절대로 하지 않으려는 의리파도 있기는 하지만 큰 이권이 개입되면 언제든지 친구도 배신할 수가 있기 때문에 주의를 요한다.

길 안내

길손님을 친절하게 대하는 것은
내 수양이다.

우리가 세상에 살면서 서로 돕고 도움을 받으며 살게 마련이다.

돈이 많은 사람들은 자기는 돈이 많기 때문에 누구에게도 도움을 받을 이유가 없다고 생각할지도 모른다. 그러나 남들이 없었던들 자기가 어디서 돈을 벌었으며, 그 많은 돈을 누구에게 자랑하고 우쭐하겠는가. 우리 사회는 이처럼 어떠한 형태로든 도움을 주고받기 마련이다.

나는 며칠 전 친구 자녀 결혼식을 교회에서 한다는 연락을 받고 차를 타고 아무리 찾아보아도 근처에 온 것은 틀림이 없는데 찾을 수가 없었다. 그래서 길 옆에 차를 멈추고 지나는 사람들에게 물어보았는데

"몰라요!"라고 대답한 사람이 4명이었고, 귀찮다는 내색을 하며 가버린 사람이 4명, 그리고 전혀 대답하지 않고 손만 내젓는 사람이 3명이 되었다.

매우 난감한 처지가 되었다. 그래서 할 수 없이 그 주변을 돌다보니 유료 주차장이 있었다. 그래서 주차장에 차를 대고 여기저기 찾아다닐

요량이었지만 주차장 주인이 바로 옆이라면서 쉽게 가르쳐 주었다.

내 생각에는 "아! 이해관계가 있어야 친절이라는 것이 있구나!" 하며 새삼 느끼게 된 것이다.

위의 11분이 정말 모르기 때문에 가르쳐 주지를 못한 것임에는 틀림이 없다. 그러나 내 일이 아니니 내가 친절할 필요가 없다는 생각이 몸에 배어 있는 듯했다. 길을 물을 때 친절을 베풀지 않는 것은 우리 사회에서 많이 지적하고 있는 것 중의 하나이다.

필자가 1970년대 초 프랑스에 있을 때 내 차로 네덜란드의 작은 도시에 여행을 간 적이 있다. 그리 복잡하지도 않아 보이는 곳에서 독일 쪽으로 가는 톨게이트로 빠져나가려고 하였으나 가놓고 보니 출발한 지역에 다시 되돌아오고 말았다. 나침반도 가지고 있었고 지도 또한 있었지만 어찌된 영문인지 세 번씩이나 같은 장소에 되돌아온 것이 아닌가. 그래 할 수 없이 주변을 보니 어떤 부부가 차 옆에 서 있었다. 그래서 자초지종을 말했더니 지형 표시가 잘못된 것 같다면서 자기네 도로 표시에 문제가 있는 것 같다며 미안해하는 모습을 보였다. 그리고는 자기가 안내를 할 테니 따라오라고 하며 앞서며 손짓을 하는 것이었다. 약 20분 걸려 톨게이트 근처에 가서 길을 가르쳐 주고 잘 가라며 손짓을 해 보였다. 이런 것들이 삶의 여유라고 나는 내심 생각했었다.

이 말을 한국에서 한 친구에게 이야기했더니

"그 사람들은 할 짓이 없으니까 그런 것이나 해서 소일하는 것이지 뭐." 하면서 감탄하는 기색은 전혀 없었다.

최근 우리나라는 지도가 발달해 있고 도로도 번호가 있어서 길 찾기는 매우 쉬워졌다. 그러나 서울에서 아파트가 아닌 개인주택에서 주소

가지고 해당되는 집을 찾는다는 것은 아직도 쉽지 않고 시골에서 상경한 사람이나, 서울 길에 어두운 사람과 외국인들, 그리고 많은 노인들이 요즈음도 길을 찾아 헤매는 것을 볼 수가 있다. 택시를 탄다 해도 택시 운전수가 주소를 보아가며 찾아주는 경우는 거의 없다.

따라서 사회 지도자들은 개혁이나 혁신도 좋지만 우선 모든 국민들에게 개혁을 말하기에 앞서 친절개혁부터 시작한다면 무엇을 개혁하려는지 몰라도 그런 것들은 다 저절로 개혁될 것이라고 나는 믿는다.

늙은 할머니 할아버지가 길을 묻거나 헤맬 때는 내가 아무리 바빠도 친절히 모셔다 드리면, 할머니는 찾을 것을 찾았으니 좋고, 데려다 준 나도 누구에게인가 친절을 베풀었으니 기분이 좋고 하는 것이 인생의 삶이라고 생각한다.

우리가 바쁘게 산다는 것에 대하여 빈틈없이 자기를 위해서 시간을 메워 나가는 것이 바쁘게 사는 것은 결코 아니라고 생각한다.

여유 있게 남도 도와 가며 살다 보면 그만한 대가는 사회로부터 보장받을 수가 있으며 이것이 인간의 참된 사회의 삶인 것이다.

선 물

선물은 그 속에 사랑과 고마움이 담겨야 한다.
독을 담아서는 안 된다.

선물이란 과연 무엇인가?
받아서 좋고 주워서 좋은 것이다.

선물의 형태는 참 여러 가지가 있다.

1) 고마움의 표시(서로 좋음)

2) 뇌물성이 있는 것(이것은 좋은 것이 될 수 없음)

3) 환심을 사기 위한 것(촌지 등 불쾌할 수도 있고 기분 좋을 수도 있음, 사람에 따라 달라짐)

4) 방문 시 의례적으로 주는 것(약간의 성의)

5) 생일 선물, 크리스마스 선물, 어버이날 선물, 어린이날 선물(기분 좋음)

6) 기념일(결혼, 약혼, 환갑, 기타)에 주는 것(성의)

7) 출장에서 돌아올 때 사오는 물건(가족이나 친구를 기쁘게 하려고)

8) 회사가 홍보용으로 주는 것(손님의 기분 전환용)

9) 백화점에서 물건을 많이 샀을 때 덤이나 경품으로 주는 것(역시 기분 전환)

10) 회사 방문 시 방문 기념용 선물(선전 겸 성의, 기분 좋음)

우선 10가지를 나열하였으나 이외에도 여러 가지가 있을 수가 있겠다. 선물이 어떤 의도가 숨어 있을 때는 선물이 아니라 독인 것이다. 공짜로 주는 것이라 덥석덥석 받다가는 당하는 경우가 많이 있다. 선물을 주니 자신을 크게 생각하는 사람으로 오인하고 마음을 주었다가 당하는 경우도 요즈음 많이 있기 때문이다. 이런 것만 조심한다면 선물받는 것은 기분이 좋은 것임에는 틀림이 없다.

많은 주부들이 백화점에서 일정액 이상을 구입하면 주는 선물이 있는데 이 일정금액을 채우고 선물을 받기 위해서 무리하게 낭비하는 경우도 있는 것을 보면 알 수가 있다. 그만큼 선물을 좋아하는 것이 인간이다.

일본에서 동경대학 교수연구실을 방문한 적이 있다. 마침 대학원 졸업생 몇 명이 교수를 찾아왔는데 모두 손에 선물이 들려져 있었다.

선물은 작은 쿠키 한 개 정도였다. 그것을 뜯어 놓고 커피를 끓여 교수와 이것저것 이야기하다 돌아가는 것이었다.

'그 작은 선물!'

이것이 진짜 선물인 것이다. 왜냐하면 부담이 없기 때문이다. 우리나라에서는 양주, 시골 어른들에게는 정종 한 병 사들고 가는 것을 옛날에는 많이 볼 수가 있었는데 좀 값이 나가기는 하지만 문안인사로 좋다고 본다. 즉 뇌물의 성격이 없다고 보는 것이 좋을 것이다.

대가와 선물은 다른 것이다.

나는 약 30년 전 어떤 기업을 기술적으로 도와준 적이 있다. 이때 그 기업에서 연말에 소갈비 한 짝을 보내왔다. 선물이었다. 그러나 이런 경우는 선물을 주기보다는 기술 자문에 대한 대가를 돈으로 지불해야 하는 것이다. 선물을 받으면서도 좀 섭섭한 기분이 들었다. 왜냐하면 자문에 대한 대가를 인정받지 못했다는 생각이 들었기 때문이다. 그러나 주는 사람은 상당한 성의 표시를 한 것으로 생각되었다.

그러니까 고마움의 표시가 선물인데 그 규모는 상대방에 따라서 적절히 결정해야 하는 것이다.

나는 옛날에 어느 분 생일에 작은 케이크를 사가지고 간 적이 있다. 며칠 후 그 집에서 한 분이 와서 선물의 규모가 작고 왜 돈을 가져오지 않았으며 케이크도 왜 그렇게 적은 것이냐며 성의가 없다고 따지러 왔다. 어처구니가 없었다.

그러나 받아서 좋은 것이 선물인 만큼 다음과 같은 상황에서는 반드시 선물을 준비해야 하는 것이다.

1) 오랜만에 어른 집을 방문할 때

2) 은사, 선배를 만날 때

3) 부부(부모, 자식, 친지)가 기념일(생일 기타)을 보낼 때

4) 고향 집을 방문할 때

5) 오랜만에 손님이 방문했다 돌아갈 때

6) 고아원이나 양로원을 찾을 때

7) 병문안할 때

8) 특별한 고마움의 표시를 할 때

이외에도 있겠으나 적절한 선물을 선택해야 하며, 줄 때는 진심의 얼굴 표정을 가져야 한다. 작은 것이라도 마음의 정을 듬뿍 담아 주는 것, 그것이 진실된 선물인 것이다.

이런 물질적인 것 말고

1) 자식을 얻는 것

2) 가족의 건강

3) 병의 회복

4) 외국에서 공부하고 돌아온 자식 보는 기쁨

5) 갈등을 겪던 고부간, 부모와 자식 간, 그리고 친구 간의 화해 등도 물질적인 것보다 더 소중한 선물이다. 더 나아가서

마음과 형이상학적인 것에 대한 것을 좀 보자!

우리는 이런 말을 한다.

"그 애는 하나님이 우리에게 준 최고의 선물이야."

"**믿음**으로 말미암아 구원을 얻었나니 이것이 너희에게서 난 것이 아니요 하나님의 선물이라(에베소서 3:7)."

그러니까 신이 주시는 선물 중에는

1) 행복

2) 건강

3) **믿음**

4) 평안

5) 좋은 생각과 느낌

6) 자신의 발견과 만족

7) 여유

8) 마음의 비움

의 선물이 있다.

스펜서 존슨,『누가 내 치즈를 옮겼을까』의 저자가 쓴『선물』이라는 책에서는 '현재의 순간' 이 있다는 것이 바로 소중한 선물이라고 한다.

또 다른 책에서는

"행복을 느끼기를 포기할 때 행복해진다."

는 말이 있다. 위에서 나열한 어떠한 형태의 선물도 그것을 바라거나 추구할 때 얻어지는 것이라면 진정한 선물이라고 할 수가 없는 것이다.

선물은 상대방이 주는 것이지 요구하는 것이 아니다. 요구한다면 강탈인 것이다. 은근히 눈치를 보여도 마찬가지다. 그래서 어떤 분은 선물과 뇌물에는 큰 차이가 없다는 말까지 하고 있는데 대개 타인에 대한 선물은 환심을 얻기 위한 것이라는데 반드시 맞는 말은 아닌 것 같다.

혼인 시 예의를 갖추기 위해 혼수(선물)를 장만할 때 신랑 집에서 가져올 선물의 목록을 신부 집에 써주는 예가 최근에 많아지는데 이것은 일종의 강탈인 것이다. 선물이라면 신부 집에서 결정해서 하면 그만이다. '마음에 안 든다' 느니 또는 '쓸데없는 것' 이라느니 하는 것은 말도 안 된다.

선물은 어떤 것이든 소중한 것으로 알고 받고 고맙게 생각해야 한다.
그러나 뇌물은 금물이다.

소 문

소문을 믿는 것은 어리석은 것이나
소문에 신경을 쓰면 더 큰 어리석음이 될 수 있다.

소문은 영어로 gossip이라고 한다. 그러니까 사람들이 쑥덕거려서 퍼져나가는 말이다. 이렇게 소문은 사람이 만드는 것이지만 작용은 물 위에 떨어진 물감처럼 퍼져나가는 성질이 있다.

우리 조상들이 물려준 말에는

"발 없는 말이 천리 간다!"
"말이 말을 만든다!"
"낮 말은 새가 듣고 밤 말은 쥐가 듣는다!"
"아니 땐 굴뚝에 연기 나랴."

이런 식으로 소문은 퍼져나간다. 그러나 소문은 우리 인간에게 매우 중요한 위치를 차지한다. 어느 누구에 대한 소문을 듣는 것만큼 재미있는 것은 없다. 소문은 일단 나면 듣는 사람에 따라서 좋은 소문일 수도 있고 기분 나쁜 것일 수도 있다. 그러니까 좋은 소문은 많이, 그리고 빨리 퍼져나가도 좋지만 나쁜 소문은 퍼지지 않는 편이 낫다. 그러나 소문이라는 속성이 그렇지가 않고 오히려 나쁜 소문이 빨리 퍼진다. 그 이유는 자기 외에 다른 사람들은 잘 되지 않기를 바라는 인간의 본성 때문이다.

"자식 까불더니 결국!" (권력 있던 사람이 물러날 때 퍼진 소문에)
"회사가 너무 커진다 했더니 결국!" (회사가 부도날 때 퍼진 소문에)

이런 소문은 아마도 그렇게 되기를 기다린 사람들이 대개 하는 속말이다.

소문이 퍼져나갈 때에는 그 전달 과정을 인간이 즐기는 것이 보통이다.

어떤 즐거움을 인간이 소문을 통해서 즐기는 것일까?

1) 말을 나쁘게 부풀리는 즐거움
2) 남에게 알리는 즐거움(슬쩍 말하는)

3) 참지 않고 내뱉는 즐거움(시원함이 있는 것 같다)

4) 모임에서 여럿이 같이 씹어 대는 즐거움(대개 흥분함)

5) 은밀하게 말하는 즐거움(슬쩍 하는 말)

6) 소문으로 고통당하는 것을 보는 즐거움(원한이 있을 때)

7) 망하는 것을 보는 즐거움(고약한지고!)

8) 질투하는 즐거움(특히 이성 간에)

9) 욕하는 즐거움(겉으로는 시원하나 뒷맛이 좋지 않다)

이것이 과연 맞는 말일까? 그렇지 않은 사람이 많겠지만 인간의 속내는 이런 마음이 자리를 잡고 있다. 실은 교육이나 종교를 통해서 억제하는 훈련을 받았기 때문에 드러내 보이지 않는 것이다. 그래서 어떤 사람들은 조그마한 것이라도

"걸려들기만 해봐!"

하는 심정으로 나쁜 소문을 기다리는 사람도 가끔 있다.

"그 자식 잘 되었어!"

하는가 하면

"까불더니!"

하고 소문을 기다리고 있었던 것이다.

남녀 사이의 관계에 대한 소문은 여차하면 술집의 안줏감이 될 수도 있고 그 전파속도 또한 매우 빠르다. 특히 사회적으로 이름이 알려져 있으면 말할 것도 없다.

소문에는 이처럼 여러 가지가 있을 수가 있는데

1) 뜬소문(rumors, 터무니없는 소문) : 입 소문(거짓이 꽤 있는 편), 귀 소문(소리 소문으로 대부분 거짓말), 사기소문(투자를 유도하기 위하여

퍼뜨리는 거짓소문)

2) 참 소문 : 눈 소문(거의 확실한 것)과 몸 소문(체험한 것)

3) 매체소문(확인되지 않은 인터넷 소문과 신문 · 방송)

등으로 분류해 보았지만 소문의 진원지가 확실하지 않은 어처구니없는 항간의 소문이 있는가 하면 귀신이 나온다거나 암에 즉효 약이라든가 하는 헛소문 내지는 괴소문 등이 있을 수가 있다.

따라서 몸 소문(체험)이라는 것이 가장 정확한 것이다. 눈 소문도 착시현상이 있을 수가 있다.

한 예를 들어 보겠다.

어떤 나무꾼이 나무를 해가지고 산에서 내려오다가 목이 말라 옹달샘에서 물에 입을 대고 물을 들이켰다. 목이 좀 이상하다고 느끼는 순간 작은 뱀이 목구멍으로 넘어간다는 느낌을 가졌다. 집에 돌아온 나무꾼은

"확실해! 뱀을 삼킨 거야!"

생각하니 잠이 오지를 않고 음식을 먹을 수도 없었으며 시름시름 신음하기 시작했다. 이유를 묻는 주위 사람들에게 자초지종을 설명했다. 소문은 '나무꾼이 뱀을 삼켜서 다 죽게 되었다.' 고 났다. 이 소문을 들은 동네 한 영감님이 찾아왔다. 나무꾼더러 나무하러 갔을 때의 옷과 행적을 하고 옹달샘으로 가자고 했다. 옷을 차려 입은 나무꾼의 행색을 보고 영감님은 이것이 다냐고 물었다. 내려올 때는 꿩을 한 마리 잡아 둘러메고 왔다고 했다.

"이보게 그러면 그 꿩도 같이 메고 가세나!"

해서 그대로 하고 올라갔다. 물을 마셔 보라고 했다. 그런데 또 뱀이

언제 들어왔는지 넘어가는 것이 아니겠는가.

"야! 이거 뱀을 또 삼켰어요!"

하고 소리를 쳤다. 이 광경을 본 영감님은

"하하! 이보게. 그것은 뱀이 아니라 자네 뒤에 멘 꿩 꼬리털이 물에 비친 것일세!"

이렇게 해서 착시에서 벗어날 수가 있었다. 아무리 눈으로 본 것이라 하더라도 눈 소문도 거짓이 있을 수가 있는 것이다. 그래서

"소문은 소문일 뿐이야!"

라는 말이 나온 것이다. 그러니까 소문을 믿는다는 것은 어리석은 일이 될 수도 있다. 그렇다고 해서 소문을 무시했다가 당하는 경우도 많다. 따라서 소문은 반드시 확인해야 하는 것이다.

'어떤 사람이 죽었다더라.'

소문이 있었지만 실제 가보니 살아 있었고 어떻게 해서 이런 소문이 났는가 알아보았더니 죽었다고 소문이 나면 오래 산다고 해서 일부러 퍼뜨린 말인 경우도 옛날에는 있었다고 한다.

공중매체 같은 곳에서도 보도할 때 한쪽 편만 들어 확인되지 않은 말을 하다 보면 진실은 없어지고 그 나라 사회 전체가 거짓말에 휩싸이는 민심이 생겨나는 것을 볼 수가 있다. 그러니까 공중매체가 소문을 만들어 낸 셈이 되는 것이다. 거짓매체소문이다.

옛말에

'날 닮아라 날 닮아라.'

하고 고양이가 강아지보고 아웅거렸더니 개가 고양이가 되더라는 것

이다. 그만큼 가짜 소문이라도 자꾸 해대면 진실처럼 보이게 되고 세상은 온통 거짓말의 세계가 될 것이다.

이것이 공산주의자들이 사용했던 수법인 것이다.

다 아는 예지만 들어 보자.

K씨가 "배가 아프대." 하고 B에게 말했다. B는 C에게 K가 배가 아프다는데 "그게 혹시 위염인가 봐" 했다. C는 D에게 K가 "아직도 앓고 있는 것을 보면 위궤양인가 봐." 했다. D는 E에게 K가 "위궤양이라는데 오래 된 것을 보면 아마 이제 위암인지도 몰라." 그 다음 넘어갈 때는 "죽었다."고 소문이 날 수도 있는 것이다.

그러나 왜곡되지 않는다면 어느

'식당의 음식 맛이 좋더라.'

하는 것은 가서 맛을 봐야 몸 소문이 될 수가 있다. 좋은 말 중에도

"맛이 있었어!"

가 변해서

"아주 맛이 있더라!"

로 변하고 하는 것은 식당의 장사를 위해서는 좋은 일이 될 것이지만 단순한 입 소문이 될 수도 있다.

더구나 사기꾼이 판치는 요즈음, 뜬소문만 믿고 투자했다가는 사기소문에 당하게 된다.

외국에서 장례 지내는 것을 보면 내빈들에게 관을 살짝 열어 얼굴을 보이게 하는 것도 죽음을 확인케 함은 물론이요 가는 사람의 얼굴을 마지막으로 한번 보여주는 의미도, 헛소문 즉 뜬소문이 생길지도 모르는

것을 방지하기 위해서라고 생각한다.

우리가 회사에서 출장을 가는 것도 일종의 확인절차의 한 부분이 될 수도 있는 것이다. 최근에는 상도덕이 땅에 떨어지고 인터넷에서는 서로 비방하고 욕을 해대며 서로 편을 갈라서 욕지거리를 하는 세상에 그 많은 말을 다 어떻게 믿을 수가 있겠는가?

당사자는 반드시 어떤 사소한 일이라도 피곤한 일이지만 직접 확인하는 절차가 필요한데 확인 절차 시 주의할 점은 상대방이 보는 앞에서 또는 남을 시켜서 하는 것도 최근에는 위험한 경우가 많이 있다.

뜬소문이 적은 나라가 살기 좋은 나라이고 선진국이라고 할 수가 있는 것이다. 서로 믿고 살 수만 있다면 얼마나 좋겠는가?

그런데 요사이 우리나라에서 사람을 놓고 뜬소문이 너무 많다.

스트레스

스트레스에서 벗어나는 길은 배짱이다.
그러나 배짱은 능력이 있을 때 생긴다.

우리는 세상을 살아가는 데 걱정거리가 많다.

성격에 따라서 걱정을 거의 않고 배짱 좋게 사는 사람이 있는가 하면 사소한 일까지 계속 꼬리를 물며 생각이 떠올라 속이 들끓는 사람이 있다. 너무 지나치면 정신병으로 비화해서 고생하는 사람도 많이 있다.

또 우울증에 빠지는 사람도 있다.

걱정이라는 것은 어떤 일이 마음에 켕겨 머릿속에서 떠나지 않는 상태라고 말할 수가 있는 것이다.

사람들은 어떤 것을 걱정하며 살고 있을까?

1) 자신의 건강
2) 자기 자산의 유실(도난, 분실, 강탈, 빌려주고 못 받은 경우, 빚보증)
3) 자기 및 자식의 출세
4) 예쁜 마누라와 사는 사람은 마누라 의처증, 반대로 의부증
5) 자신의 미용(여자의 경우 그리고 일부 남자)
6) 직장에서 상사와의 갈등, 승진문제
7) 부모, 자식 그리고 친구와의 갈등
8) 집에 우환(노인의 치매, 불구, 신경계 환자(뇌졸중)가 있을 경우)
9) 군에 간 자식
10) 국내외 정치상황

우선 10개만 나열해 보았다.

우선 자기 건강에 대하여 생각해 보자. 이것은 걱정하며 병을 불러들이기보다는 건강관리를 하면 된다. 건강을 관리하는 데 필요한 여러 가지 구호들이 많이 있다.

1) 소식할 것
2) 간식을 하지 말 것
3) 짜고 맵고 탄 것 먹지 말 것
4) 운동을 하고 숙면을 할 것
5) 가급적 약을 먹지 말 것

이라고 한다. 이런 것을 열심히 하면 된다. 그리고도 나쁜 병에 걸렸다면 웃고 말 일이지 걱정하면 이것이 스트레스요 오히려 병이 악화만 될 뿐이다.

자산의 유실도 주변 사람들이 다 도둑으로 보일 때 걱정이 생기는 것이다. 주변 사람들을 다 천사로 보면 된다. 일단 돈이 유실된 상태라면

"이놈 보자."

하기보다는 비용으로 보면 된다. 왜냐하면 그런 세상에서 살면서 유실 가능성을 전혀 염두에, 즉 비용에 두지 않았다면 그것이 잘못됐다고도 볼 수가 있기 때문이다.

자신의 출세는 최근에는 돈을 주고 사는 사람도 있지만 이런 사람들은 다른 사람이 자기 자리를 노려 더 많은 돈을 주고 밀어낼까봐 잠을 자지 못하는 경우가 많다. 최선을 다하고 자리에 욕심을 내지 않아도 하늘은 노력하는 사람들을 돕게 되어 있다. 아무리 세상이 험해도 말이다.

예쁜 마누라와 사는 사람들 중에 일부 의처증을 가진 사람들을 많이 보았다. 일단 병에 걸리면 고치기가 매우 힘들다고 한다. 예쁜 여자를 혼자 독점해야겠다는 생각 때문에 스트레스를 받는 것이다.

"마누라가 예쁘니 많은 남자들이 좀 보도록 해야겠다."

라고 생각하기란 쉽지 않지만 그게 편하다. 물론 병에 이미 걸렸다면 어쩔 수 없지만 말이다.

자신의 미용문제는 부모께서 주신 것이다. 이미 태어나 성장했는데

다시 갓난애가 되어 뱃속으로 들어가 새로 예쁘게 빚어 나올 수도 없는 노릇이다. 요사이 성형을 많이 하는데 누구에게 잘 보이기 위한 것인지 가만히 생각해 보면 잘못됨을 이해할 수가 있다. 태어났을 때 모습을 어떻게 개성 있게 가꿔 내 특징을 드러낼 것인가를 연구함이 오히려 낫다고 생각한다.

직장에서 상사와의 갈등은 전적으로 본인의 문제이다. 상사 비위 하나 못 맞추면서 무슨 직장생활을 한단 말인가. 상사의 마음을 읽고 협동하며 오히려 이것을 즐거움으로 승화시켜보면 어떨까? 그렇다고 비겁하게 군다면 주위의 사람들에게 좋은 눈으로 보이지 않게 될 것이다. 철저하게 내 실력을 가지고 공부하며 노력하는 자세이면 스트레스가 생길 리 없다.

부모나 자식과의 갈등이 서로의 스트레스로 발전하고 있다. 자식이 용돈 안 준다고 법정에 가는 경우도 있고 부모가 재산분배가 늦다고 험한 길까지 가는 경우가 있는 판이니 부모의 스트레스는 이런 경우 참담할 것이다. 자식이 용돈을 안 주며 행패를 부리고 빚 안 갚아 준다고 떼를 쓰는 판에 왜 스트레스가 안 되겠는가? 어떻게 보면 가정교육을 잘못시킨 경우도 있고 스트레스 받는 사람이 처신을 잘못했을 수도 있다.

자식들은 결혼 후 시부모 잘 모시지 않는 처와의 갈등으로 받는 부모에 대한 스트레스! 이런 것들을 다 조화 있게 요리하는 것을 우리는 지혜라고 한다. 좋은 지혜는 스트레스를 줄여 줄 수가 있다.

집에 우환은 매우 힘든 일이다. 특히 치매환자의 경우는 더욱 그러하다. 이런 때는 자식이 팔자소관으로 알고 집을 팔아서라도 보살펴야 한다. 보살피는 마음은 치매 걸린 부모에 대해서 효의 생각으로 하면 되고 걱정된다는 내색을 해서는 안 된다고 생각한다.

세상에 내 팔자야! 하며 현실을 인정하지 않으면 큰 불행이고 또 감당할 수가 없는 스트레스로 이어질 수가 있는 것이다.

정치는 정치인들에게 내버려두고 내 가정의 행복을 생각하면 스트레스를 줄일 수가 있다.

군에 간 자식은 씩씩한 남자가 되어 돌아올 것만 생각하면 된다.

현재 내가 처한 일에 충실하면 스트레스 받을 일은 아무것도 없다.

그리고 세상에 걱정해서 내 마음대로 된다면 그것이 엉터리이다.

실 수

> 실수하는 것이 겁나 일을 할 수가 없다면
> 세상에 할 일은 아무것도 없다.

실수(失手)라는 말을 사전에서 보면 '부주의로 잘못함, 그러한 행위' 라고 되어 있다. 그러니까 부주의만 하지 않는다면 실수란 없을 텐데 과학철학자인 칼 포퍼 라는 분은 '실수는 지극히 정상' 이라고 하면서

"인간의 이성은 언제든지 틀릴 수 있다."

"실수나 착오는 인간의 지극히 정상적인 모습."

"우리는 실수와 그것의 수정을 통해서만 지식을 증진시킬 수가 있다."

이런 말들을 하고 있다.

이러한 철학자의 말을 빌리지 않더라도 지극히 당연한 말인 것을 알고 있다.

우리는 어린애들이 실수하는 것을 보면 재롱이니 귀여움이니 하고 좋게 받아 주지만 어른이 실수하면 이해하려 하기보다는

1) 멍청하다.
2) 바보다.
3) 모자란다.
4) 약간 돌았다.
5) 무엇인가 착각이다.

는 말을 하게 된다. 그것은 그동안 자라면서 즉 나이가 먹으면서

'뭣 했기에 저럴까.'

'정상이 아니다.'

라고 하기 쉽다. 그러나 코미디의 대부분은 실수하는 것을 보여 주는 것이다. 사람들은 그 실수는 코미디라는 것을 염두에 둔 탓에 웃고 만다.

그러나 인간은 사람에 따라 정신적인 연령이 다 다르고 바쁜 사람과 한가한 사람 모두 그때 처한 환경에 따라 실수라는 것이 있게 마련이다. 특히

말하기와 행동에서 그렇고

문화적인 차이,

사고의 차이 그리고 착각

에서도 실수를 하게 되는 것이다. 문화적인 것에서는 그 문화에 대한 이해의 부족 또는 모르기 때문에 생길 수 있다.

몽골인들처럼 이동하며 사는 유목민 중에는 노인이 기동성이 떨어지면 그대로 버려두고 가버린다. 자기도 이미 자기 부모를 그렇게 했기 때문에 으레 그러려니 하고 받아들여 굶고 추위에 떨다가 죽고 만다. 그러니까 이러한 몽골식 고려장을 모르고 있는 사람이 어떻게 그것을 이해하겠는가?

그러니까 누가 말의 실수를 한다고 하더라도

"저 사람이 저럴 수가 있나!"

하지 말고 좀 계속 두고 보면서 본뜻이 무엇인지를 관찰해야 하는 것이다.

우리는 살면서 많은 실수를 하게 된다. 나도 말실수를 비교적 하는 편인데 성격이 급한 탓에 재미있는 말을 해야겠다고 한 것이 상대방에게는 불쾌감을 준 적이 있다. 몇 시간 지난 후에 곰곰이 생각해 보니

"아니 저 분에게 그런 말을 그렇게 하면 어떡해!"

하며 무릎을 탁 치는 경우가 많이 있었는데 변명하자니 매끄럽게 보일 것 같지 않아서

"에! 모르겠다!"

하고 그냥 체념하는 경우가 많이 있었다. 상대방의 불쾌감은 어떻게 하겠는가!

위의 철학자의 말대로 이 세상에는 실수가 없었다면 변화도 없었을지 모른다. 그래서 실수라는 것을 결코 무서워해서는 아무것도 할 수가 없는 것이다. 많은 성공의 뒤에는 많은 실수를 한 시행착오가 있었다. 그것은 인간이 완벽할 수가 없기 때문이다.

그러니까 우리 인간은 살아가면서

1) 스치는 말

2) 긴 말 중에서 일부를 들었을 때

3) 긴 이야기를 들었다고 하더라도 진의는 과연 무엇인가?

4) 화났을 때/기분 나쁠 때 하는 말

5) 농담

을 잘 가려내야 한다. 1)의 스치는 말은 대개 짧은 말이다. 그래서 별것 아닌 것처럼 넘어가는 사람들이 특히 생각이 둔할 경우가 있을 수 있다. 그렇다고 해서 예민하게 받아들여 그 말을 분석하느라고 밤에 잠을 못 잔다면 그것도 미련한 것이다.

상사가 눈길을 주지 않아도 신경을 쓰며 스트레스를 받는 사람들이 얼마든지 우리 사회에는 있다. 따라서 상사도 암시적인 말보다는 조용히 기분 나쁘지 않게 일러 주어야지

"어디 보자."

하는 식으로 상대방에게 눈길을 안 준다면 비겁한 일이다. 우리나라의 경우 특히 중년에 직장에서 정신적으로 압력을 받는 사람이 많다고 한다. 그런 이유로 졸지에 위험에 처하게 되는 사람이 늘고 있다는 말도 들은 적이 있다. 스치는 말이 이해가 가지 않거나 스트레스로 이어질 때는 말한 사람을 조용히 찾아가서 설명해 달라고 하는 편이 자신의 건강

에 좋은 것이다.

4)와 같은 것은 그 속에 진담도 있을 수가 있기 때문에 신경을 좀 써야 한다. 그러나 같이 화를 내며 덤벼들면 지는 것이다.

특히 5)의 경우 상사가 속으로 화가 났지만 농담하는 것처럼 하는 말은 실은 농담이 아니고 진담이 그 속에 있다는 것을 알아야 한다.

아무튼 보통은 남의 실수에 아량이 있어야 하고 내 실수에 대하여서도 너그럽게 넘어가면 된다. 내 실수에 대하여서는 엄해야 한다는 사람들도 있지만 잘못하면 스트레스나 우울증에 빠질 수 있다.

대개 사람들은 자기는 완벽하다고 생각하기 때문에 남의 실수를 실수로 인정하지 않으려 함은 물론

"그러면 네가 그렇지!"

하며 자기보다 못하다고 생각해서 속으로는 웃게 되는 것이다. 이때 실수한 사람은 그저 코믹하게 웃고 말면 그만이다.

그러면 사람들은 좋아하고 친구로 삼기를 원한다. 실수가 없고 늘 모든 것이 완벽해 보이면 사람들이 무서워 접근하지도 못한다. 왜냐하면 그 완벽한 망에 걸려들까봐 그런 것이다.

그래서 일부러 할 필요는 없지만 가끔 실수를 해서 빈틈을 보여 주면 사람들은 호감을 갖게 되는 것이다.

실수라는 말은 단순히 말의 실수에서부터 오는 것만은 아니고 남녀관계에서의 실수를 꼽으라면 성경의 아브라함의 실수가 있다. 하갈을 첩으로 얻은 것이다. 이로 인하여 엄청난 유대민족의 수난이 생긴 것은 인류역사 차원의 실수라고도 할 수가 있는 것이다. 그런가 하면 작은 실수 그러면서도 인간의 운명을 갈라놓는 실수가 얼마든지 있다.

1) 자동차 운전의 실수

2) 약국의 투약 오류

3) 혼전 임신

4) 운동선수의 "아차" 하는 실수

5) 연구실에서의 부주의로 인한 실수

좀 규모가 큰 것을 보면

6) 은행의 고객 관리에서 개인정보의 잘못 유출

7) 회사 마케팅 전략에서 상황을 제대로 읽지 못하는 경우

8) 전쟁에서 적의 상황을 잘못 판단한 경우

그러니까 실수는 그 종류에 따라서 웃어넘길 수도 있고 저질러서는 절대로 안 되는 것이 있기 때문에 판단을 잘 해야 하는 것이다.

특히 국회에서 법안을 만드는 일은 오랜 시간을 두고 검토해야 하는 이유가 잘못된 실수로 법안이 만들어졌을 경우 국민들에게 주는 고통은 돌이킬 수가 없는 사건으로 기록될 수가 있기 때문이다.

양보와 여유

양보가 여유를 만들고 여유가 인생을 즐겁게 한다.

사람에서 욕심을 빼면 무엇이 남을까?

허수아비가 될지도 모른다. 양보 없는 욕심 때문에 망하기도 하고 흥하기도 하며 남을 죽이기도 하고 살리기도 하며 전쟁을 하기도 한다.

그러니까 욕심은 잘 쓰면 좋고 자기 이익만 챙기는, 즉 양보 없는 이기주의적인 욕심은 파멸을 초래할 수가 있는 것이다. 철든다는 말은 바로 이 욕심을 바로 쓰는, 즉 양보와 여유의 정신을 가져야 하는 것이다. 양보란 과연 무엇일까?

1) 친절한 마음
2) 주고 싶은 마음
3) 배려하고 싶은 마음
4) 웃고 싶은 마음
5) 돕고 싶은 마음

이런 양보의 마음씨는 여유가 있을 때 나올 수가 있는 것이다. 모두 내 마음이 넉넉할 때 친절해지고 싶고 주고 싶고 돕고 싶은 것이다. 마음의 넉넉함 즉 여유, 돈이 많아져서 넉넉한 것이 아니고 또 유명해져서도 넉넉한 것이 아니다. 돈이 많은 사람들은 더 많은 돈을 얻기 위하여 양보하지 않는 경우도 있다. 유명한 사람이란 정치가, 배우 또는 탤런트, 알려진 운동선수, 그리고 TV에 자주 나와 알려졌거나 글을 신문에 많이 써서 알려진 사람들을 말할 수가 있는데 이런 분들 중에는 여유가 많아 양보를 하는 사람들도 있지만 그렇지 않은 사람도 가끔 있다.

이렇게 양보하면서 어떻게 살아갈 수가 있을까 생각할지 모르지만 그렇게 산다면 하나님께서 넉넉히 주신다는 것을 알아야 한다. 양보해서 망한 사람은 없다.

"그렇다면 왜 친구 빚보증 섰다가 망한 것은 어떤 것이냐?"

고 물을 것이다. 빚보증은 위의 1), 2) 및 5)에 해당될 수가 있지 않느냐고 말이다. 빚보증을 서는 것은 단순한 친절, 주고 싶은 마음, 그리고 배려라기보다는 그만한 돈을 친구에게 주는 것과 같은 의미인 것이다. 심사숙고해야 하는 큰 과제로서 여기서 말하는 단순한 그런 것이 아니다. 아예 그만한 돈을 주든가 돈을 줄 생각이 없다면 보증을 서지 말아야 한다. 그러니까 집을 내줄 수 있는 보증을 서야지 단순히 친구의 간단한 부탁 정도로 오해해서는 안 된다. 보증을 서달라고 하는 사람도

"당신 집을 내게 아무런 대가 없이 주시오."

하는 마음으로 보증을 서달라고 해야 한다. 그것이 아니라면 보증 서달라는 말은 하지 말아야 한다.

그러니까 재산 다 처분해서 아무 명분도 없이 친구에게 나눠주라는 그런 것이 양보를 의미하는 것은 아니다.

여기서의 양보(배려, 환대=친절, 모자람도 같은 내용)와 여유(즐거움, 행복한 느낌)는 부닥치는 생활 속에서 작은 실천을 우선 의미한다.

양보 예

1) 운전 시 상대방에 양보

2) 전철, 버스에서 자리 양보
3) 줄 설 때 앞자리 양보
4) 집회 시 자리 양보
5) TV 채널 양보

좀 규모가 큰 것이라면

6) 유산 분배에서 형제자매 간의 양보
7) 부모 모시기에서 모시기 자청하는 양보

어느 부자 사장이 짜고 비틀고 억척같이 돈을 모아 부자가 되었다. 이 사람의 삶은 이리 뛰고 저리 뛰고 정신없이 돈 버는 일과 특히 납품업체로서 남에게 뒤질세라 각종 로비를 해 가며 욕심을 내어 납품을 독점하려 했고 남에게 많은 고통을 안겨 주며 오로지 사업에만 정진했다. 여유가 없으니 몸을 돌볼 시간도 없었다.

그런데 언제부턴가 소화가 안 되어 소화제를 약국에서 사먹고 그저 참으며 버텼다. 아픈 것을 더 이상 참을 수가 없게 되자 병원엘 갔더니 위암 말기라는 진단이 나왔다.

"얼마나 살 수가 있겠습니까?", "오래 살면 6개월이고 빠르면 두 달도 안 될 것 같습니다." 의사의 말이었다.

참 한심한 생각이 들었다. 자식이 없는 사람이라

"내가 죽으면 이 돈 누가 다 가져가나."

생각하니 그동안 죽자 살자 벌어온 자신이 한심하게 여겨졌다. 그래서 죽기 전에 내 마음이나 좀 곱게 써 보고 죽어야겠다는 생각이 '번쩍' 들었다. 그래서 우선 양보하는 일부터 시작했다. 주문이 들어오면

"아! 그 물건은 우리보다도 B사가 최근 더 잘 하니 거기에 주문하십시

오!”

하고 친절히 안내함은 물론 여유를 부리며 번 돈을 다 쓰고 죽어야겠다는 생각에 어려운 사람들을 돕기 시작했다.

많은 사람들이

“그 김 사장 이제 딴 사람이야!”

칭찬하기 시작했다.

주문을 타사에 양보하고 남을 돕는 것이 솔솔 재미가 붙기 시작했다. 인생의 참 기쁨이 오기 시작한 것이다.

“아! 이것이 사람 사는 것이구나!” 철이 든 것이다. 삶이 즐겁기 시작했다. 얼굴이 환히 빛이 나기 시작했다. 두 달이 지나도 몸에는 별 문제가 없었다. 죽는 것도 두렵지 않았다. 그렇게 6개월이 지난 후에 병원에 가서 진찰을 받았더니 말기 암 환자가 암세포가 상당히 죽어버리고 나아가고 있다고 했다.

생활의 태도가 바뀐, 즉 철이 들어 여유와 양보가 병을 고친 것이다.

우리의 삶은 이렇게 여유를 갖고 양보하는 삶이 필요한 것이다. 양보와 여유라는 말은 우리나라에서 운전할 때와 전철 탈 때 많이 쓴다. 운전에는 여유를 가지고 다른 차에게 양보하는 운전이 필요하다고 하는 것이다. 그러니까 여유를 먼저 가져야 한다. 어떻게 하여야 여유를 가질 수가 있을까?

나는 성격이 매우 급하다. 그렇다 보니 삶에서 좀처럼 여유를 가질 수가 없다.

1) 식사는 5분이면 족하다.

2) 대화에서는 상대방의 말이 다 끝나기도 전에 가로채고 싶어 한다.

그러나 참는다.

3) PC의 부팅 시간이 참기 힘들다.

4) 병원에서 대기 시간에 안절부절못한다. 그리고 검사일정을 앞당기려 노력한다. 늙어서는 좀 나아진 편이다(요즈음은 그렇지 않음).

5)친구를 만나러 갔다가 정해진 시간에 안 나오면 전화를 해댄다.

그런데 나는 자동차 운전은 가급적 양보하고 여유를 가진다. 처음 배울 때 그렇게 배운 탓으로 여겨진다. 전철에서도 아직은 양보를 바랄 만큼은 아니다. 늙은이들도 너무 젊은 사람들에게 양보를 강요한다면 늙은이의 여유가 아니다.

내 생각에는 열차 칸이 아예 노인용이 따로 있었으면 좋을 것 같다.

여유를 가지려면 앞서 말한 양보하고 싶은 것 외에

1) 한꺼번에 여러 가지 일을 동시에 하려 해서는 안 된다(하나 끝내고 다음 것을).

2) 나만 해야겠다는 욕심이 없어야 한다(양보하고 싶다).

3) 스트레스를 받지 말아야 한다(받으면 조급함이 생긴다).

4) 바쁠수록 산책이나 식구들과 같이 외식을 한다(능청부림이 일의 능력을 향상시킨다).

5) 일거리를 절대로 집에 가져가지 않는다(집에서 머리를 비울 수가 있다).

여유 예

1) 차 한 잔의 여유

2) 공원 산책, 등산, 전람회, 운동경기 관람, 낚시, 경마장, 트럼프 놀이

(부리지 등), 기타

3) 좋은 책 한 권 읽기(마음의 수양), 글쓰기, 그림 그리기(비전문가의 그림 그리기)

4) 집안 청소하기(남자, 부인에게 성실성 입증 겸)

5) 친구와 수다 떨기(스트레스 해소 겸), 가벼운 술 한잔

6) 시간 만들어 스승이나 선배 방문 또는 전화

7) 교양강좌 듣기

8) 고아원, 양로원 방문

9) 길 묻는 사람 데려다 주기

비용이 좀 드는 여유

10) 해외여행

아주 큰 규모의 여유

11) 양자 입양하기

사실 양보와 여유를 구분하는 것은 어려운 일이지만 억지로 구분한 것이다. 여유가 있으면 양보는 절로 이루어진다고 반드시 말할 수는 없으나 틀린 말은 아니다. 우리 사회, 최근의 경쟁 시대에서 무슨 여유를 부리느냐 하겠지만 여유를 부리면 오히려 경쟁에서 이길 수가 있고 바쁠 때 보다 더 많은 일을 할 수가 있다.

한번 경험해 보라!

그러나 게으름과는 착각하지 말라!

엔트로피의 법칙

대가 없는 변화는 없다.

사회의 변화속도와 자원의 소비

우리의 삶 속에는 부단히 변화가 진행되고 있다. 그런데 이 변화는 성격에 따라서 반드시 적고 많음의 차이는 있을지언정 비용(자원의 소비)을 지불해야 한다. 갑작스럽거나 큰 규모의 변화일수록 비용 폭이 커지게 되어 있다.

이런 사회의 변화에도 유행, 사고방식과 같은 좀 느린 변화가 있는가 하면 국가에서 실시하는 교육제도의 변화와 같이 행정부에서 법령으로 정책을 만들어 인위적으로 몰아가는 유도되는 갑작스런 변화도 있는데 이런 때 는 빠르게 많은 자원을 소비해야 한다.

그렇기 때문에 경제면에서 보면 국가의 갑작스럽고 통제가 심한 경제 정책의 변화는 국가 예산은 물론 기업의 엄청난 비용을 안겨 준다. 이에 따른 기업은 정책 변화에 맞춰 사업을 해야 하기 때문에 회사의 틀이 바뀌며 엄청난 비용을 안게 된다.

그러나 소위 시장논리에 따르는 경제 정책은 기업의 이익 추구를 위한 자유로운 활동에 정부는 오히려 도와주어야 하는 형태가 되기 때문에 상당히 순조롭게 유유히 흘러 가며 비용 지불 속도도 적어 진다.

그러나 국가의 원칙이 없다면 비도덕적이거나 사회를 파괴하는 사회악의 사업이 판을 칠 수가 있기 때문에 방향은 국가 전체의 이익이 되는 테두리 안에서 경제정책의 틀과 변화속도가 이루어 저야 함은 물론이다.

시장논리 같은 것은 자연스럽게만 진행 된다면 그의 경제효과가 매우 크게 나타날 수가 있는 것이다. 그러나 이런 변화를 촉진시키기 위하여 빠르게 몰아 갈 경우는 여기에는 반드시 대가 즉 보다 빠르게 많은 자원의 소비가 수반 되지 않으면 안 된다. 그러나 입 소문, 눈 소문 같은 것을 통해서 한 사람 한 사람 좋아서 따라 서서히 이루어 진 것은 물론 비용이 최소화 될 수가 있다.

생각에도 유행과 같은 비슷한 성격을 갖는다. 시대에 따라 어제는 그것이 옳은 것 같았으나 지금의 상황을 보니 틀릴 수도 있는 것처럼 항상 상황이 반전되는 수도 있다.

생각의 기준이 변화되었기 때문이다.

어째서 변했을까?

생각의 변화를 유도한 사람들이 있었거나 환경의 변화가 그렇게 만들 수도 있다. 이렇게 서서히 변화되는 것은 우리에게 큰 부담 없이 받아들여지는 경우가 많다.

반면 빠른 변화는 그만큼 부담 즉, 비용이 많이 들어가는데 이 비용은 많은 자원과 에너지를 소비해서 얻은 것이므로 짧은 시간에 큰 자원의 손실을 의미한다.

일본은 의약분업을 시작한 지가 10년이 지났지만 아직도 계속된다고 한다. 그러니까 환자의 요구에 따라 병원에서 약을 탈 수도 있고 처방전만 받아가지고 약국에서 살 수도 있게 한 것이다. 변화는 서서히 유도하는 것이다. 이렇게 서서히 유도하는 이유는 혼돈과 부담이 최소화되기 때문이다.

대학입시제도도 어느 해 약간만 바뀌어도 대혼란이 오는 것을 우리는 그동안 얼마나 많이 경험했는가?

엄청난 국민의 부담, 즉 자원의 빠른 소비를 가져온다.

정치적으로 보아도 정권이 바뀌거나 정책이 바뀔 때 얼마나 많은 대가를 지불해야 하는지 잘 알고 있다. 따라서 갑작스러운 변화는 크면 클수록 엄청난 빠른 자원의 손실을 수반 하게 되는 것이다.

우리나라는 어떻게 보면 이런 빠른 변화를 좋아하는 국민성을 가지고 있다고 하는 사람도 있다. 이런 사회는 많은 낭비적 소비가 수반 된다는 것이다.

최근의 개혁이란 말이 없으면 시대에 뒤떨어지는 것처럼 생각하면서 변해야 산다고 한다.

그러나 이런 변화는 혁명적인 형태로 일어나서는 안 되고 반드시 국민들 전체가 공감대를 형성 하면서 서서히 진행 되어야 자원의 손실량과 속도를 줄일 수가 있다. 그래서 변해야 하는 사람들도 부담을 조금씩 지불하면서 따라 갈수가 있기 때문이다.

정변이나 전쟁 같은 비가역적인 갑작스런 변화가 얼마나 우리를 황폐화 내지는 손실을 가져다 주었는지는 다 잘 알고 있다.

6.25의 대가를 생각해 보라.

그러나 우리는 최근 행정수도의 이전 같은 큰 변화가 우리 앞에 놓여 있다. 앞으로 엄청난 비용의 대가를 겪어야 한다. 따라서 어떤 정책이나 정부계획은 장기적인 안목에서, 특히 수도의 이전이라면 적어도 50~100년 정도를 두고 차근차근 해야 에너지와 자원의 소비속도 즉 국민의 부담을 줄일 수 있다.

엔트로피의 법칙

이런 사회변화를 추구함에 있어 결국 우리가 소비하는 에너지와 자원은 그의 가치가 높은 상태에서 낮은 상태로 바꾸게 된다. 즉 "세상에는 공짜는 없다" 또는 "엎질러진 물이다"라는 말을 하는데 이 말은 에너지와 자원이 그의 원상태로 되돌릴 수가 없는 무용지물로 변한다는 뜻이다.

이처럼 변화는 도리 킬 수가 없는 에너지와 자원의 손실을 초래 하지 안고는 불가능 하다는 것이 엔트로피의 법칙이다.

무용지물로 변하는 정도에 따라 엔트로피 변화의 크기를 말한다. 자원의 가치가 낮아 질수록 엔트로피가 증가 한다고 한다.

그러면 다음 몇 가지 분야의 엔트로피의 증가에 대하여 생각해 보겠는데 그 내용은 객관성을 말하려고 했으나 일부 그렇지 못한 점도 있으므로 이것을 이해해 주었으면 한다.

1) 종교와 우주

종교의 형성과 우주의 형성, 아니 지구의 형성, 아니 인간의 형성에 대하여 무엇을 엔트로피 법칙으로 말하려 하는지 자체가 힘든 일이다.

일반적으로 우주는 탄생하면서부터 어떤 변화를 향해서 달리고 있다. 지구만 보아도 태양계를 형성할 때 탄생하였으며 용암 덩어리가 식어서 표면이 굳어지고 내부에서 뿜어내는 각종 분출물이 그 표면을 덮어서 지금의 부드러운 표면을 만들고 용암 등이 계속 분출하고 화산재가 덮이고 물과 산소가 형성되어 생물이 살 가능성을 제공했으며, 오랜 세월이 흐르면서 미생물과 식물이 계속 생성되고 지각 변동으로 석탄 석유며 각종 인간이 필요한 광물자원이 농축되는 형태로 매장되어 지금의 자원을 이뤄 준 것으로 보고 있다.

그러니까 지구의 초기 형성 시 많은 자원이 생성되어 땅에 저장된 것을 우리는 파서 써버리고 있는 것이다. 일단 써버린 자원은 회수하는데 100%가 불가능할 뿐만 아니라 회수하는 데 또 에너지가 필요하므로 이런 비가역적인 소비는 비교적 회수가 부분적으로 쉬운 것, 일부분 말고는 모두 무용지물로 회수 불가능한 쓰레기로 만들고 있는 것이 지금의 인간이다.

이렇게 초기 자원이 잘 보존된 상태를 엔트로피가 가장 낮은 상태라고 하고 버려 쓰레기가 되고 오염을 축적해 나가고 있는 상태를 엔트로피가 큰 상태라고 한다. 예를 들면 땅속에 묻혀 있는 석유나 석탄의 엔트로피가 가장 낮고 보일러에서 태워서 물과 탄산가스로 변화한 것, 즉 탄산가스와 물이 가장 커진 엔트로피로 보면 된다. 그의 역, 즉 탄산가스와 물로부터 석유를 만들려면 엄청난 에너지가 투입되지 않으면 석유를 만들 수가 없기 때문에 인간의 활동은 지구의 낮은 엔트로피를 증가시키는 행위를 하고 있으며 그 역은 에너지 투입 없이는 결국 불가능하므로 지구는 엔트로피가 계속 증가하고 언젠가는 에너지 자원을 다 사용했을 때 끝장이 나는 것이다. 따라서 인간이 그 고귀한 자원을 어떻게 절약하느냐에 따라 최후를 맞는 시기가 결정(빠르거나 느려짐) 날 것으로 생각하는 것이다.

그래서 인간이 존재하는 지구는 탄생을 지나서 성장을 넘어 지금은 늙어 쇠퇴하는 시기로 접어들었다고 하는 사람들도 있다.

이러한 지구의 거대한 변화에 인간이 압도되어 그 누가 이것을 지배한다고 믿고 신의 존재를 인정하는 종교도 있다. 인간의 초기 탄생 시의 에너지는 인간에 기준한다면 지구의 엔트로피가 그때가 가장 낮았던 상태였다고 생각할 수가 있고 많은 특별한 일들이 기적적으로 발생할 확률도 있었으나 지금의 커진 엔트로피의 상태에서는 발생될 확률이 크게 감소했다고 생각하는 사람들도 있는 듯하다.

어떻든 이런 논쟁을 떠나서 현재도 파국으로 치닫고 있는 것이 확실하다. 온난화 현상이며 석유시장의 요동을 보고 있다.

앞으로 지금의 생활 패턴을 바꾸고 인구 증가를 오히려 마이너스로 해서, 즉 인구밀도를 줄이고 생존하여야 할 여건을 늘리지 않는 한 파국은 불현듯 올지도 모르는 일이다. 그날이 최후의 심판일 일지도 모른다.

우주의 탄생 자체를 진화론에 맡길 수가 있을까? 그러니까 우주의 존재성을 진화론으로는 설명할 수는 없다.

2) 자원과 환경

위의 예처럼 우리의 자원은 인간에 의하여 소비되고 버려지며, 결국 엔트로피를 증가시킨다. 우리 인간은 점점 1인당 에너지 및 광물 같은 지하자원 소비량을 증가시키고 있다. 지금 사람들 보고 비행기를 타지 말고 냉 · 난방을 하지 말고 은행의 돈 거래에 전산화를 하지 말고 고층빌딩에 엘리베이터를 타지 말라고 한다면 큰 난리가 날 것이다.

그러니까 우리는 계속 에너지 자원을 파서 소비하며 환경을 망가뜨리며 엔트로피를 증가시킬 수밖에 없다.

인구증가를 억제한다는 것도 불가능하다. 중진국이나 선진국은 더 많은 인구를 필요로 하여 인구수를 늘려야 하고 후진국은 그저 일손 하나라도 더 얻기 위해 자식을 생산한다. 만일 선진국에서 후진국에 자식을 덜 낳으라고 말할 수도 없고 선진국은 고령화에 대처하기 위해서는 많이 낳아야 하는 것이다. 그러니 어쩔 도리 없이 자원의 고갈은 가속될 것이고 환경은 파괴되어 엔트로피는 증가하게 될 것은 뻔한 것이다.

3) 경제와 재력

경제를 발전시켜 국가의 재정력을 올려야 소위 강대국이 될 수가 있다. 뭐니뭐니해도 우리의 현실은 '강자의 논리' 가 그대로 성립된다. 힘이 있으면 세계외교 무대에서도 큰소리치며 살 수가 있다.

그런데 경제라는 것이 무엇인가?

생산과 판매, 특히 우리나라는 자원이 빈약하여 수출을 많이 해야 한다. 수출은 많은 생산품을 만든다는 뜻이고 그만큼 자국의 자원의 고갈은 물론이고 환경을 파국으로 치닫게 한다.

환경이 파괴되지 않고 인간의 생존을 연장하기 위하여 에너지와 광물을 덜 캐자고 할 사람은 아무도 없다. 아무리 정상 회담으로 합의를 하지만 '우선' 내가 살고 강해야 하는 것이다. 그러려면 좋은 경제 여건을 만들기 위해 생산을 많이 하여 부강한 국가로 만들고, 최신무기도 구입하여 언젠가 위기가 닥쳐올 때를 대비해야 한다. 이런 상황에 누가 엔트로피와 환경만을 따지고 있겠는가?

"무슨 수가 있겠지!"

하며 살아가는 것이다.

4) 정치와 국민

정치인들은 개발주자들이다. 정치한다는 것이 온통

1) 아파트 많이 짓고

2) 수출 많이 하도록 기업을 도와야 하고

3) 기업의 수를 늘리고 외국기업까지 많이 끌어들여 오려고 힘쓰며
4) 경기가 활성화 안 된다고 소비촉진에 힘쓰며
5) 국고를 무분별하게 사용하여
엔트로피를 증가시키는 사람들이다.

국민은

1) 냉장고가 자꾸 커져야 하고 가구당 그 수가 많아지며
2) 냉난방은 필수가 되어가고
3) 손 하나 까딱하지 않고 살 수 있는 기계화를 선호하며
4) 옷이 방 하나 가득 채우는 집이 있는가 하면
5) 종이 소비 증가
6) 물 소비 증가
7) 약 소비 증가
8) 자가용의 연료 마구 사용
9) 더 큰 아파트
10) 잦은 여행
어느 하나도 엔트로피를 크게 증가시키지 않는 것이 없다.

5) 문화와 생각

문화는 그 나라의 고유한 것이었으나 최근에는 세계화와 교류의 증가로 후발 국가들이 선진국 문화를 모방하며 선호하게 되는데, 이것이 자원의 사용을 가속시키는 결과를 가져오는 것이다. 후발국들 보고 그러지 말고 자원을 적게 쓰라고 한다면 자기들 발전할 때는 펑펑 써 놓고는 우리가 쓰는 것을 막는다고 크게 반발할 것은 뻔하고, 또 그게 맞는 말이라고 한다면 어쩔 도리 없이 파국은 가속될 수밖에 없는 일이다.

누구도 그 나라의 변화하는 문화를 건드릴 수는 없는 것이다.

사람들의 생각도 옛날과 같지를 않고 변한다. 교류와 부에 따라 생각이 엔트로피를 증가시키는 방향으로 흐르게 되어 있다.

이것(엔트로피)이 하나님이 세상을 창조할 때 만든 법칙이다.

문화가 움트고 성장한 후 쇠퇴하는 것도 인간이 태어나서 성장하고 늙어 죽는 이치와 다를 바가 하나도 없다.

로마도 그렇게 성장했다가 흘러갔고 이집트의 옛 모습은 찬란했으나 지금은 그 흔적을 무덤에서 밖에 볼 수가 없다. 그저 남은 유적으로 '이랬을 것' 이라고 연구의 대상이 되는 정도이다. 생존의 법칙은 뭐니뭐니 해도 경제이다. 그런데 이 경제가 자원을 고갈시켜 지구의 생존을 위협한다고 해서 어떤 한 나라만 절약하는 일은 소용이 없고 지구 전체가 해야 한다.

지구에 새로운 생각과 문화, 즉 검약이 새로운 싹으로 움트기 시작해야 한다.

6) 생물과 생명

어느 생물이나 탄생하는 것은 언젠가 죽음을 맞을 것을 전제로 하고 있다. 탄생 시 그 사람의 엔트로피 수준이 가장 낮은 상태로 본다면 크게 보아 다음부터는 증가한다. 어떤 사람들은 '일정기간은 더욱 감소하고 그 다음부터 증가한다' 는 것이다. 그러나 사람을 성장시키기 위해서는 다른 쪽에서 에너지가 증가한다는 것이다. 우유를 만들고 먹을 농산물을 재배하고 하는 등의 외적 엔트로피 증가의 요소 없이는 성장할 수가 없기 때문이다.

지구상에서는 인간이 가장 강력한 힘을 갖는 생물이다. 그러면서 인간만이 자원의 고갈을 가장 많이 시키고 있다. 즉, 엔트로피를 증가시키는 것이다.

최고의 엔트로피에 도달되면 심판(최후의)할 가능성이 있다.

성경의 노아의 방주를 대부분 알고 있을 것이다. 이때가 엔트로피가 최고조에 달했었고 심판 후 최소의 엔트로피 증가율로 지금까지 온 것으로 생각한다. 이제 최대가 되었다고 판단되면 지구를 보존하기 위한 일단의 조치가 신에 의하여 다른 방법으로 이루어질지 모른다.

이런 맥락에서 인간은 신 앞에 겸손해야 한다. 엔트로피 증가를 감소시키려 노력을 해야 한다는 뜻이다.

이런 의미에서 제레미 리프킨의 저서『엔트로피』를 보면

불교의 검약한 모습이 에너지 흐름을 최소화하는 것이고 기독교는 단점으로 '세계지배론', 즉 "자식을 낳고 번성하여 온 땅에 퍼져서 땅을 정복하여라. 바다의 고기와 공중의 새와 땅 위를 돌아다니는 모든 짐승을 부려라!"라는 것이 자연을 무자비하게 조작하고 착취하는 행위를 정당화하기 위해 이용되었다고 말한다. 그러나 이제 기독교 교리의 근본적인 개혁이 시작되어 엔트로피 세계관에 어울리는 신학적 기반이 만들어 내어지고 있다고 기술하고 있다.

내 생각에는 기독교의 이런 내용은 신이 만물의 영장인 인간에게 삶의 지혜를 일러 준 것이지 '타 피조물을 무조건 착취하라' 는 것은 아니다. 그 지혜에는 검약이 들어 있다.

자식을 낳고 번성한다는 것은 당시의 이스라엘 민족의 수적인 번영을 상징하는 것이다. 그러나 지금의 기독교인은 삶의 지혜를 성경에서 얻고 있다.

의료가 인간의 생명을 크게 연장시키지만 외적 요인으로 본 의료의 발전은 엔트로피의 증가를 가져온다. 따라서 의료로 생명을 연장시키는 것은 사실 억지(좋은)이다.

최근에 의료 발전과 더불어 생기는 반대현상(신이 만드는)은 바로 질병의 폭발적인 증가이다. 암과 당뇨, 뇌졸중과 심혈관 질환이 그것이다. 약의 소비 증가는 어떤가? 이것이 엔트로피 증가이다.

이제 인위적인 것보다는 가급적 자연에 맡겨야 한다. 신의 섭리가 무엇인지를 깨달아 할 때가 된 것이다.

7) 교육과 미래

예전에는 글자(한자)를 몰라도 살 수가 있었지만 지금은 문맹자로 업신여김을 당해야 한다. PC를 다룰 줄 모르는 사람을 컴맹이라 한다. 학교도 많은 장비를 갖춰야 하고 학생들은 물론 어른들도 계속 교육으로 부지런히 학원을 드나들어야 한다. 조기유학도 엄청난 투자를 하는 것이고 이를 위하여 아빠나 엄마는 열심히 돈벌이를 해야 한다.

무슨 일이 일어난다는 뜻인가?

엔트로피 증가를 점점 더 가속시킨다는 것이다.

국가의 교육이 없으면 미래가 없다. 그러나 먼 미래는 이것으로 인간은 명을 재촉하는 결과를 가져온다는 것이다.

그렇다고 지금 현행교육에 어떤 변화를 가해야 한다는 말은 아니고 과열은 안 된다는 것이다. 대개 과열이란 경쟁에서 비롯되는 것이다. 우리가 사는 사회가 경쟁을 부추기고 있다. 회사나 정부기관도 교육기관 못지않게 경쟁을 시키고 있다. 치열하다. 점수의 서열을 하는 것만큼 어리석은 짓은 없다. 사람은 각자의 개성이 있다. 그것에 따라 일자리를 주는 것이 원칙이라고 나는 생각한다. 그런데도 한 가지 일을 놓고 그

개성에 점수까지 매긴다면 문제가 있다.

교육은 살아가는 데 불편하지 않을 정도로 하면 되지 않을까? 무리하게 그리고 지나치게 학력을 높이려 한다면 그만큼 낭비, 즉 불필요한 엔트로피의 증가를 발생시키는 것이다.

실용적으로 말한다면 다 써먹을 것도 아닌데 말이다.

8) 과학과 기술

과학과 기술의 발전은 결국 에너지와 광물자원의 많은 소비를 유도하는 산실이다.

최근

1) 자동화 기술
2) 과학에 근간을 둔 군대의 첨단화
3) 제품의 대량생산 시설의 발전
4) 농업의 기계화와 대량생산 기술의 발전
5) 로봇화 기술
6) 핵의 보유와 무기화 기술
7) 우주선의 발사
8) 대형 항공모함과 잠수함
9) 물 부족 국가의 해수의 담수화 기술
10) 석유의 발견과 대량 채굴 기술

위와 같은 것이 과학기술의 산물이다. 사막이 옥토로 변하고 우주선이 달에서 흙을 가져온다. 앞으로 가공할 만큼 과학이 발전할 것으로 생각되지만 신이 바라는 것 같지는 않다. 특히 생명과학/공학에서 신의 영역을 침범하는 것이 없는지 생각해 볼 필요가 있는 것이다.

반드시 엔트로피가 최대인 한계라는 것이 온다.

언제인가 하는 것은 우리가 하기에 달려 있다.

여유와 결과

느긋한 사람이 조급한 사람보다 항상 앞선다.

우리 조상들이 많은 경험을 통해 후세들에게 물려준 말이 있다.

"급할수록 돌아가라."

그런데 마음이 급한데 자기도 모르게 일을 저질러 놓고 이를 수습하느라 애를 먹는 사람들이 많다. 자동차 사고를 내고 도망가는 뒤를 경찰차가 뒤쫓는 상황을 상상해 보라. 이런 경우는 실제 많이 발생하고 있다. 이런 차는 얼마 못 가서 다른 주차된 차나 달리는 차들과 충돌하여 사고를 다시 일으키게 되고 만다. 그리고 결국 경찰에 잡히고 만다.

왜 그럴까?

생각과 실제 시야가 좁아지기 때문이다. 빨리 도망가야 한다는 생각 그것 외에는 아무것도 생각할 수가 없기 때문이다.

물에 빠진 사람을 구하러 들어가는 사람이 형제이거나 부모일 경우는 대부분 모두 사망하는 경우도 마찬가지다. 이성을 잃었기 때문이다. 그렇기 때문에 제삼자가 구출해야 한다.

우물가에 달려가서 물을 달라고 하는 나그네에게 버들잎을 물 위에

띄워 천천히 마시도록 한 옛 아낙네의 지혜를 말하는 이야기도 급하게 서두르는 우리를 질타하는 소리로 보아진다.

연구소에서 하는 연구도 많은 준비 없이 하게 되면 실패하는 것이 보통이다. 준비 없이 하는 연구는 결국 흥분된 상태이기 때문에 어떤 경우에는 사고를 부를 수도 있다.

나도 급한 성격으로 보면 둘째가라면 서러울 것이다. 흥분을 잘 한다는 말이다. 내 주변에도 많은 친구들 중 나보다 급한 친구들도 많이 있다. 이런 사람들은 대화를 해 보면 안다. 무슨 말을 해 놓고 상대방의 대답이 빨리 나오지 않으면 자기가 다 말해 버리고 만다.

흥분하지 않도록 수양을 해야 한다. 서두르고 흥분을 잘 하는 성격으로 태어났기 때문이다.

나는 많은 회의에 참석해 본 적이 있는데 어떤 회의에서는 사회자가 의견을 내놓고는 참석자의 의견을 들어 보려고 하는 것인데 자기가 다 말해 버리고 만다.

오히려 이런 사람들은 남이 말을 시작을 하면 가로채서 결론까지 다 내려버리고 마는 사람도 가끔 보게 된다.

이런 경우 백 번이면 백 번 다 주최자가 손해를 보게 되는 것이다. 참석자들로부터 의견을 들으려고 하는 회의 목적은 사라지고 스스로 그런 기회를 막아버리는 것이기 때문이다.

어떤 경우는

"너희들은 상황 보고만 해."

"너희는 동의만 해 주면 되는 거야."

하는 식으로 하면 회의 결론은 이미 가지고 나온 것이다.

이것도 흥분된 상태로 보는 것이다. 이미 마음속에는 결론을 내린 상태이기 때문에 흥분되어 있다. 때문에 다른 사람의 반대 의견에 조바심이 생기는 것이다. 그래서 회의 초기에 다른 의견이 못 나오도록 선언적인 말로

"오늘 회의 안건은 매우 중요하며 의견의 일치를 보아야 한다."느니,
또는 "누구누구의 의지입니다."

로 엄포를 놓아서 다른 의견이 나오지 못하도록 하는 것은 흥분이 지나치고 자기 목적하고 관련되거나 충성의 의무를 다하고자 하는 의도가 있기 때문이다.

그래서 "마음을 비워라."

라는 말이 생겨났는데 이 말은

1) 서두르지 마라.
2) 욕심을 없애라(직위와 돈).
3) 흥분하지 마라.
4) 눈치 보지 마라.
5) 남을 위해 봉사하라.

는 의미도 포함되어 있다고 생각하는데 이것을 지키면 여유가 생긴다.

그러니까 말을 바꾸어 해 보면 우리의 생각은 특별한 사람이 아닌 이상 '직선적' 이다. 그런데 우리가 사는 사회는 복잡해서 얽히고설키어 관련되어 있는데, 이런 입체적인 분위기를 직선적인 눈으로는 볼 수가

없는 것이다. 입체적으로 보려면 위 5가지를 토대로 마음의 여유가 있을 때 트이는 것이다. 여유란 빈둥거리며 놀라는 것은 결코 아니고, 열심히 그리고 꾸준히 하는 전제를 기초로 한 단어이다.

그런데 흥분된 상태는 극히 직선적이고 그나마도 최고조에 달하면 가끔 선이 끊어져 '점' 이 되는 경우를 볼 수 있으니 실수를 하게 마련이다.

우리의 인생은 성장기 20년, 성숙기 30년, 노년기 20년 짧은 인생이라고 할 수가 있을지 모르지만 긴 세월인 것이다.

부산에서 서울까지 느긋하게, 그러나 정상적으로 움직인 차와 급하게 서둘러서 운행된 차의 시간차는 30분밖에 되지 않으며, 서울 시내에서도 가로질러 갈 때와 돌아가는 것이 10~20분 차이밖에 생기지 않는다고 한다.

장사꾼들이 동대문 시장에서 장사를 했는데 어떤 사람은 토요일 오후와 일요일은 집에 가 쉬며, 가족과 여유를 즐겼고 다른 사람들은 365일 모두 분주히 장사를 했다. 10년을 지내고 보니 오히려 토 · 일요일 쉰 사람이 더 건강하고 돈도 여유가 있는 것을 보았다고 한다.

이 말은 서두른다고 해서 무엇인가 더 얻어진다고는 할 수 없다는 것을 말해 주고 있다.

차분히 여유를 가진 자만이 최후의 승리자가 된다.

거북이처럼.

우정

친구에게 타산적인 행동은
그를 친구로 인정하지 않는다는 뜻이다.

친구에게는 돈을 꿔준다는 생각을 해서는 안 되고 친구가 돈이 필요하다면

"나중에 갚아."

하면서 주어야 하며 받을 생각은 하지 않는 것이 좋다. 친구에게 돈을 주면서 아깝다는 생각이 든다면 진한 친구라기보다는 그냥 알고 지내는 사람 정도에 지나지 않는 경우이다. 진한 친구에게는 곤란한 지경에 빠졌을 때 아낌없이 도와야 한다. 그런 마음이 들어야 참 친구인 것이다. 일종의 '우정에 투자하라.' 고 하는 것은 곤경에 처했을 때 친구를 위해서 무엇인가 하라는 말인 것이다.

세상 인심은 돈과 관련되면 그렇게 친하던 사람도 등을 돌리게 되어 있다.

보증을 요구하는 경우도 적당한 핑계를 대며 가진 돈을 그대로 주는 것이 현명한 것이다.

돈을 꾸어준 다음에 갚을 날짜가 지나면 은근히 기다리다가 좀 시간이 많이 지나면

"그 돈이 어떤 돈인데!"

하게 되고 시간이 아주 많이 지나가버리면

"이 자식 못쓰겠는데."

하는 식으로 친구를 친구로 보지 않고 돈으로 보게 되기 시작하는 것이다.

이렇게 되면 친구가 원수로 변하고 그렇게 친하던 친구를 욕하게 되고 법정으로까지 가는 경우가 있는가 하면 살인까지도 발생한다.

그러나 그냥 주어버리면 얼마나 마음 편하고 좋겠는가?

"우리가 천사요!"

하는 사람들이 있을지 모르겠으나 돈 때문에 친구를 잃을 수는 없지 않는가?

경우에 따라서는 친구가 형제보다도 더 가깝고 의지가 되는 경우가 많고 허심탄회하게 말할 수 있는 친구 한 사람이 멀리 떨어져 전화 한 통 없는 형제 열보다도 나은 것이다.

황금덩어리를 주운 두 형제가 금덩어리를 강물에 던져버린 이야기는 돈이 얼마나 더러운 것인가를 말해 주고 있다. 그러나 곤경에 빠진 친구에게 돈이 쓰여질 때는 친구를 구할 수가 있고 그 돈의 쓰임새는 별처럼 빛나게 되는 것이다.

이 세상에

1) 조직 폭력을 위한 친구

2) 사기단

3) 도둑의 집단

4) 자신들의 이익을 챙기기 위하여 결성된 모임(선거 때 등)

5) 아무것도 아닌 일에 휩쓸리기 위해 모인 모임

에서의 사람들 간에는 친구라는 말을 쓸 수가 없다. '친구는 대신해서 죽을 수도 있어야 한다.' 고 한 적이 있다. 이런 친구가 필요한 것이다. 이런 친구 하나이면 그렇지 않은 사람들 100명보다도 낫다.

동창회에 가 보면 서로 인사를 하고 야단들인데 대부분은 저울질들을 하는 것을 볼 수가 있다.

"재는 누구이고 누구와 잘 통한다던데."
"재는 A 재벌의 사위래."

하는 식으로 만나 웃고 시시덕거리는 것은 단순한 사교에 지나지 않는다.

"동창회에 O장관이 온대."
라든가
"A그룹 회장이 온대."
라고 소문이 나면 그 동창회는 크게 성공할 수가 있다. 그래서 주최 측에서는 이런 동문을 모시는 데 총력을 기울인다.
"혹시나"
해서 오는 사람들이 많기 때문이다.
'혹시'가 무엇인지는 잘 모르겠다.

진정한 친구에게는 돈을 꾸어 준다는 생각보다는 그냥 진심으로 도와주고자 주는 것이다.
후에 바라는 것 없이 말이다.
이것이 진정한 친구에 대한 투자인 것이다.

자랑과 허풍

자랑은 푼수가 하는 것이고
허풍은 바보가 하는 짓이다.

사람들 보고 자기 자랑을 하지 말고 살라고 하면 죽으라는 말과도 같다고 생각할 사람들이 있을지도 모르겠다.

어떻게 보면 자기 자랑에서 행복을 찾으려는 사람들이 많다. 더구나 자랑을 할 때 상대방이 맞장구를 쳐주면 그 이상의 것은 없다. 그렇기 때문에 사람들은 자랑거리를 만들기 위하여 투자를 많이 하는 사람도 있고 가짜로 뭣인가 많이 만들어 허풍을 떨게 된다.

우리 속담에는

1) 말이 많은 사람은 허풍이 세다.

2) 빈 깡통일수록 소리가 요란하다.

(서양 격언)

3) 말이 많은 사람은 하는 일이 적다.

대부분 허풍을 떠는 사람들은 사람들이 자기의 자랑거리를 잘 인정해 주지 않기 때문에 안타까워 무리하게 수단을 써서 상대방에게 알리는 과정이 바로 허풍인 것이다. 허풍이라는 것은 사실을 좀 부풀려서 말하는 것인데 이것은 사실의 정도가 5 정도라면 이 5만 말해 가지고는 상대방이 잘 인정해 줄 것 같지 않아서 좀 센 처방을 내다보니 7이나 8을 말하는 것이다. 이 중에 물론 5는 사실이나 2~3은 거짓말이다. 이것 가지고도 상대방이 움직이지 않으면 10을 처방 낼 수도 있으니까 친구라면

7 정도에서 얼른 맞장구를 쳐주는 것이 상대방의 허풍을 막을 수가 있는 것이다. 허풍을 떠는 사람들은 어느 곳에 가서도 계속 허풍을 떨게 되는 이유가 허풍을 떠니까 그때 가서 인정을 해 주니 아예 다음부터는 그 점수를 사실로 본인도 착각하게 되는 것이기 때문이다.

더구나 무안(無顔)하게 되는 경우는 남들이 말하고 있는 중에 끼어들어서 자기의 자랑을 늘어놓는 것이다. 이런 사람들은 대개 같은 것을 가지고 계속 떠드는 경향이 있으나 어떻게 하다가 새로운 자랑거리가 생기면 홍분하다시피 하게 된다.

사람들이 자랑거리, 즉 프라이드를 가질 수 있다고 생각하며 자랑으로 내세우는 것은 과연 무엇일까?

1) 자기의 신분, 직업(웃기는 푼수)

"의회 일이 바빠서 안 되겠는데."

"종업원이 200명이나 돼 월급만 한 달에 2억5,000만원이나 나가!"

2) 자식의 출세, 업적(한심한 푼수)

"우리 큰애 변호사 개업했어. 한번 와봐!"

"어제 우리 애가 미국서 왔어. S사에서 오란대!"

3) 출신학교(요새는 푼수로 봅니다.)

"적어도 XX고등학교는 나와야지."

"어느 학교 나왔느냐가 문제지 뭐!"

4) 조상의 업적, 출세(자기 것도 아닌데 조상업적을 들고 나옴)

"선친이 항일 투사였습니다."

"이씨 왕손입니다."

5) 친구의 출세(친구 업고 자기를 돋보이고자 함)

"청와대 XXX 그 애 내 고등학교 동기야."

"XX전자 사장 내 동기인데 연봉이 60억원이래. 그 애 학교 다닐 때 형편없었는데!"

6) 자신의 재산(땅 평수), 비싼 차(BMW나 벤츠), 좋은 집(특히 평수)

"웃기지 마! 난 75평이야."

7) 자신의 건강(성욕 포함)

"난 병원에는 근처도 가본 일이 없어."

"먼저 가는 친구들 보면 한심해서 나는 장례식에도 안 가."

(그리고 바로 따라가는 사람들이 있다.)

8) 수상경력(집이나 사무실에 요란하게 전시)

"뭐 별것 아니야(사무실에 전시된 상장)."

"한 것도 없는데 상 준다고 오래."

9) 스타로서의 자랑/TV출연(은근히)

"오늘 XX 인터뷰가 있어!"

"정신없어. 다음에 봐! 방송국 가야 돼."

10) 남을 도운 일과 기부행위(얼마를 냈다고 가는 데마다 말함)

"나 양로원에 자원봉사 가야 돼! 시간 없어!"

"한 달에 5만원 XX에 보내고 있어."

11) 미인일 경우 용모(여자의 경우)

"친구들이 모델을 추천하는데 난 영 뭐 그게 싫어."

"XX씨가 내 코가 마음에 든대."

12) 옷 또는 보석(여자의 경우)

"이것 파리 갔을 때 샀어!"

"난 사파이어가 좋다는데 자꾸 다이아가 약혼엔 제격이라나."

13) 남자들의 골프 핸디, 운동경력, 바둑 급수 등

"이제 겨우 '파' 치는걸 뭐!"

"한 수 가르쳐 주시죠(한 수 위이면서도 그렇게 말함)."

14) 해외여행 경력(어디어디 갔다는 것)

"이번에 빅토리아 폭포 갔다 왔어."

"야, 하와이 요새 되게 덥더라!"

15) 장기(노래, 춤 등)

"카바레서 만난 사람이야!(카바레 간 것이 뭐 자랑이라고!)"

"젊은 애들이 야단이야 한번 추자고!(에끼 주책아!)"

16) 낚시꾼의 자랑(낚싯대, 낚은 경력)

"이 낚싯대 이번에 산 XXX제(製)야! 좀 줘어!"

"이번에 알래스카 베링 해에 갔었어! 야 정말 큰 것들 올라오더라!"

17) 남편/아내의 출세 자랑(푼수)

"우리 그이 이번에 전무 승진했어!(동기동창 모임에서)."

"우리 집사람 작품전시회 있어!(애교임)"

18) 솜씨 자랑(이것도 애교로 받아 주는 것이 어떨까?)

"이거 애 엄마가 짠 거야."

"이것 맛 좀 봐. 우리 딸애 솜씨야!(자랑할 만함)"

19) 고향 자랑

어디 이것뿐이겠는가. 더구나 자랑거리를 만들어 하는 사람들은 얼마든지 만들어 자기의 자랑거리로 할 수가 있는 것이다. 자기가 허풍을 떨 때 상대방이 기가 죽는 듯하다는 기분이 들면 더욱 기고만장하게 되고 만다. 그리고 만족감을 여기서 얻으려는 욕구가 점점 강해지기 때문에 마약과도 같아서 중독증세가 나타나고 자랑하는 말싸움이 붙으면 사생결단이라도 하겠다는 듯이 덤벼들고 이상해지는 경우도 있다고 한다.

그래서 마약에 빠지기보다는 아예 사실보다 %로 나타내서 1~2 정도만 지나치는 듯하면 쑥 들어가는 편이 낫다.

자랑을 마약처럼 빠지지 않는 편이 애당초 좋은 것이다.

제압(굴복)

당신이 남을 제압했다면 외적으로는 이긴 것처럼 보이나
오히려 내적으로는 진 것이다.

운동경기에서는 어떻게 하든지 상대방을 제압해서 승리자가 되어야 한다. 그러나 실은 운동경기에서도 패배한 사람은 실망과 억울함마저 드는 경우가 대부분이고 후일을 다짐하면서 연습을 하는 것이다. 그래도 이러한 운동경기는 여기에 룰(rule)이 있어서 룰에 복종해야 하기 때문에 억울함이란 그렇게 심한 상처로 이어지지는 않는다.

"다음 경기에 보지!"

하고 넘어갈 수가 있으나 우리가 살아가면서 우리의 일, 즉 사업자 간에, 직장동료 간에, 정치인들 간에, 심지어는 친구 간에 자기가 가진 자그마한 힘을 최대한 발휘하여 상대방을 제압하는 경향이 있다.

힘이란 자기가 가진

직위, 돈, 권력

을 자기 것인 것처럼 마냥 우회적으로 이용, 때로는 힘 즉 폭력을 사용하는 것을 말한다. 어린 시절에는 싸우며 자라기 때문에 이런 일이 많이 일어난다. 당한 쪽은 씩씩거리다가 만다. 그러나 속으로는

"너 두고 보자."

생각하지만 시간이 지나면 다 풀어지고 만다.

그러나 어른들의 세계에서는 그렇지가 않다. 증오와 질투로 온통 엉켜있다. 그 증오는 어떤 때는 아무 이유도 없이 그저

"저놈이 왜 잘살아? 저놈 때문에 내가 못사는 것 아니야."

이 말은 옛날 공산당이 사용한 말이다. 못사는 사람들 중에는 일부 부자를 인정하지 않으려 드는 사람들이 있다. 못사는 사람들에게는 그럴싸하게 들린다. 이런 경우는

"그래 맞아."

하고 맞장구를 치고 당시 공산당의 극렬분자가 되어 잘사는 사람들을 괴롭혔고 자기들이 부를 누리고 권력을 쥔 다음에는 그 권력을 누가 뺏어 갈까봐 비밀경찰로 양민을 또 때려잡았다.

이것이 인간이다.

우리는 상대적인 이런 자기의 사고방식에 반성해야 한다.

사람들은 언제든지 자신에게는 관대하고 상대방에는 인색한 편이다. 절친한 친구 정도나 되어야 애써 웃는 얼굴을 보이는 사람도 있다. 이런 이기적인 성격 때문에 '내가 한 연애는 로맨스이고 남이 한 연애는 불륜' 이라는 말을 한다. 이런 법칙은 어떤 경우는 모임 같은 데서 보면 잘나가는 친구에 대하여서는

"내 그런 줄 알았어!"

라고 말하고 형편이 그러하지 못한 친구에게는

"그럴 리가 없을 텐데."

하고 약간의 동정적인 태도를 갖는다. 이것은 추켜 봐댔자 자기들의 위신이 내려가지 않을 것이라는 자위를 하기 때문인 것이다. 또 여럿이

있는 모임에서 거론함으로써 잘 나가는 친구에 대하여 격하 또는 평가절하의 자리매김을 확고히 해두고자 하는 내면의 이기적인 속셈이 깔려 있는 것이다. 이런 것도 하나의 힘으로 밀어붙여서 어떤 사람을 굴복시키고자 하는 속셈이 숨어 있는 것이다.

실제 있었던 일로 제압에 맞서는 지혜 하나를 소개하고자 한다.

서울의 미아동 미아리고개 근처에 힘깨나 쓰며 회사에 다니는 30대 초반의 김씨라는 분이 있었다. 늘 어깨에 힘을 주고 다니며

"누구든 걸려들기만 해 봐라."

하는 태도로 살고 있었고 동네 아이들도 김씨가 지나가면 모두 피해 다녔다. 그러니까 약간의 깡패기질의 사람이었다. 그러던 중 동네를 지나는데 새로 이사 온 20대 중반의 청년이 집을 찾아온 친구들과 나가다가 이 김씨의 발을 걸어 넘어뜨리고 말았다. 그러니 김씨는 가만있을 리가 없었다. 미안하다고 했지만 대뜸 20대 친구를 한대 때린 적이 있었다. 힘없는 사람은 힘으로는 도저히 당할 수가 없다는 것을 알고는

"때릴 테면 더 때려봐."

하고 바짝 붙어 다녔다. 직장도 휴직계를 내고 따라붙었다. 어디를 가도 따라다녔다. 직장을 가면 그의 사무실에 따라 들어가 옆에 앉아 때리라고 독촉했다. 집으로 와서 들어가면 문 앞에 앉아 있었다. 아침에 나와 보면 문 앞에 그대로 있었다. 한 2주쯤 지나니 힘센 친구는 미칠 지경이 되었다.

"제발, 제발." 하며 빌었다. 그리고 어떻게 하면 좋겠냐고 물었다.

"무릎 꿇고 빌어." 결국 힘으로 상대방을 제압했던 친구는 그 약한 친구에게 지혜(글쎄 오기라고 해도 좋겠음)로 제압당하여 무릎을 꿇고 말았다. 임자를 만난 것이다.

상대방을 비겁한 방법으로 제압하는 예는

1) 부부간에 큰 소리로 또는 약점을 건드리는 방법

2) 친구 간에 재력 또는 지식을 과시하는 방법

3) 권력자 누구누구를 안다는 식으로 말하는 방법

4) 돈으로 상대방의 기를 누르는 방법

5) 직장에서 상사가 부하직원을 부당하게 못살게 하는 방법

6) 권력으로 위로 압력을 가하여 직장인을 괴롭히는 경우

큰 규모로는

7) 사업하는 사람이 군소기업을 잠식할 목적으로 주식을 50% 이상 다른 사람을 통해서 매입하려 하는 경우

좀 큰 규모로는

8) 권력에 의하여 은행을 이용, 자금을 동결하는 방법으로 기업을 쓰러뜨리려는 경우

9) 정당 간(또는 정치인들 간)에 상대방의 약점을 물고 늘어지는 경우

아주 큰 규모로는

10) 강대국이 군사력이나 재력으로 상대방을 괴롭히는 경우

위 10가지 이외에도 제압의 방법은 이루 헤아릴 수가 없이 많을 것이다. 제압하는 방법이 사회문화적인 측면에서 그 나라의 정서에 맞는 것이라면 그대로 넘어갈 수가 있겠지만 그렇지 않다면 비겁한 방법이 되는 것이다.

당하는 쪽에서 볼 때는 옛날에는 그냥 넘어갈 수가 있었던 것도 지금은 신문을 이용한다거나 최근같이 많아진 소위 NGO의 시대에는 NGO를 통하거나 5)의 경우 같은 것은 노조를 통해서 하소연할 수가 있다. 그러나 많은 사람이 그저 당하는 것이다.

"당하지 않으려면 힘을 키워라."

즉, 제압을 당하는 편에 서지를 말고 실력을 키워 제압하는 쪽에 서라는 것이다. 그렇다고 제압하는 자가 되라는 말은 아니다. 이 제압 문화는 특히 우리나라 정서에서 볼 때 참기 힘들어하는 것 같다. 그러니까 우리 국민성은 제압하는 것은 즐기려고 하지만 그와 반대로 제압을 당하면 이를 갈고 원수를 갚겠다고 마음먹는다. 제압하는 일도 그렇고 원수 갚는 일도 인간생활에서 가장 비열한 것이다.

그러나 또 지혜있는 적절한 제압이 필요한 때도 있다.

어떤 부산 친구 두 사람 A와 B가 동업을 하게 되었다. 동업을 시작할 당시 A가 사장을 하면서 B에게 이익의 적절한 배당금을 주겠다고 한 것이다. 그리고 서면 상호 계약형식을 취해 주겠다고 A가 B에게 약속을 한 것이다. 그러나 세월이 흘러도 오늘 내일 미루며 계약서를 해주지 않고 핑계로 일관했다. B는 은근히 화가 나기 시작했다. 그러는 중에 사업은 계속 번창해 나갔다. B의 생각에는 사업이 번창할수록 A가 더 욕심이 생겨 어떤 마음의 변화가 일어날지 모르겠다는 생각이 들기 시작했다. A를 위해서도 그렇고 B 자신을 위해서도 적절한 행동을 취하지 않으면 안 되는 시점이 오게 되었다는 것을 알게 되었다. 그러니까 적절한 A에 대한 제압을 느끼게 된 것이다. 하루는 A에게 정색하고 말했다.

"내 이 말은 안 하려 했지만 오늘은 좀 해야겠네."

"뭣인데."

"자네 내일까지 우리가 약속한 계약서를 가져오지 않으면 그동안 자네가 납품업자들에게 한 모든 내용을 업자들에게 통보하겠네."

하고 전화를 끊었다.

다음날 B의 책상 위에는 A의 계약서가 놓여 있었다고 한다.

B가 A를 제압한 경우로 보아야 옳겠는데 B가 A의 욕심을 빼버린 경우로 이런 경우는 그렇게 나쁜 제압이라고는 할 수가 없다. 만일 B가 A에게 납품업체와의 비리를 신문이나 관가에 폭로하겠다고 했다면 이 경우는 A는 치명적인 손해를 입게 될 것이고 회사도 살아남을 수가 없을 것이다. 그러니까 A의 경우와 같은 욕심을 버리는 것이 좋고 납품업체와의 비리도 없었다면 더 좋았을 것이다.

가해자는 언젠가 당할 것이라는 것을 기억해야 한다. 그럴진대 잠이 올 수가 있을까?

세상에는 얼마든지 이런 일이 있기 때문에 지금도 힘의 논리를 최대로 이용하는 자가 너무나 많다.

언젠가는 당할 텐데도 씩씩거리며 설친다.

언젠가 임자를 만날 것을 모른 채 말이다.

제3장 직장

당신은 돈을 벌기 위해서 직장에 나갑니까?
그렇지 않으면 생을 즐기려 나갑니까?
전자라면 불행한 일입니다.

피곤한 경쟁

남을 밀어내고 내가 올라가기보다는
차라리 위로 밀며 올라가라.

여기서 경쟁은 보통 사람들은 특별히 자신을 과시하려는 사람을 흉내내지 말자는 것이다.

유명한 스타가 잘났다고 하는 것은 어떻게 보면 당연한 것으로 생각할 수도 있다. 그러나 이런 사람들은 그 잘난 척하는 것을 주위 사람들이 인정해 주거나 대중 매체가 부추겨 주기도 하기 때문에 별 문제가 되지 않는다.

사람들은

"스타가 되면 저렇게 뻐기며 살 수가 있구나!"

생각하며 부러워한다. 왜냐하면 인간의 본능은 자신을 과시하고 싶은 생각이 있기 때문이다.

산속에 학 두 마리와 작은 거북 한 마리가 살고 있었다. 가뭄이 들어 호수가 말라버려서 학과 거북은 더 이상 이곳에서 살 수가 없게 되었다. 그래서 학이 어디 물이 있는 곳을 찾아보려고 하늘 높이 올라가보니 저 산 너머에 호수가 있고 푸른 동산이 전개되어 있어서 그곳으로 가야겠다고 마음을 먹었다. 그래서 하루는 학이 거북에게 이렇게 말했다.

"거북아, 우리는 이제 미안하지만 자네만 여기에 두고 이곳을 떠나야겠네!"

거북이 대답했다.

"왜?"

"저 산 너머는 호수가 있고 푸른 들이 있어 우리는 그리로 가야겠는데 어쩌지. 너하고는 갈 수가 없구나."

했다.

거북은 한참 생각하더니 하루만 여유를 달라고 했다. 그리고 다음날 거북이 말했다.

"이렇게 하면 어떻겠나."

"어떻게?"

"이 막대기의 중간을 내가 물고 있을 테니 양쪽을 자네 둘이 물고 날아오른다면 나도 갈 수 있지 않겠나."

그래서 이에 학이 동의하고 하늘 높이 솟아올랐다. 그리고 호수 근처로 왔는데 동네 사람들이 이 광경을 바라보며 이렇게 외쳤다.

"야 참 좋은 생각이다."

"누가 저런 생각을 했지."

하고 야단들이었다. 이를 듣고 있던 거북은 점점 흥분하기 시작했다.

"내 생각이야."

하고 거북이 아무리 속으로 말했지만 사람들에게 전달될 리가 없었다. 그래서 거북은 큰소리로 실제 입을 열어

"내 생각이야."

이렇게 실제 소리를 질러버렸다. 그러나 입을 벌린 거북은 떨어져 죽고 말았다.

이렇게 거북처럼 떨어져 죽는 한이 있더라도 입을 열어

"내가 한 거야, 나 말이야 나!"

"날 인정하는 거지."

하고 재촉까지 하게 되는 경우를 볼 수가 있다. 얼마나 피곤한 일인가?

"oo장관 그 애 말이야. 내 친구야."

이렇게 말하는 것은 자기도 장관 정도의 수준이 된다는 것을 드러내려는 것이다.

주식하는 사람들을 보면

"나는 말이야. oo주 좀 샀는데 재미 좀 봤어."

라고 거짓말을 한다거나, 승용차를 2년에 한번씩 바꾸는 사람들을 만나면 자기도 질세라

"차는 2년 넘으면 위험해."

하며 자기도 바꾸고 있다는 식으로 '퉁' 을 부린다면 얼마나 피곤한 일이겠는가. 우리 사회는 가끔 쉽사리 '휩쓸리는 문화' 가 형성되어 있어서

"누가…… 했대."

하면 전후 따져보지도 않고

"그래, 그럴 수가 있어."

아니면 속으로

"나도 해야지."

하며 따라가게 되는 경우를 많이 볼 수가 있다. 이것은 모든 것을 비교하면서 살려고 하는 사람들이 그 기준이 잘못된 것을 미처 깨달을 틈도 없이 나오는 결과인 것이다.

권준수 저

『나는 나를 왜 피곤하게 하는가!』

의 책에서 한국인의 대표적인 강박 증상인 조급증, 열등감, 일류병, 영어강박증에 대하여 말하고 있다.

이처럼 우리 사회에서 비교 우위를 차지하기 위한 노력을 보면

1) 좋은 학교 가기

2) 좋은 회사 들어가기

3) 유행 따라 하기

4) 의사, 변호사, 판사……, 되기

5) 회사 사장 되기(사람에 따라 다름)

6) 좋은 차 타기

7) 유학 가기(특히 미국, 필요한 때도 있음)

8) 이민 가기(특히 미국, 반드시는 아님)

9) 골프 치기(건전한 운동일 수도 있다)

10) 애들 학원 여러 군데 보내기

열 개만 예를 들었는데 이런 것들을 남들과 비교하면서 경쟁적으로 하려고 하는 것이다. 모두 남들로부터 인정을 받고자 하는 것이다. 그 인정을 해 주면 좋은 기분을 느끼며 만족할 수가 있다고 생각하기 때문인 것이다.

"우리 큰애는 LA서 변호사 해!"

"우리 셋째는 의사인데 자꾸 나보고 유럽 여행 다녀오래! 난 별로 생각이 없는데 말이야!"

하고 말한다든가

"에쿠스 2년이나 탔더니 지루해서 아예 BMW로 이번에 바꿨어!"

이 말 듣고 듣는 사람 기죽으라는 것이다. 그래야 자기 기가 등등해질 것이라는 것이다.

그러나 최근에는 이런 사람을 만나면 속으로

"꼴값하네!"

"BMW 좋아하네!"

하고 졸부 취급해 버린다.

이제 이러지 말아야 한다.

매우 피곤한 일이기 때문이다. 좀 냉정하게 살아야 하는 것이다. 그래야 피곤하지가 않다.

다큐멘테이션

기록은 남길수록 좋으나 과거는 버릴수록 좋다.

영어로 Documentation으로 표기되는 이 말은 남에게 보여줄 증거서류의 작성이나 자료의 분류나 기록의 정리를 말한다.

우리는 서로에게 정보를 전달하는 수단으로

1) 말로 알려 주거나(직접대화 또는 전화)

2) 편지를 쓴다든지

3) 요사이는 이메일(e-mail)에 첨부파일 보내기

4) 수화(청각장애) 또는 점자(시각장애)

5) 사진(동영상 포함), 그림 및 스케치

6) 메모 및 속기록

7) 각종 보고서

8) 일기, 일지

9) 회의록

10) 경기 기록물이나 진행 기록

11) 연구기록

12) 각종 가정의 기록물

에서 1)과 4)를 제외하고는 기록으로 남을 수 있는 것은 모두 다큐멘테이션 될 자료라고 말할 수가 있다. 그러나 어느 것도 증거 자료나 정보전달 매체로서의 역할을 100% 할 수는 없는 것이다. 그래서 확실하지 않아 법적으로 문제가 될 때에는 소위 재판으로 진위, 즉 사실 여부를 판가름하지만 그것도 사실이라고 다 믿을 수는 없다. 그만큼 있었던 일이라든가 장차 있었으면 하는 일을 지면에 정리하여 기술하기란 여간 힘든 일이 아니다.

드라마나 영화에서 보면 상사가 부하직원이 올린 서류를 내던지며

"이걸 서류라고 올려."

라고 소리를 질러대거나 사업설명서를 발표했을 경우

"무슨 소리를 하는 것인지 모르겠어!"

"핵심이 뭐야!"

"그것 누가 만들었어! 다시 해!"

라는 말이 상사의 입에서 나오면 그 발표는 실패한 것이고 직속상관은 품위 손상을 입게 된다. 즉 정보전달에 문제가 있었음을 의미한다.

"속을 뒤집어 보일 수도 없고 어떡하지."

라고 한다면 말, 글, 그림, 사진 같은 것이 정확히 현실감 있게 정리되지 않았다는 이야기가 된다. 이것이 바로 다큐멘테이션에 어려움이 있다는 이야기가 되는 것이다. 회사 직원이라면 이것을 잘 해야 좋은 보고서를 만들 수가 있고 다른 사람들도 그 사람의 의도를 읽을 수가 있어

인정을 받을 수가 있고 출세의 좋은 수단이 될 수가 있는 것이다.

그렇다면 어떻게 하여야 좋은 다큐멘테이션을 할 수가 있을까?

1) 다큐멘테이션을 하려는 내용을 자세히 이해하여야 한다.

2) 이를 분석하는 능력이 있어야 한다(분석: 내용의 분해 능력과 합성 능력).

3) 내용을 파일로 만드는 능력이 있어야 한다.

그래야 우수한 보고서를 만들 수가 있다. 즉

4) 보고서에 요약능력이 생기고

5) 보고서에 쓴 글이 설득과 호소력을 가지게 된다.

자세히 누가 보아도 그 서류만으로도 이해가 가능한 보고서를 만들어야 한다.

여기서 중요한 것은 누가 보고 들으며 협조할 것인가 하는 데 따라서 서류와 보고서의 작성 방법이 달라질 수 있는데 성패를 좌우하는 것이 도큐멘테이션이다.

1) 단순히 참조만을 목적으로 할 것인가?

2) 결재(일 추진의 허락)를 목적으로 할 것인가?

3) 프로젝트 수행의 판단 자료인가?

4) 대외 홍보용인가? 사내 인지용인가?

5) DATA(정보)의 축적인가? 1회용인가?

사내에 있는 자료만 가지고 불충분할 때는 취재(取材)를 해야 한다.

어떤 때는 현장 취재, 소위 현장 정보 수집이 매우 중요할 수가 있는데 그 이유는 다큐멘테이션의 질이 크게 달라질 수가 있기 때문이다.

연구의 경우는 연구 결과가 충분해야 하듯이 모든 일은 현장감 있는 충분한 자료를 가져야 한다. 추상이나 상상은 큰 과오를 낼 수도 있고 엄청난 예산을 낭비하는 손실을 초래할 수도 있는 것이다. 실제 본 것도 믿지 못하는 세상에서 좋은 다큐멘테이션이 되려면 가지고 있는 것을 분류 · 정리 · 파일로 만들기 정도로 하지 말고 넉넉히 정보화된 것을 만들면 회사에 크게 도움을 줄 수가 있고 능력이 있는 사람이 되는 것이다.

보고서는 적어도 세 종류로 만들어 두는 것이 좋다.

1) 요약(회장용)

2) 중간 정도의 요약된 보고서(전무 및 사장용)

3) 보고서

1) 및 2)의 첨부용(필요할 때 볼 수 있도록)으로 해서 보관하면 좋다. 이를 보고자 하는 사람이 누구냐에 따라 셋 중에 하나 내지는 둘을 주면 된다.

요약은 몇 줄 정도에서 2~3쪽까지 쓸 수 있으나 보통 A4지 2/3 정도면 적당하다고 본다. 중요한 부분에는 밑줄 또는 칼라로 튀게 보여주면 더욱 좋다.

포함하는 내용은

1) 우선 앞에 무엇에 관한 것인지를 한 문장으로 일목요연하게 쓴다.

2) 이어 주요 및 중요내용의 개요를 알기 쉽게 설득력 있게 쓰며

3) 가급적 수치적인 데이터를 넣는 것을 원칙으로 해야 한다.

4) 업무의 경우는 회사의 어디에 중요한지를 내포해야 한다.

5) 상호협력의 범위가 들어가야 한다.

중간 정도의 요약된 보고서는

A4 10쪽 내외면 좋고 내용은 요약보다는 보다 자세히 해야 한다.

1) 보고서의 각 장별 요약서로 보면 좋다.

2) 중요한 도면 통계표(기술연구의 경우는 실험 데이터)를 넣는다.

3) 단순히 목차를 나열하는 식이 아니고 번호를 붙여가며 내용설명을 한 줄 또는 최소 다섯 줄 이내로 한다. 꼭 필요하다면 열 줄을 넘어도 좋으나 읽는 사람의 급한 성격에 맞춰야 한다.

4) 한 쪽이 한 눈에 들어오게끔 입체감 있게 써야 한다.

5) 결론이 회사의 경영(이익문제)과 관련지어 씌어 있어야 한다.

보고서는 두 개 내지는 세 본으로 구성하는 것이 좋다.

1) 원본은 정리된 모든 것을 보고서 형식에 맞춰 정리한 것으로 해당 회사의 형식이 있으면 그것을 따르고 없으면 어디까지나 작성자의 능력과 기술에 맡기는 것이 좋다. 왜냐하면 보다 좋은 작품이 나올 수가 있기 때문이다.

나머지는 부본으로

2) 모든 문헌의 복사본

3) 데이터 얻을 때 사용한 메모지나 노트첩

4) 취재 시 사진첩(사진 밑에 설명을 육하원칙으로 기록)

5) 만난 사람들의 명함, 인상, 취미, 성격 등(사진이 있으면 더욱 좋음)

보통 다큐멘테이션은 비서학이나 도서학을 전공한 사람이 하는 일과는 다르다. 핵심에서 전문성을 보여야 하는 것이다.

모임에서 대화

남의 말을 들어 주는 사람이 지혜있는 사람이다.

대화에서 가장 중요한 포인트는 상대방의 말을 잘 들어 주는 것이라고 한다.

상대방의 말은 잘 듣지 않고 내 말만 하려 한다면 대화가 아니라 상대방을 자기의 말을 들어 주는 하나의 노리갯감으로 여기는 것과 다름이 없다.

여럿이 같이 모여서 말을 할 때도 어떤 사람은 다른 사람의 말을 가로채서 자기가 독점하려 하는가 하면 너무 말을 길게 한다.

"왜 당신 내 말을 끊는 거야."

하며 화까지 내며 자기만 말을 계속 해대는 사람도 있다. 그것도 천천히, 그러니 이어서 말을 하려는 사람은 속이 부글부글 끓어오를 수밖에 없는 것이다.

그러니 언제나 여유를 가지고 듣는 자세가 필요한 것이다. 남의 말을 잘 들어 주는 것도 '수양' 이 필요하다. 억지로 들어 주기 싫은 것을 참으며 들으려 할 때는 얼굴이 찌그러져 고약한 모양새가 될 수가 있기 때문이다. 그저 그 날은 이 사람의 말을 듣기 위해 모였다 생각하면 된다. 그러려면 진심으로 대하고

"얼마나 답답하면 저렇게 말을 많이 할까."

하고 이해하게 된다.

"누가 저 자식 말이나 들어 주기 위해서 모였나?"

라고 하며 속이 뒤집힌다면 수양이 부족한 것이다.

그러나 그렇게 자기만 말하려는 경향이 계속될 때는 웃으며 정색을 하고

"자 이것 보게! 지금까지 자네는 누구에게서 쫓기는 듯이 혼자만 말해 대면 어떻게 하나. 남의 말도 좀 들어 주게나. 안 그래?"

하고 웃으면서 말하면 된다. 이 말은 가급적 누구 한 사람이 슬쩍 말하면 좋고 그렇게 해도 안 될 때에는 공석에서 부드럽게 말하면 된다.

뒤집어 말해 보면 나는 말을 많이 하지 않는 것이 좋다. 그러다 보면 아무도 말을 안 한다면 모임의 성격이 없고 냉기마저 감돌게 된다. 그러니까 여럿이 있을 때는 말하는 사람이 없으면 몰라도 말하는 사람들이 있다면 가급적 듣기만 하는 것이 좋지 않을까 생각한다. 듣다 보면 좋은 말이 나올 때에는 거기에 동의하는 뜻으로

"그래, 그래 맞아."

하고 한 마디만 해도 내가 열 마디 말한 것보다도 효과가 있는 것이다. 말하고 있는 사람은 생각에

"아 이 사람들이 나를 인정하는구나!"

하고 만족감을 얻고 호감을 가지게 되기 때문이다. 모임에서 말을 많이 하는 사람은 그 모임에서 자신을 인정받기 위해서 힘쓰고 있는 것이다.

그러나 아무도 말을 안 하면 다른 사람들이 말을 할 수 있도록 말의 과제가 될 만한 것을 한마디만 던지면 된다. 그 과제는 누구나 다 잘 알고 있는 내용이어야 하는 것이다. 그러면 모인 사람들은 신나게 그것을 가지고 떠들게 되어 있는 것이다. 자기가 알고 있는 지식이 이미 머릿속에 들어 있기 때문에 그 정보를 서로 다 쏟아 내려고 안간힘을 쓰게 되어 있는 것이다.

어른들의 아들 자랑은 상대방의 기분을 상하게 할 수가 있으나 천진한 손자 자랑은 다들 손자가 있을 경우 자기 손자 이야기를 하게 된다. 왜냐하면 아직 손자는 출세를 하지 않았기 때문에 상대방이 들어도 심상이 꼬이지는 않는다. 그러나 이것도 손자가 없는 사람이 있거나 병약한 사람이 있어 괴로움을 당할 경우는 손자, 손녀의 이야기를 꺼내지 않는 편이 좋다. 주책없이 꺼내는 것은 분수없는 사람으로 들어갈 수가 있기 때문이다.

상대방이 자식이 없다거나 변변한 직장이 아닐 때 거기다 대고
"이번 달에는 글쎄 천만 원을 갖다 주더라고."
한다거나 첫째, 둘째 그리고 셋째도 의사인데
"큰아들은 차를 사줬고, 둘째는 유럽 여행을 시켜 줬고"
하는 식으로 말을 이어 나간다면 상대방은
"그래, 그래 좋겠네!"

하면서도

"자식 더럽고 아니꼬워서"

하며 다음에는 만나고 싶은 생각이 사라지게 되는 것이다. 그만큼 우리 사회는 마음의 여유가 있는 사람들이 많지 않다.

이런 손자 자랑 같은 말도 많이 하다 보면 제 것을 자랑하고 싶은 심정이 되기 때문에 그 쪽으로 말이 돌아가려는 속성이 있다.

이것이 바로 실수인 것이다.

말은 현인들이 말했듯이 '화살과 같아서' 한번 뱉은 말은 되돌려 담을 수가 없기 때문에 말 한마디 한마디가 상대방이 어떻게 생각할 것인가를 곰곰이 즉 천천히 따져보고 해야 실수가 없다. 내 말보다는 상대방의 장점을 칭찬해 주면 된다.

"너는 세 자식이 다 의사니 얼마나 좋겠니."

한다든가

"넌 언제나 건강해 보이고 웃는 얼굴이 보기 좋아."

이런 말은 화살이 아니고 여름철 시원한 바람이 될 수가 있는 것이다. 그러나 제3자가 있을 때에는 의사 아들 이야기는 하지 않는 편이 좋고 삼자에게도 한마디

"야 너 정말 오래간만이야!"

해주면 좋은 대화가 될 수가 있는 것이다.

최근의 우리 사회는 들으려는 사람보다는

"내 말만 들어."

하고 협박까지 하는 사람들로 거의 꽉 차 있다. 답답한 일이 많다는 이야기다.

회의에서 상사가 할 일

직원에게 무엇인가 말을 해주려고 힘쓰지 말고
스스로 깨달아 알도록 환경을 만들어 보려고 노력하라.

보스의 할 일이란 말할 것도 없이 회사를 잘 경영해서 많은 이익을 남기고 직원들 월급 올려주고 보너스 많이 책정해 주고 하면 금상첨화(錦上添花)가 아니겠는가!

그러나 많은 이익을 남겨 돈을 벌려면 회사라는 조직이 혼연일체(渾然一體)가 되어 목표가 도달되도록 움직여 나가야 되는 것이 아니겠는가?

그러나 세상사는 그렇지가 않다.

1) 임금 상승 압박을 받는 데다가
2) 경영성과는 점점 떨어지고
3) 기술력의 부족 현상
4) 주가의 하락
5) 옛날부터 내려온 회사의 낡아 빠진 체질의 정체성

이런 것들이 이어진다면 보스로서도 도저히 회사를 더 운영할 수가 없는 상황에 빠지게 될 것이다.

이런 경우

보스는 대 결단을 하여야 한다. 이런 결단에 발목을 잡는 집단이 있다면 자신에게 하자가 없는 한 싸워서 회사를 살려야 하는 게 보스의 할 일이다. 자신의 하자에 발목이 잡힌다면 회사를 위해서 과감히 보스직을 내놓아야 한다.

변하기 위해서다. 일단 변화의 기회를 잡으면 원칙에 의한 과감한 구조를 개혁해야 하는데 두 가지 방법으로 몰고 가야 한다.

1) 우선은 회사원의 동의를 얻어 실행하는 것이 가장 좋겠지만

2) 임원 전원이 사표를 내고 외부용역의 혁신 프로그램을 밀고 나가는 것이다.

여기서는 이러한 과정에서 필요한 상사의 회의과정을 말하고자 한다.

보통 회의는 여러 가지 성격이 있다고 생각한다.

공산주의 나라의 회의는 의견을 모으는 것이 아니고 상부의 명령을 하달하는 군대와도 같다. 북한의 선전물 중에

'당이 결정하면 우리는 따른다.'

라는 문구가 있는 것만 보아도 알 수가 있다.

군대에서도 명령만 내리는 것은 아니다. 작전회의 같은 데서는 작전에 대한 여러 의견을 모아 의장은 결론을 추려 이상이 없으면 그대로 하면 된다.

이처럼 회의는 여러 성격이 있어서

1) 과제 또는 문제점 해결을 위해서 여러 사람의 지혜를 모으고 결론을 내리는 회의

2) 상부의 몇 사람이 결론을 내려놓고 정작 필요한 회의에서는 형식만 갖추는 회의

3) 일상 회사(또는 정부기관)의 업무회의

4) 정당 정치인들의 회의

5) 특정한 사람들의 음모, 모함을 위한 회의

등이 있겠으나 물론 여기서는 회사의 보스와 프로젝트 팀장이 필요한 1)과 3)의 지혜를 모으고 결론을 내리는 회의를 말한다.

3)의 경우는 업무수행을 위한 업무 분담과 결과 보고를 위한 회의가 대부분인데 이때는 팀장 권한이 절대적이다. 왜냐하면 주어진 과제를 성공하여야 할 책임이 팀장에게 있기 때문이다. 팀의 소속원들은 주어진 일들에 대하여 충실히, 그리고 핵심적으로 팀장을 지원해야 한다. 팀장은 소속원이 충실하지 않을 때에는 주저하지 말고 다른 인력으로 대체하여야 한다. 소속원은 자기가 할 핵심적인 내용을 잘 파악하고 또 핵심적으로 보고해야 한다. 어떤 보고서들은 내용은 많은데 핵심이 없는 경우가 있다. 이런 경우는 날카롭게 지적을 받아야 하는 것이다.

우리가 업무를 수행하는 데는 지침서나 공무원의 경우는 법전이나 시행령 같은 것이 있어서 얼마나 충실히 이것을 지키느냐가 문제이다. 회사에서도 회사 내규가 있고 사업에서 지켜야 할 사칙이 있다.

그럼 회의는 왜 하느냐? 위의 말대로 여러 사람의 지혜를 모아 문제를 해결하기 위함이다. 그 해결방법이 회사의 운영방법일 때는 국가의 정책 법령 같은 것을 따르거나 어기지 않으면서 회사를 어떻게 운영할 것인가에서부터 어떻게 하면 회사의 작업능력과 효율을 최대로 할까, 모여서 회의를 하게 된다.

1980년대 말 일본을 방문했을 때 통상성 관리가 식사를 하면서 다음과 같은 말을 하는 것이었다.

"우리나라 기업들은 어떻게 하면 국가에서 제시하는 정책을 충실히 지킬 것인가를 늘 고민합니다."

국가 정책을 잘 지키기 위한 회의는 어떻게 보면 회사의 이익을 최대로 하면서, 그리고 국가정책을 어기지 않으면서 여러 분야의 사람이 이마를 맞대야 할 것이다. 이때 회의를 인도하는 사람이 사장일 경우 과연 어떻게 할 것인가?

참석자들의 토론에 전적으로 맡겨야 하는 것이다. 특히 여러 분야의 사람이 모이게 되면 각자의 의견이 나올 수가 있는데 사회자의 할 일은 그 사람들의 입을 자유롭게 열어 놓는 데만 힘쓰면 된다. 자기 의견은 가급적 말하지 않는 편이 참석자들의 입을 열게 할 수가 있다.

참석자들이 아무 말도 안 해도 인내심을 가지고 약 30분간 아무 말도 없으면 우선 정회하면서

"내일 다시 합시다."

하고 일어난다. 그 다음에도 의견이 없으면 그 다음날. 이렇게 하다 보면 언젠가는 입을 열게 된다. 인내심이 필요하다. 아무 말이 없다고 해서 자기 의견만 말하고 말면 다음부터는 절대로 입을 열지 않게 되는 경우가 많다. 사람들이 입을 열지 않는다고 해서 쓸데없는 이야기를 해대는 사람들도 있다. 이런 말도 제지할 필요는 없고 맞장구만 치지 않으면 된다. 그러나 이런 말은 결론에 도움을 주지 못하기 때문에 아무 결론이 없다는 내색을 하고

"내일 계속합시다."

하고 결론이 정리될 때까지 보스는 기다려야 한다.

어떤 회의는 딱히 의견을 내는 사람이 정해진 것도 아닌데 한 사람이 판을 치는 경우가 있는데 이때 회의 인도자는 은근히 개인적으로 제지

할 필요가 있다. 왜냐하면 이 사람은 기고만장해서 언제나 독무대를 만들려고 하게 되고 그러면 다른 사람들은 말을 못하게 되고 만다. 또 내용을 잘 몰라서 할 말이 없는 경우도 많다. 이런 때에는 소속원들은 내용설명을 요구할 필요가 있고 회의 주최 측은 사전 회의 성격과 내용을 회의 전에 미리 문서로 포인트를 잘 알려 둘 필요가 있다.

자기가 마음속으로 생각하고 있는 결론이 나오지 않는다고 회의를 계속한다면 그 보스는 미련한 사람이다.

사외 이사를 임명하는 사장이
"회사에 도움이 되어야 합니다. 사사건건 물고 늘어지면 곤란합니다."
하고 미리 못을 박아버리는 경우가 많다고 한다. 이런 경우 이 사람은 이사회에서 아무 말도 못하게 된다.

자기 마음속에 가지고 있는 결론이 회의에서 나오도록 하기 위해서 사전 조작을 했을 경우는 더욱 미련한 것이다.

회의는 반드시 여러 사람의 의견이 기탄없이 나와야 하고 이를 종합해서 결론을 내려야 하는데 만일 의견이 취약해서 결론을 내리기가 힘들다면 관련 전문가를 더 참석시켜 진행하면 되고 많은 회사들이 그렇게 하고 있으나 아직 성숙되지 않은 경우가 많고 이기적인 분위기, 즉 폐쇄적 사회에서는 만연할 실정으로 생각된다.

또 회의에서 결론이 나오기 힘들면 외부나 기획팀에 과제를 주어 많은 정보를 더 모으게 하는 것이 원칙이다.

한 마디로 말하면 상사(또는 보스)는 점잖아야 하고 결론만 내려야 회의에 권위가 생긴다.

사업의 즐거움

욕심을 버리는 것이 용기이며, 오히려 성공의 열쇠가 된다.

새로 사업을 한다는 것은 매우 힘든 일이다.

그것은 그만큼 그 일에 익숙해지지 않았기 때문인 것이다. 그 익숙하다는 것은 무엇일까? 사업을 하기 위해서는 많은 사람을 상대해야 하고 일에는 그의 다양성이 있어서 스스럼없이 이를 익혀 돌아가려면 그게 그리 쉽지 않은 것은 틀림없다. 사장은 오케스트라 지휘자나 영화감독 같은 역할을 해야 순조롭게 돌아갈 수가 있다. 어느 한 구석이라도 이상하면 전체 작품이 찌그러지거나 깨질 수도 있다.

여기에서 필요한 요소 몇 개를 생각해 보자.

우선 돈이 필요할 것이다.

돈 없이 어디 되는 일이 있겠는가?

그런데 쉽게 생각하면 담보 잡히고 은행에서 빌리면 된다. 그런데 빌린다는 것은 그만큼 위험성을 내포하게 된다. 그러니 가급적 은행 돈은 빌려 쓰지 말고 자기가 가지고 있는 돈을 쓰는 것이 가장 이상적이라고 할 수가 있는 것이다. 그러나 사업을 위해서 돈을 비축해 둔 사람이 어디에 있겠는가? 미국의 펀드매니저 조지 소로스는 투자의 원칙은 자기가 가진 자본의 1/10만 투자하라(시작은 작게 하라)는 말을 했다. 이 말은 돈을 사용해서 사업을 할 때는 투자에 여유를 가져야 한다는 것이다. 남의 돈을 돌려쓰다가 잘못되면 사기꾼이 되기 쉽기 때문이다. 자신의 분수에 맞춰 사업을 차분히 시작하는 것이 원칙이라고 생각한다. 미국의 최고 부자인 빌 게이츠도 자기 집 차고에서부터 사업을 시작했다.

돈은 어떻게 굴려서 안전하게 관리하느냐가 매우 중요한 것이다. 다짜고짜

"이 사업은 틀림없어."

하면서 많은 돈을 빌려 쓸 사람은 없을 것이다.

우리나라에서 새로 등록하는 소기업(특히 식당)의 80%가 3년 내에 문을 닫고 5년 이면 95%가 사업을 그만둔다고 한다. 이것은 무엇을 의미하는가? 내 생각에는 무엇보다도 자기 사업의 성격과 내용을 잘 파악하지 않고

"장사나 해볼까."

하는 식으로 그 전문성을 인정하지 않고 접근했기 때문이 아닌가 생각한다.

다음에는 자기가 하는 일에 대하여 철저히 공부해야 한다.

즉 지식이 없이 무슨 사업을 할 수가 있겠는가? 가끔 중소기업을 하는 사람들 중에 또는 전문 직종에 있는 사람들 중에도

"그렇게 해서는 안 되는데."

하면, 자기 뇌에 입력된 것이 완벽하다고 생각하며

"그래 어디 모르나. 다 아는 것인데 뭐. 우리가 몰라서 안 하는 줄 알아?" 하는 식으로 충고나 전문적인 내용을 말할 때 대수롭지 않게 받아넘기는 사람을 가끔 볼 수가 있다. 현재 자기가 하고 있는 것이 최상이라고 생각하고 있는 사람이 있다면 그것은 정말 어리석기 한이 없는 사람이다. 그러니 우리는 죽을 때까지 자기 지식을 넓혀야 하고 특히 사업

하는 사람이라면 많은 여행, 정보수집, 문헌 참조 같은 것을 통해서 지식을 축적해야 자기 사업의 위치를 이해하고 앞을 내다볼 수가 있다.

나무만이 아닌 숲을 볼 수가 있어야 하는 것이다. 그러니 창업 후 문을 닫는 대부분의 사람들은 우선 이 지식을 입체적으로 이해하지를 못한 경우로 자기 앞에 잠깐 펼쳐진 지식을 전부로 착각했기 때문이다. 그래서 이런 경우

"실패가 성공의 어머니다."

라는 말을 생각해 볼 때 그 실패를 통해서 지식 하나가 단순히 더 늘어났을 뿐인 것이다.

대기업의 경우 많은 지식을 가진 사람들의 집합된 조직의 활동이다. 이런 경우는 사장은 그 많은 지식을 취합하기 위한 회의를 통해서 지식 취득의 목적을 성취할 수가 있는 것이다.

들은 이야기지만 미국의 국무총리였던 키신저는 회의를 소집하고 참모들에게 과제만 던지고는 자기는 아무 말도 하지 않고 참모들이 하는 말만 듣기만 했다고 한다. 내용이 종합된 결론이 자기 머리에서 서지 않으면

"내일 봅시다."

하고 다시 하고, 그 다음날도 다시 하고 하기를 어떤 때는 15일간을 계속한 때도 있었다고 한다.

내용이 자기뿐만 아니라 토론자들에게도 이제 취합되었다고 싶었을 때 특별한 말 없이 즉

"결론은 이렇다."

하는 식의 종합된 결론을 내리지 않고

"그럼 이대로 합시다(let' s go this way)."

라고 했다고 한다. 토론자들이 이미 회의를 통해서 숙지되었다고 믿는 것이다.

그러니 중소기업 같은 경우에는 사장이 피나는 노력으로 지식을 얻기 위해 노력해야 하는 것이다. 지식은 몇 세기를 통해서 이루어진 하나의 보석과도 같은 것이다. 이것을 적어도 1, 2년 공부하지 않고 작은 식당 하나라도 하겠다는 사람이 있다면 무리인 것이다.

한국인의 특징은 "성격이 급하다."

라고 말한다. 나도 전형적인 한국인으로서 급한 성격에서 으뜸이라고 할 수가 있고 유전적인 요소도 가지고 있다. 식사를 할 때 보통 5~6분 정도면 끝내고 만다. 마치 개구리가 파리 잡아먹듯이 꿀꺽꿀꺽 먹어 치우고 만다. 병원에 입원해서 누워 있을 때 소화가 잘 되지 않아 식사습관이 좀 천천히 씹어 먹는 형태로 변했었다. 그리고 퇴원하면 그렇게 먹어야겠다고 단단히 마음을 먹었었지만 1년도 지나지 않아서 5분이면 충분하고 물도 씹듯이 먹으라 했지만 지금은 꿀꺽 단숨에 마셔버리고 만다. 그런 내가 한심한 때가 많다.

경험이란 이런 성격의 경우 차분히 쌓일 수가 없다.

경험이란 오랜 세월이 걸려서 쌓아진 것이래야 진가를 발휘할 수가 있는 것이다. 갑자기 빠른 시간 동안에 그것도 서둘러 쌓인 경험은 거기에 반드시 허점이 내재되게 되는 것이다.

글쎄 맞는 말인지는 확실하지는 않지만 옛날에는 독일이나 프랑스에서 석 · 박사과정을 밟은 사람의 말을 들어 보면 교수가 학생이 하는 여러 가지를 계속 관찰해서 얼마나 전공분야에 경험이 쌓이는가를 보아서 그 정도면 어디 가서도 그 일에는 손색이 없겠다고 생각될 때 학위를 승낙한다고 한다. 그래서 연한을 정해 놓고 우수한 학생들이 학점 취득에 치중하는 나라보다는 이것이 경우에 따라서는 낫다고 말하는 사람도 있다.

기능인력, 특히 운동선수들에게 중요한 것은 첫째도, 둘째도

"훈련, 훈련"

이다. 지식보다는 훈련이 더 중요하다고 할 수가 있다. 즉 이 훈련이 경험인 것이다. 아무리 지식이 많아도 경험이 없다면 실패가 예정되어 있다고 할 수가 있는 것이다. 한 직장에서 10년 이상 일에 종사한 사람들이 회사를 그만두고 자립하는 경우는 100%는 아니지만 대부분 그 일에 성공하는 예가 많은 것이 바로 그가 갖고 있는 경험에서 비롯된 것이다.

다음은 열심히 노력하는 것이다.

노력은 그 사람의 정신 상태에 있다고 보여진다. 위의 세 가지가 모두 갖추어져 있더라도 노력하지 않는다면 절대로 어떤 일이든 성취할 수가 없는 것은 다 잘 알고 있는 것이다. 그러나 이런 노력은 그 사람의 지나온 배경과 부모의 영향을 크게 받게 된다.

어느 집에 삼형제가 있었다.

첫째와 둘째는 사업을 잘 해서 번창하고 아무런 문제가 없는데 셋째는 하는 사업마다 실패하는 것이었다. 그럴 때마다 형들이 돈을 모아 가게를 차려 주곤 했는데 이것이 버릇이 되었는지 셋째는 노력하는 모습이 보이지 않았다. 형들이

"너 이것이 마지막이야."

하고 동생에게 다섯 번째 전자 가게 대리점을 차려 주었다. 그런데 이 동생이 하는 일이라는 것이 사업에 정신을 쏟아 이익을 남겨 그 업체를 운영하는 것에는 관심이 없고 자기가 '사장' 이라는 것에만 집착하는 것이었다. 그래서 자가용도 사장 격에 맞춘다고 은행 대출해서 사서 타고 다닐 뿐만 아니라 친구들한테 사장을 과시하기 위한

술자리,

골프 초대하기

나 하고 돌아다니니 형들도 이제는 구제가 불가능하다고 종지부를 찍고 이민을 보냈다고 한다. 이민 가서 어떻게 살고 있는지는 알 수가 없으나 뻔한 결과가 이어졌을 것으로 짐작이 된다. 자신이 지금 무엇 때문에 이 일을 하고 있는 것인지조차 알지 못하는 인간으로밖에 볼 수가 없다. 이런 경우가 노력이 없는 전형적인 예인 것이다.

직장인들 중에서 더욱이 단순히 조직력에 편승해서 따라갈 뿐 자신이 무엇을 해야 할지 잘 깨닫지 못하고 노력을 하지 않는 사람들도 많이 볼 수가 있다.

떠도는 말에 이런 말이 있다.

"머리가 안 돌아가면 몸으로라도 때워야 할 게 아니야."

라고 상사가 소리를 친다는 것이다. 몸으로 때우는 것, 그것이 노력이다. 비록 창의력이 없고 지혜가 나오지 않더라도 열심히 노력하면 어떤 일이든 성취할 수가 있다고 생각한다.

위의 네 가지를 다 가지고 있더라도 자기 하는 일에 즐거움이 없다면 그 일에는

"혼"

이 담길 수가 없다. 앞의 네 가지가 형이하학적인 요소라고 한다면 즐

거움은 형이상학적인 요소를 내포하고 있다. 즐거움이 외적 요인에 의하여 얻어지는 것일 경우에는 그 요인만 제거되면 금방 사라지고 만다. 그러나 내적 요인, 즉 자신이 신이 나며 일에 즐거움이 솟구쳐 올라온다면 항상 즐길 수가 있는 것이다.

보통 즐거움이란 취미 생활 같은 데서 얻을 수 있고 자기 직업은 살기 위한 수단이라고 생각한다면 이런 사람은 어떤 일이든 일에 성취감이 없는 사람인 것이다. 그러니 여기서 말하고자 하는 즐거움은 자기 직업에서 얻는 즐거움을 말하는 것이다. 즐거움을 영어로 말해 보라면 엔조이(enjoy)다. 일을 즐겨야 한다는 것이다. 어떤 일이든 즐기면 거기에 기쁨이 있는 것이다.

나는 대학 다닐 때까지 산에 올라가는 사람들을 보면

"뭣 하러 저 높은 산에 힘들여 올라가는가?"

하고 의심했다. 그러나 친구의 권유로 산에 몇 달 다녔는데 힘들긴 해도 성취감이 오고 점점 산에 가는 것이 기다려지더니 이것이 즐거움, 즉 기쁨으로 변하는 것을 발견하였다.

부자가 된 사람들의 대부분은 자기의 일을 즐기는 사람들이다. 즐겁기 때문에 아무리 열심히 뛰더라도 피곤하지가 않다고 한다.

상사가 시키는 일도

"할 수 없이 시키니 하는 것이지!"

한다면 그 사람은 인생을 비참하게 사는 것이다. 한번 태어났다 가는 세상 즐기며 살아야 하는 것이 아니겠는가.

자기 일에 말이다.

그러면 어떤 사업도 반드시 성공한다.

상대방의 의견

누구의 말을 들을 때에는
그 사람의 속마음을 들여다보려고 노력하라.

사회는 서로 대화가 없다면 죽은 사회이다.

서로 의견교환을 함으로써 내 의견이 정상적인 것인지 체크해 보게 된다. 내 의견에 대해 비판이 쏟아지면 실망과 좌절까지 있는 경우도 많다. 내 생각을 말할 때는 그것이 사회적인 공감대가 있으면 동의를 얻을 수가 있지만 통념에서 좀 벗어나면 삐딱하게 보기 일쑤이다.

어떤 사람의 의견이 그의 실수일 때 우리는 그 말을 그의 전부로 생각하지 않는다. 그 이유는 그가 평상시 행동하는 것으로 보아 무엇인가 잘못되었을 것이라고 미루어 좋게 보아 줄 수가 있는 것이다.

오래간만에 만난 친구가 통념적인 말이 아니고 듣기에 좀 이상하다고 느낄 때에는

"애가 좀 이상하게 됐구나!"

생각하고 다른 친구에게 그런 말을 퍼뜨려 난처하게 만드는 경우도 있다. 이처럼 의사소통은 그렇게 쉬운 것이 아니다.

의견을 좀 정확히 전달한다고 말을 너무 많이 하다 보면

"수다스럽다."

"말이 많다."

"핵심이 없다."

"말을 독점하려 한다."

등으로 몰아붙이고 말이 너무 없으면

"재미없다."

고 일축해 버리고 만다. 그러니 대화에도 지혜가 필요한 것이다.

대화의 기본원칙은 상대방의 말이 아무리 나와 다르다고 하더라도 중간에 말을 끝내게 해서는 안 되며 끝까지 얘기를 다 듣고 의견이 다를 때에는

"나는 그렇게 생각하지 않아."

라고 하며 반대라는 입장을 내세우기보다는

"그래 그것 참 좋은 생각이야."

또는

"훌륭한 생각이야."

라고 말한 후

"나는 평상시 그 내용에 대해서 이러이러하게 생각해 왔는데 혹시 내가 잘못된 것이 아닌지 모르겠는데!"

라고 하면 상대방이 수긍이 가면 집에 가서 곰곰이 생각해 보고 자기의 잘못됨을 깨닫게 되는 것이다. 직선적으로

"야 그걸 말이라고 해!"

"알지 못하면 가만있어."

"애가 말하는 것 보니 형편없네."

한다면 대화가 아니라 싸움이 되는 것이고 상대방에게 나쁜 인상을 주게 된다.

사기꾼과의 대화에서도

"싼 채권이 있는데 안 사두겠어요?"

"이 땅을 사두면 1년 후 열 배는 뛰니 안 사두시겠어요?"

하며 여러 가지 개발 계획서까지 보여 주고 무엇인지 확인도 될 수 없는 서류들을 내놓으며 진짜인 것처럼 행세를 한다.

이런 경우 사기꾼이라고 생각되더라도

"너 사기꾼 아니야."

하기보다는

"아 그렇습니까, 그러나 나는 돈이 없습니다."

정도 해두면 된다. 그래도 자꾸 달라붙을 때에는

"내 친구가 그곳 도시계획과에 있는데 한번 자세히 알아보지요. 몇 번지지요?"

하면 다시는 접근하지 않는다.

상사와 부하직원의 관계

1) 상사를 비난하기보다는 차라리 칭찬해 보라.
2) 부하직원이 상사의 눈치를 보게 되면 그 상사는 이미 자격을 잃은 것이다.

회사나 대학이나 가정이나 어디에 어느 나라에도 지위가 소위 높은 사람과 낮은 사람이 있다. 그러니까 반드시 그런 것은 아니지만 지배 계급의 사람과 이 사람의 지시를 받아 움직이거나 일해야 하는 사람, 즉 강제성은 없지만 스트레스를 받으면서 일해야 하는 사람이 있게 마련이다. 그 반대로 아랫사람들 눈치 보아 가며 일을 시켜야 하는 상사의 경우도 많이 있다.

어떤 부하직원은

"내 할 일은 충실히 나름대로 했는데 부장이 나를 나쁘게 말하고 다니지!"

말한다든가

"사장이 내게 눈길을 왜 안 주지."

"악수할 때 얼굴을 보지도 않아."

이런 말이 나오게 된다면 슬픈 일이다. 무엇인가 이유가 있기 때문이다.

어떤 이유들이 있을까?

1) 보고 내용이 시원치 않거나 시시콜콜히 보고하지 않는다.

2) 자기 욕을 하고 다닌다는 말을 들었다(진실이든 아니든).

3) 자기와 대립관계에 있는 상사를 찾아다닌다는 말을 들었다.

4) 자기를 건너뛰고 사장을 직접 만난단다.

5) 직장 내에서 동창끼리 모여서 또는 동향인이 모여서 패거리를 만든다는 말을 들었다.

6) 처음에는 높이 평가했으나 알고 보니 실력이 없다.

7) 잘난 척하는 것이 보기가 싫다.

8) 자기 말을 잘 따르지 않는다는 것을 느꼈다.

9) 회의 참석을 잘 안 하거나 개인 일이 많아 조퇴가 많다.

10) 시킨 일을 제때 잘 해오지 않고 요리조리 미룬다.

11) 상사에게 매사 따지고 든다.

12) 좀 안다는 이유로 자기에게 무안을 준다.

13) 과 회식에 여러 핑계를 대가며 잘 참석하지 않는다.

14) 말에 조리가 없다.

15) 왠지 밉게 군다(술주정, 옷차림, 맞담배, 인상 쓰기 등).

상사가 이런 일들로 부하직원을 격하시킨다면 실은 비겁한 짓이 될 것이다. 그러나 상사의 특권은 부하직원에 대하여 여러 가지로 불이익을 안겨 줄 수가 있다.

1) 진급 시 여러 이유를 달아가며 누락
2) 동급의 상사들에게 악담하여 눈에 나도록 함
3) 상을 상신한다거나 좋은 일에서 제외
4) 은근히 작은 잘못에도 면박
5) 퇴출명단에 올리거나 타 과로 전출 추진

이와 같은 일이 일어나도 할 말이 없다.

그러니 상사와 부하직원은 돈독한 유대관계를 유지해야 하며 이것을 잘 하는 상사와 부하직원이 직장, 즉 자기 위치를 관리할 줄 아는 사람이라고 할 수가 있다.

그렇다고 해서 비겁하게 아부한다거나 뇌물을 쓴다거나 한다면 그것은 다른 동료 사원들을 욕보이는 것이 될 것이다.

상사도 어디까지나 사람인 이상 자기에게 잘 하는 사람에게 신경이 가게 되어 있고 이런 인자가 1.2 즉 최대 20%까지 잘 보아 줄 수도 있다. 그 이유는 '정' 이라는 것이 생길 정도로 호감이 가는 사람은 그만한 대우를 받을 수가 있기 때문이다. 그러나 1.2 이상을 배려한다면 그것은 소위 '봐주기' 가 되기 때문인 것이다. 조직사회에서 봐주기가 통한다면 이미 그 조직은 실패한 것이다. 공정성이 없으면 언젠가는 그 조직은 붕괴하게 될 것이다. 정도에 따라 시간차가 있을 뿐이다.

많은 사람들이 이러한 상사와 부하직원 사이의 갈등에 의하여 회사를 떠나고 고통당하는 것을 생각해 볼 때 매우 중요한 요소라고 아니할 수가 없는 것이다.

사람은 일단 회사에 입사하면 하부 말단 직원에서부터 출발해야 하는 경우도 있고 파견근무자, 중도입사자, 최근에는 외국인 노동자, 내부 승진이 아니고 낙하산식 입사자(중도입사자와는 다른 형으로 사장이나 외압에 의하여 입사된 사람), 이들 사이에 바로 융합되는 경우는 그리 쉽지가 않다. 왜 융합이 쉽지 않고 서로 오해와 충돌이 발생하며 편 가르기로까지 발전하거나 회사를 그만두는 일로 발전하는 것일까?

1) 상사는 나이가 지긋한 경우가 많고 권위, 안정과 관행을 중시한다.
2) 젊은 사람들은 그런 기성문화에 무조건 일단 반발한다.
3) 막 새로 들어온 사원은 어리둥절해 적응하느냐 내 방식대로 사느냐 고민한다.

이런 배경으로 인해서 언어소통이 불편해서 정보 교환의 완전성이 결여되고 이로 인해 오해를 만들며 업무협력의 문제가 발생함은 물론 서로의 실력을 가늠할 수 없고 감정 대립으로까지 발전하게 되는 것이다.

일이 풀리는 방법이야 문화적인 차이(사고방식의 차이, 언어습관, 가치관의 차이, 행동방식의 차이, 업무처리 방식의 차이)를 이해해 주면 되겠지만 위에서 말한 15가지 이유가 이해를 방해하게 된다. 더구나 상사는 권한과 책임이라는 명분을 내세워 합법적으로 부하직원을 괴롭힐 수가 있다.

따라서 새로운 입사자거나 중도입사자거나 간에 이해해야 하는 쪽은 하부직원이어야 한다. 그러나

"이건 아닌데!"

하는 것이 있으면 서서히 조금씩 상사 자신이 깨달아 고쳐갈 수가 있도록 힌트를 주어나가면 된다. 맞대 놓고

"부장님! 그렇게 하면 곤란하지요!"

한다면 상사는

"그래?"

하면서도 기분이 나쁠 것이다. 이것이 쌓이면 감정이 되는 것이다.

"그래서 술자리라는 것이 있지 않아요!"

"술 한잔 하면서 다 풀면 되잖아요?"

그것도 방법이긴 하겠지만 많이 쌓이기 전에 그때그때 풀든가 아예 이해하고 쌓지 않으며 상사의 마음을 읽으려고 노력하면 그것이 더 낫지 않겠는가?

"몸에 배인 문화의 변신이 감정의 변화 없이 곧바로 처리되겠는가?"

물론 안 된다. 그렇기 때문에 우리 인간은 이런 충돌을 막기 위해서 일생을 노력하며 살아가야 하는 것이다.

십 년을 근무해도 적응을 못하는 사람도 많이 있다. 그런 경우에는 상사가 적절하게 양보하는 것이 어떨까?

"자넨 아무래도 그만두는 게 낫겠어!"

한다면 사람 사는 세상이 아니다. 세상에는

1) 성격이 급한 사람과 느린 사람

2) 속이 좁아 터질 듯한 사람과 탁 트인 사람

3) 지역정서가 있는 사람과 없는 사람

4) 주량이 큰 사람과 적은 사람

5) 실력이 있는 사람과 없는 사람

6) 권력이 있는 사람과 없는 사람
7) 재력의 차
8) 남의 속을 박박 긁는 사람과 칭찬하기를 좋아하는 사람
9) 독불장군인 사람과 협력하기를 좋아하는 사람
10) 권위주의적인 사람과 소탈한 사람
11) 예의가 있는 사람과 없는 사람
12) 문화의 적응력이 있는 사람과 없는 사람
13) 도전적인 사람과 무사 안일한 사람
14) 착한 사람과 좀 악의적인 사람
15) 화 잘 내는 사람과 항상 웃는 사람
16) 창의적인 사람과 항상 같은 것을 고집하는사람(Idea가 없는 사람)
17) 같은 나이에 철든 사람(어른스러움)과 철없는 사람
18) 정상인과 장애인
19) 보통사람과 괴짜
20) 다재다능한 사람과 지지리도 재주가 없는 사람

이렇게 20개나 나열한 이유는 독자가 어디에 해당되는지 한 번 짚어 보자는 뜻으로 한 것이다.

이런 사람들이 어우러져 조화를 이루며 사는 것이 소위 세상의 '사회'라는 것을 이루는 것이다. 이 중에서 한 사람이 자기 기준에 맞춰보며

"저 친구는 안 돼!"

한다면 그 사람은 이미 사회의 한 일원인 인간이 아니라고 하는 꼴밖에는 안 되는 것이다.

상사와 부하직원 사이에 이런 것들을 전제로 해서 어떻게 조화를 이룰 것인가를 생각해야 한다.

그렇지 않다면 그 사회는 편 가르기와 갈등으로 얼룩지고 결국에는 파괴될 것이다.

수직과 수평관계

동물 중에 어떤 것은 수평(2차원)만을 볼 수 있다고 한다.
그러나 인간은 동료와 상사(3차원)가 동시에 존재한다는 것을 보아야 한다.

인간의 삶의 구조는 위 아래가 여러 모양을 이룬다. 크게 보면 수직과 수평관계로 단순화할 수는 있지만 어떤 조직이냐에 따라서 달라진다. 국가별 사회구조를 보면 예를 들어 일본이 수직사회라고 한다면 한국도 수직사회로 되어 있으나 사람의 성향은 거의 수평적인 것을 알 수가 있다. 수직적이란 말은 명령 계통이 일사불란하게 위에서 아래로 흐른다는 말이고 수평적이란 말은 구성원이 제각각 목소리를 내며 소위 '각자 말이 많다.' 는 것이다. 어떤 사람들의 소위

"각계각층의 소리를 취합하여 결론을 얻어야 한다고 한다."

고 말하는 것을 민주주의라고 말하고 있다. 그러니까 어떻게 보면 수직적인 것보다는 수평적인 것이 합리적으로 보인다. 그러나 이런 사회는 사람들이 서로 타협하는 전통, 즉 문화적으로 이런 분위기가 정착되어 있으면 미국처럼 민주주의 실현이 잘 이루어질 수가 있는 것이다.

그러나 자기 생각만 옳다고 우기고 남의 말을 인정하려 들지도 않으며 오히려 각종 수단을 물밑에서 써가며 상대방을 훼방하거나 자기 고집을 굽히지 않고 촛불 시위 같은 여론몰이를 수행하는 사회는 수평적

인 사회의 필요한 요소가 되기보다는 선동이 앞서는 사회가 될 가능성이 있다. 옛 공산당 방식이다. 조직이라는 것은 피라미드형의 강력한 수직을 이루면서 흩어지지 않는 수평적인 접착력이 강하게 있을 때 기초가 단단해져서 건전한 사회가 되는 것이다.

회사의 구조도 이런 피라미드형이 바람직하다. 소집단마다 강력한 소형 피라미드(팀)를 이루고 이것이 큰 형의 피라미드를 만들어야 튼튼한 구조가 이루어진다.

그래서 회사의 조직원이라면 이런 피라미드를 수직적으로 오르내려야 하고 수평적인 사람들끼리는 열심히 얼굴을 익히고 도움을 주어 정착하여야 하는 것이다.

먼저 수직적으로 해야 할 바람직한 행동을 생각해 보자.

1) 바로 직속상관이 가장 중요하다.

2) 바로 밑에 둔 부하직원을 상사, 즉 과장의 입장에서는 철저히 보호하고 아껴야 한다.

3) 부하직원은 좋은 성과는 내가 했더라도 상사의 공으로 돌려야 한다.

4) 상사는 부하직원이 이룩한 것을 자기가 한 것처럼 보고해서는 안되고 공유해야 한다.

5) 웃는 얼굴로 부하직원을 대하여야 한다.

6) 과장이나 팀장은 적어도 그 부서에서 가장 중요한 사람이라는 것을 서로 인정해 주어야 한다.

7) 상사는 부하직원들 사이를 차별 대우해서는 안 된다.

8) 상사에게는 아첨하고 하부직원을 학대하면 언젠가는 후회하든가 바보일 경우는 끝까지 자기도 모르게 살다가 죽고 만다.

수평적으로 보면

1) 편 가르기를 해서는 안 된다.

2) 바로 내 옆에서 일하고 있는 사람이 가장 중요하다.

3) 서로 주저없이 도와야 한다.

4) 정보를 공유해야 한다.

5) 능력의 격차를 인정하면서도 서로 이를 없애려 노력해야 한다.

6) 자기만을 상사에게 돋보이게 노력하는 것은 옳지 않다.

7) 상사가 생각하기에 내 팀원 모두가 잘하고 있다는 인상을 받도록 노력해야 한다.

8) 일을 잘 하고 실력있는 동료에 대하여는 그것을 인정해 주고 격려해야 한다. 이럴 경우 당사자는 겸손해야 한다.

필자의 생각은 수직과 수평이 조화를 이루어야겠지만 다소 수직으로 뭉치는 것이 일사불란하게 일이 진행된다고 본다. 수평이 강해지면 혼란한 조직이 되어 흩어지며 무너지게 된다.

심사숙고

한번 내린 결정을 번복하지 않으려면 시간을 가지고 결정하라.

우리는 일상생활 속에서 사소한 결정에서부터 중대한 결정까지 많은 것을 결정하면서 살아간다.

그 결정이 사소한 일 같으면 가장(家長)이 혼자서 결정하는 경우도 있겠지만 중요한 사항은 부부가 같이 하거나 자식들이 장성했을 경우는 가족회의를 해서 결정하는 경우도 있다.

이러한 결정은 그 사람의 성격에 따라 좌우되는 경우도 있다. 바로 그 자리에서 결정하는 경우도 있지만 어떤 사람들은 꼼지락꼼지락하며 시간을 질질 끌어서 상대방을 지루하게 하는 경우도 있다.

그러나 성격에 따라서 빨리 해야 할 것은 그 자리에서 해주면 시원스럽고 상대방도 좋아할 수가 있다.

그러나 세상에는 어떤 일을 빨리 결정을 해 놓고 두고두고 후회를 하며 일생을 사는 사람도 있으니 결정이란 정말 심사숙고해야 하는 것이다. 우리말에

"말미를 좀 주십시오!" 하는데 매우 좋은 말이다.

두 젊은 남녀가 사귀어 오면서 이미 결혼 상대자로 마음먹고 있을 경우에도 정식으로 청혼을 받게 되면 자존심 때문에 시간을 달라고 말하지만 이미 이 경우는 의례적인 말이다. 집안 어른들이 다 OK한 상태라면

"내가 기다리던 말이야!"

하고 흔쾌히 그 자리에서 대답하는 편이 좋다.

그러나 사업하는 사람들이 투자 결정을 할 때라든가 회사의 중대한 결정은 반드시 중요한 참모, 이 중에는 가급적 말단사원도 포함시켜서 그들의 의견을 들어 보는 것도 좋다. 또 외부 인사도 많은 정보 등 아는 사람의 의견도 들어 보고 오랜 시간을 토론하여 의견의 일치가 지금까지 모아진 정보를 토대로 충분한지를 검토해서 사장이 결정해야 한다. 또 사업계획 연구보고서도 잘 검토해야 한다. 결정한 사장은 그 결정으로 일어나는 어떤 일에도 책임을 져야 하기 때문에 심사숙고해야 한다

는 것이다.

듣는 소문에 의하면 중국에 진출하는 우리 중소기업 중에는 실패하여 돌아오는 경우가 많다고 하는데 그만한 이유가 있겠지만 심사숙고하게 결정이 되지 않는 경우로 보아야 할 것이다.

특히 은행 돈 돌려가며 사업을 확장할 경우는 더욱 그러하다. 그럴 리는 없겠지만 그저 몇 사람의 말만 들어 보고 시대의 흐름을 쫓아 편승하여

"그것 좋은데!"

한다든가 직원에게

"좀 잘 알아봐."

해서 결정할 문제는 아닌 것이다. 큰 회사의 경우는 기획팀에서 연구를 수행해서 보고서를 내놓고 그것을 통해서 결정할 때도 보고서 외의 다른 요소가 없는지를 또 보아야 하고 잠정 결론이 90%를 넘지 않으면 위험요소가 있는 것이다.

다 쓰러져 가는 기업을 인수해서 크게 성공한 경우도 있고 옆집은 파리 날리는데 우리 집은 문전성시를 이루게도 할 수가 있다. 이런 경우는 경영을 잘한 경우라고 할 수가 있다.

"시간을 끌어라."

라는 말도 있다.

'심사숙고하라.'

는 뜻이다. 이 심사숙고는 그냥 가만히 눈을 감고 생각한다는 뜻이 아니고 보다 나은 정보를 더 가져야 한다는 것이다. 좋은 한마디의 정보가 엄청난 이익을 가져다줄 수가 있거나 잘못된 정보 한마디가 엄청난 손해를 가져올 수도 있다. 그렇게

'한마디'

가 결정을 좌우해서는 안 된다.

그런데 말콤 글래드웰의 『심사숙고보다 첫인상을 믿어라』(첫 2초의 힘)의 책에서는 "다소 치밀하지 못하더라도 신속하게 움직이는 편이 심사숙고하다가 타이밍을 놓친 경우보다 낫다."

라고 말하고 있으며 심지어는

"심사숙고란 대부분 게으름의 대외적인 이름인 경우가 많다."

는 것이다.

이 단숨에 결론까지 도약하는 뇌의 영역을 '무의식 영역' 이라고 한다고 하고 있다.

"감(感)이 정확히 들어맞은 적이 있다."

는 것이다.

"첫눈에 반했다."

라는 말도 있지 않는가? 라는 식이다.

그러나 이런 순간적인 판단이 서는 것은 어디까지나 충분한 내용에 대한 정보가 머릿속에 이미 입력되어 있을 때 가능한 것이다. 책 제목에서도 '첫 2초의 힘' 이라는 2초를 강조하고 있다. 역설적으로 말하면

"그래도 적어도 2초는 생각해야 한다!"

2초가 결코 짧은 시간이 아니다.

암스테르담의 심리학 연구진들은

"중요한 결정을 할 때는 하룻밤 푹 자는 등 심사숙고한 후에 결정하는 것이 좋다."

는 연구 결과를 내놓았다.

2초, 그리고 하룻밤은 차이가 없다고 생각한다. 결론을 즉각적으로 하지 말자는 의도에서는 같다는 말이다. 2초면 상당히 긴 시간이다. 하룻밤 푹 자는 것은 결국 뇌를 일단 비우고 결정을 내려야 할 일을 새로이 비운 머리에 담자는 것인 만큼 하룻밤은 실은 없는 시간으로 보아야 한다.

어떤 시인이 쓴 글이 있다. 베이컨의 '독서를 위한 규칙' 을 말하고 있는데

"읽어라, 부인하거나 반박하기 위해서가 아니라, 믿고 승인하기 위해서가 아니라, 말을 발견하거나 이야기하기 위해서가 아니라 심사숙고하기 위해서 읽어라."

라고 하고 있다.

우리가 책을 읽을 때 또는 교인의 경우 성경책을 읽을 때 슬쩍 한번 읽고 그 내용에 대하여 떠벌이는 사람도 많다. 마음이 급하다거나

"나도 그 정도는 알고 있어!"

"나는 벌써부터 알고 있었어!"

라고 말하고 싶은 급한 마음 때문이다. 성경책과 같이 좋은 책은 일생동안 읽어야 하는 것이다.

"지금 이 말을 하지 않으면 영 말할 기회가 없을지도 몰라!"

라고 생각이 스칠 때 즉각 말을 내뱉어버리게 되는 것이다. 그러나 2초 정도만 시간을 가지고 생각한다 해도 그 말은 안 할 수도 있다.

심사숙고라는 것은 적어도 상당한 시간이 필요하다. 동물 특히 쥐는 기억력이 3분이라고 했다. 3분 이전의 것은 다 잊어버린다. 인간은 일생의 것을 기억할 수도 있으므로 중요했던 일은 30~60년 이상을 기억한다. 이런 오랜 기억은 나쁠 수도 있고 좋을 수도 있다. 좋은 것은 오래 기억하고 나쁜 것은 쥐처럼 3분 내에 잊어버린다면 편리할 텐데 그렇지를 못하다. 심사숙고는 어떤 때는 인간에게 많은 스트레스를 안겨 준다.

더구나 사회가 점점 복잡해짐에 따라 판단 기준의 영역이 넓어져서 심사숙고의 시간이 길어지고 있지만 너무 길어져도 안 되고 내용에 따라 시간의 선택을 정하면 좋을 것으로 생각된다.

최근에 걸려오는 투자정보에 관한 전화를 받고 걸려들어 손해를 보는 사람이 얼마든지 있다. 말하자면

"한마디에 뿅 갔어!"

라는 말을 들어서는 안 된다. 생각이 있으면 시간을 질질 끌어 보면 실체가 드러난다. '남이 먼저 계약해 버릴지도 몰라.' 급하게 돈을 끌어대다가 망하는 사람들이 얼마든지 있다. 이런 경우야말로 심사숙고가 필요한 것이다.

더구나 나라 일과 같은 국회에 제출하는 법안이 짧은 시간에 만들어져 제출된다면 절대로 안 된다.

일의 성격에 따라 심사숙고의 시간을 조절할 필요가 있다.

실 패

사업의 실패를 하나의 경험으로 인정할 수가 있는 것은
일생에서 두 번 이상은 곤란하다.

여기서 실패하는 것은 같은 종류의 일에 해당하는 것이다.

다른 일에서 또 실패한다면 그럴 만한 이유를 들어 변명할 수가 있겠으나 같은 일에서 실패한다면 전번에 실수한 이유에 대하여 무엇인가

분석이 되지 않았다는 것이다. 물론 분석 자체가 잘못되어 2차로 아차! 실수를 할 수도 있는 것이다. 그러나 같은 일에서 다시 실수한다면 세 번째도 실수할 수가 있다. 왜냐하면 분석하는 방법에 문제가 있었다면 두 번째 것을 분석하는 데도 문제가 있을 수가 있다.

"이렇게 실수를 자꾸 하다 보면 언젠가는 성공하겠지."

할 수도 있다.

그래서 로버트 슐러는 『행복한 경영이야기』에서

"실패란 당신이 아무것도 성취하지 못했다는 것을 의미하지는 않는다. 당신이 무엇인가를 배웠을 뿐이다."

라고 말하고 있다.

영국의 윈스턴 처칠도

"그것을 통하여 뭔가를 배울 수 있는 실수들을 가능하면 일찍 저질러 보는 것은 커다란 이득이다."

또 하나 더 같은 맥락의 말을 보면 일본의 하다무라 요타로/와다 히데키의 『실패의 시대』에서

"실패는 성공을 배우기 위한 기초교과 과정이다."

라고 말하고 있다고 한다. 『실패의 성공학』이라는 리차드 파슨, 랄프 키즈의 책에서는

"실패를 즐기는 자가 세상을 지배한다."

이처럼 실패를 찬양하는 듯한 말은 여기서는 실패를 하나의 지식을 얻는 과정 정도로 생각하고 있다.

가령 예를 들면 에디슨은 전구를 만들 때 2,000번을 실패하였는데 그 것을 실패로 묻는 것에 대해 에디슨은

"실패라뇨? 저는 단지 2,000번의 과정을 거쳐서 전구를 발명했을 뿐

입니다."

라고 했다고 한다.

그래서 연구하는 사람들에게는

"많은 실험은 경험을 남긴다."

라고 한다. 그러니까 새로운 것을 발명하는데 어떻게 시행착오인 경험을 거치지 않고 얻어낼 수가 있겠는가? 그러니까 몇 번 해보고

"안 되는 거야!"

한다면 목적지에 가다가 다리 아프다고 되돌아오는 것과 마찬가지인 것이다. 경험을 쌓는 것을 인정하지를 않는 것이다. 어떤 분은 이러한 경험을 인정하려 들지 않는 민족으로서 대표적으로 한국 사람을 든다. 그러나 최근에는 많이 달라지는 것도 사실이다.

하여간 성격이 급해서이다.

경험이란 반복해서 몸에 일어나는 어떤 현상을 익히는 것이다.

이러한 경험을 실패로 보지를 않고 있다. 이런 경우는 많은 실패를 해서 많은 경험을 얻는 것, 즉 배울 수 있는 실수들로 중요하다고 할 수가 있다.

그러나 인생이나 국가 경영(정치와 경제), 그리고 대형 공장의 건설 같은 것은 그렇지가 않다.

어떤 경제학을 강의하는 내용에서도 실수도 하나의 공부이니 오히려 실패를 많이 해본 사람이 성공할 수 있는 기회가 많다고 하는 말을 들은 적이 있다. 같은 말이다. 이 말은 위에서 말한 대로 우리의 일반적인 경험을 말하는 것으로 보아야 옳은 것이다. 그러니까 어린아이가 걷기를 시작할 때 주저앉았다 일어나며 결국 걷게 되는 그런 것이다.

그러나 우리 인생이나 기업의 운영은 여러 번 실수를 거듭하며 경험을 쌓아 나갈 만큼 시간이 많지가 않다. 특히 사업을 할 경우는 은행 돈을 융통했거나 사채를 사용했을 경우는 한번 실수만으로도 가정에 치명타를 입게 되고 마는 경우가 있는 것이다. 다시 일어서려면 벌써 5~10년의 세월이 지나간 후에 회복될 수도 있는 것이다. 그러니 실수, 아니 실패는 인생에서 단 한 번 내지는 두 번으로 끝내야 하는 것이다.

직장을 옮기는 것도 단순직종은 얼마든지 옮길 수 있겠지만 전문직의 경우 그렇지 않다.

사업을 하다가 천재지변 같은 일이 생겨서, 즉 불이 난다거나, 장마로 침수를 입거나 하는 경우도 있을 수가 있기 때문에 철저한 보험에 들어서 안전책을 강구해서 절대로 두 번 실패를 해서는 안 된다.

보통 두 번 이상 실패를 하는 경우는 다음과 같다.

1) 욕심이 많아 잘 된다고 은행 돈 빌려다 사업을 확장하는 경우(분수에 넘치는 행위)

2) 연구하지 않는 경우(현재에 안주하는 타입)

3) 남의 흉내를 내는 경우(이런 경우는 발전이 없음)

4) 근로자와 마찰을 만드는 경우(약점이 있는 경우가 많다)

5) 사업에 충실하기보다 정치자금 같은 것을 대면서 사업에 정치세력을 끌어들이는 경우(사업을 질적으로 발전시켜 회사를 건실하게 하기보다는 한탕주의가 많다. 또는 약점을 가지고 있는 경우)

6) 제품의 선호도를 자신에게 맞추고 소비자에서 찾지 않는 경우(게으른 형태, 얼마 가지 못함)

7) 모든 일에 지나치게 자신이 있는 경우(자만한 경우로 6)과 같음)

8) 품질관리와 경영합리화를 하지 않는 경우(사장이 중심이 되고 혼자의 의견으로 밀고 나가는 경우, 옳은 때도 있다)

9) 제품의 라이프 사이클을 잘 이해하지 못하는 경우(한 제품이 시장에 나가서 얼마 동안 오래 팔릴 수가 있겠는가를 걱정하지 않는 경우로 '운' 으로 회사를 경영하겠다는 심사)

10) 미래를 준비하지 않는 경우

이외에도 실패를 가져올 만한 이유가 얼마든지 있을 수가 있겠다. 1)의 경우가 IMF때 망한 경우가 많다.

많은 중소기업들은 그 재정적인 여력이 부족하거나 연구라는 것이 왜 필요한지조차도 몰라서 연구를 하지 않는 경우도 있다. 그저 어깨 너머 배우거나 기술을 몰래 빼오거나 선진국 기술자에게 돈을 주고 전수하는 경우도 있다. 대기업에 납품하는 경우는 대기업의 요구사항과 함께 기술을 주는 경우도 있다고 한다. 그러나 보다 기술 발전을 위한, 또 경영합리화를 위한 연구를 하지 않는 소기업이 꽤 있는 편이다.

지금의 시대는 단순히 값싼 노동력으로 저렴하게 제품을 만들어 싸게 팔겠다는 시대는 이미 지나가지 않았는가! 그래서 싼 임금을 찾아 중국으로 가는 경우도 생기는 것이다. 그렇지만 이것도 이제 점점 문제가 생기고 있는 것이다. 중국인들의 엉큼한 속셈을 판단 기준에 얼마나 넣고 갔는지 생각해 볼 필요가 있다.

지금은 고도의 질 좋은 기술이 요구되며 이런 일은 대기업은 나름대로 하고 있지만 중소기업은 이것이 잘 되지 않는다고 생각한다. 최근에는 기술을 많이 이해하는 중소기업의 사장들은 많은 돈을 들여 연구에 몰두하여 좋은 결과를 얻어 일류 회사로 탈바꿈하여 고도의 성장을 하

는 회사가 많이 나오고 있다. 그러나 어떤 기업들은 기술의 깊이는 생각하지 않고 몇 마디 들어 보고

"아! 그거 이젠 나도 알아!"

하며 경솔하게 큰소리치는 경우가 있다면 한심한 일이 될 것이다. 그러나 실제 보면 엉터리 같은 일을 하고 있는 경우를 많이 볼 수가 있다. 이런 경우는 대기업에서도 아직 많이 있지 않나 생각된다. 연구의 전략과 본질을 이해하지를 못하고 크게 보이는 남의 떡에만 관심이 가는 것이다.

"정 안 되면 그 기술을 사오지 뭐."

"우리는 돈만 벌면 되지 않아!"

하면서 연구를 하지 않는 것이다. 이는 경험 없이 기술이 얻어지는 줄 알고 있는 경우다. 이런 회사가 가끔 있다는 것이다. 그러나 이제는 선진국에서 얼른 가져가라고 기술을 포장해 놓고 기다리지는 않는다는 것을 잘 알고 있다. 자체 기술개발은 성공할 경우 기술을 도입해서 버는 것보다 10배가 넘을 수가 있다. 그래서 자체 기술성공의 맛을 아는 회사는 꾸준히 연구하는 것을 볼 수가 있는 것이다.

선진국은 이런 기초기술을 피나는 노력으로 이룩해 놓은 것이다.

제품의 '라이프 사이클' 은 최근의 IT산업제품은 한 6개월에서 길어야 1년 내지 2년 정도에 끝난다는 것이다. 그러니 '때' 라는 것을 잘 맞춰 가며 내놓을 제품을 적어도 3개는 만들어 두었다가 그 때라는 타이밍에 맞춰 내놓아야 하는 것이다.

이런 일들이 잘 이루어지지 않으면 실수라기보다는 망하는 수순을 밟고 있는 것이나 다름이 없는 것이다.

망할 때까지 걸리는 시간은 업종, 사장의 노력, 시대성 등 여러 가지가

결정하겠지만 반드시 문을 닫게 될 것이다.

노만 V. 필의 9가지 실패자의 잘못

1) 책임을 다른 사람에게 넘긴다.
2) 자기 비난과 자기 학대로 파멸의 길을 자처한다.
3) 정확한 목표가 없다
4) 잘못된 목표로 성공해도 성취감을 얻지 못한다.
5) 쉬운 길, 편안한 길로 가는 사람은 성공의 묘미를 못 느낀다.
6) 혼자서는 성공해도 상처뿐인 영광만 얻는다.
7) 작은 일, 사소한 일을 소홀히 한다.
8) 너무 빨리 단념한다.
9) 과거의 생각에 집착한다.

카네기가 지적한 실패의 원인

1) 모든 책임을 남에게 전가한다.
2) 열등의식과 자기 비하에 빠져 있다.
3) 삶의 목표가 없다.
4) 모든 것을 너무 쉽게 포기한다.
5) 과거에 지나치게 연연한다.
6) 독창력이 없이 남의 흉내 내기에 전전긍긍한다.
7) 계획 없이 생활한다.
8) 인생의 지름길을 찾느라 많은 시간을 허비한다.
9) 자신의 능력에 대한 신뢰가 없다.
10) 패배에 대한 원인분석이 없이 실패를 그대로 인정한다.

노만과 카네기의 보는 시각이 많이 일치하는 것을 보면 실패하는 사람들이 한번 눈여겨볼 일이다.

웃는 얼굴

마음의 즐거움을 가지려 노력하라.
그러면 자연히 웃게 된다.

웃음에는 여러 가지 형태가 있다.

비웃음,

미소,

애교 섞인 웃음,

너털웃음,

빙그레한 웃음

등 여러 가지가 있기 때문에 환경에 따라서 그리고 상대방에 따라서 자연적으로 발생하게 된다.

미국에 유학 간 학생이 강의 시간에 혼자서 무엇인가를 생각하며 웃었다고 한다. 강의하는 교수는 처음에는 '뭐 그런가 보다.' 했지만 가끔 웃어대니까 자기 강의를 비웃는 것으로 오해하게 되었다. 학점은 물론 아무리 변명을 해도 강좌에서 밀려났다는 것이다.

내 아는 분 한 분은 눈을 째려보는 듯한 상태, 즉 뱀눈을 하고 씨익~

하고 웃는다. 반갑다는 것인지 싸우려는 것인지 혹은 네까짓 자식 별것도 아닌 것이 "까불지 마." 하고 속으로 말하는 것인지 어떤 것인지를 헷갈리게 하면서 상대방을 낮잡아 보는 듯한 웃음을 한다. 내가 기분 좋을 리가 없다. 씨익~ 하고 웃었기 때문에 경계를 풀어버리기는 하지만 뒷맛이 개운치가 않다.

별로 좋아하지 않는 사람을 만났는데 얼굴을 찡그릴 수가 없으므로 억지로 웃게 되면 찌그러진 얼굴로 웃게 된다. 별로 좋아하지 않는 사람이 있어서는 안 된다. 나는 좋아하고 싶지만 그 사람이 언제나 걸고넘어지며, 뒤에서 욕을 하니 어쩔 도리가 없다는 사람들이 있지만 세상에 내 하기에 따라서 다 좋은 사람이 될 수가 있기 때문이다.

시도 때도 없이 웃는다면 그것은 얼빠진 사람일 것이다. 그러나 『긍정의 힘』의 저자인 오스틴 목사는 사람들이 자기를 만나면

"항상 웃고 다니는 사람, 이 사람아!"

한다는 것이다. 기본 얼굴, 즉 얼굴이 미소로 굳어진 사람들이 있다. 이런 사람들은 화가 날 때만 그 얼굴을 바꾸게 된다. 그렇지 않다면 시도 때도 없이 웃을 수는 없는 것이기 때문에 자칫하면 얼빠진 사람으로 오해받을 수가 있다.

약간의 미소를 띠고, 화를 내는 듯한 얼굴의 웃음은 낮잡아 보며 공격태세를 취하는 것이다. 그러나 상대방은 상대방의 얼굴에 미소가 있기 때문에 방어태세가 소홀해질 수도 있어 당할 수도 있다. 이렇게 당하는 기분은 매우 후회스럽고 나쁜 감정으로 남게 된다.

귀신이 사람을 잡아먹으려 할 때 웃는 웃음. 핫 하하하……! 하면

"너 잘 걸렸다."

하는 웃음이 될 것이고 이것도 상대방에게 겁을 주는 듯한 웃음이 될 것이다. 즉 깡패들이 다른 깡패들과 겨룰 때 웃는 웃음이다.

난봉꾼이 여자를 노려보고 눈을 지그시 감으며 웃는 웃음은 여자들에게 기분 나쁜 것이다.

나이 많은 분, 또는 상사가 웃어 달라고 억지로 웃기려는 말을 할 때 할 수 없이 웃는 웃음도 잘못하면 오해를 줄 수도 있다.

라이벌을 만났을 때

"네까짓 것."

하며 웃는 웃음. 이것도 기분이 나쁜 웃음이다.

내 친구 한 사람은 습관적으로 늘 비웃는 듯한 얼굴을 하고 회사에 다니다가 정년을 채우지 못하고 밀려나고 말았다.

따라서 진실되고 숨김이 없는 환한 웃음을 웃어야 한다. 그러려면 무엇보다도 웃는 사람의 마음이 깨끗하고 다 털어놓는 듯한 마음을 가져야 한다. 그러나 이것은 그렇게 쉬운 것이 아니다.

그렇기 때문에 좋은 웃음을 웃을 수 있는 마음을 길러야 하는 것이며 그래야만 진실된 웃음이 나오게 되는 것이다.

그러려면

1) 미워하는 사람이 없어야 한다.

2) 늘 모든 사람에게 감사하는 마음을 가져야 한다.

3) 욕심이 없어야 한다.

4) 내가 말을 많이 하려는 것보다는 경청하려는 마음의 태도를 가져야 한다.

5) 어느 누구도 "다 좋은 내 친구다." 하는 생각을 가져야 한다.

6) 어른에게는 존경하는 마음을 가져야 한다.

'웃는 얼굴에 침 못 뱉는다.'

는 말은 위의 5개를 마음에 품고 웃을 때이지, 그렇지 못하면 위에서 말한 유학생처럼 오해를 받게 되니 웃음의 관리도 공부를 좀 해야 하는 것이다.

그렇기 때문에 웃음을 받아주는 사람 쪽에서는 웃는 사람의 진실된 호감을 그 얼굴에서 읽게 되어야 자기의 마음에 상대방의 웃음을 담아 줄 수가 있게 되는 것이다. 이것이 참된 교감(交感)이다.

연예인들은 거울을 보며 연기에 필요한 웃음을 연습할 것이다.

일반 사람들도 좋은 웃음을 보이기 위해서 연습할 수도 있겠지만 진실되게 위의 5가지를 염두에 두고 웃으면 좋은 웃음이 저절로 될 것이고 이 좋은 웃음은 당신의 인생을 바꿔 줄 수도 있는 것이다.

더구나 최근에는 건강을 위해서 웃기 대회 같은 것을 하는데 이것도 많이 하다 보면 좋은 웃음을 만들어 갈 수도 있겠지만 여기서 말하고자 하는 웃음은 사람들과 대할 때 진실한 마음을 가지고 웃는 얼굴을 보이자는 것이다.

유비무환

작은 것이라도 오래 차곡차곡 쌓다 보면
어느새 자기도 모르게 커진 것을 발견하게 된다.

한문에 유비무환(有備無患)

이란 말은 우리가 일상생활 속에서 흔히 쓰는 말이다. 미리 준비해 두면 걱정할 것이 없다는 말인 것은 이미 잘 알고 있는 말이다.

"평안히 지낼 때에는 항상 위태로움을 생각하여야 하고 위태로움을 생각하게 되면 항상 준비가 있어야 하며 충분한 준비가 되어 있으면 근심과 재난이 없을 것이다."

'居安思危 思危 則有備 有備則無患' 라고 『서경』(열명)에 기재되어 있다.

유비무환은?

한 나라로 볼 때는 정치하는 분들은

1) 국가적 교육(산업에서 요구되는 분야와 인원수)

2) 연구(장차 국가의 기간산업에 기여할 것)

3) 국방(적에 대비 우위확보)

4) 장마철 대비(각국마다 큰 국가적인 과제)

5) 경제정책(장래를 위한 법안의 마련)

6) 클린 환경 조성

에 대비해야 함은 물론

가정으로 볼 때는

1) 저축한 돈이 있어야 하고

2) 자기 집이 있어야 하며(특히 우리나라)

3) 상비약, 공구, 배터리, 전구 등을 갖춰야 하고

4) PC 백업(요즈음 세상)

5) 근심이 될 만한 일은 미리 차단(대출, 친구에게 돈 빌려주는 일 등)한다.

회사의 경영에 있어서는 철저히 대비해야 한다.

1) 차입금의 최소화

2) 철저한 회사 이미지 관리

3) 적어도 3단계의 신제품 개발(3단계로 발전된 기술)

4) 우수인력의 확보(부지런하고 창의력을 갖춘 자)

5) 회사원의 인화(계파를 없앨 것)

6) 탄탄한 조직(팀워크의 철저한 연계, 노사의 화합)

7) 철저한 보안(회사 기밀)

8) 철저한 안전(위험요소로부터)

9) 토털 경비의 최소화(자재, 공정비용, 에너지, 임금, 안전, 보안 등 모든 경비에서 그의 합이 최소가 되도록)

10) 회사의 투명성

등 다 알고 있는 사항이지만 10가지를 나열하였다.

어디서 들은 이야기 하나를 하고자 한다.

일본의 기업들은 자기네 제품과 관련하여 앞으로 소비 패턴을 예측하고 미리 신제품을 3~5단계 개발해 놓고 어느 때 제조 · 판매할 것인지, 즉 적절한 시기를 기다린다고 한다.

모든 일에는 반드시 '때'가 있다. 그러나 이 때라는 것은 언제 올지 아는 사람은 아무도 없다. 미래이기 때문이다. 그저 준비를 해 놓는 것이다.

어느 날

교회는 다니지도 않는 사람이 천당에는 가고 싶어서 하루는 교회를 찾아가 목사님께 여쭈어 보았다.

"목사님! 죽을 때 회개하면 하나님은 용서해 주시고 천당으로 인도하는지요."

목사님은

"물론이지요. 진심으로 회개만 한다면야 물론 천당에 갈 수가 있지요."

물어본 사람은

"그럼 됐습니다."

하고 좋아하며

"그럼 그때까지만이라도 이 좋은 세상 많은 죄를 지으며 세상을 즐기겠습니다."

라고 말했다. 목사님은

"그렇게 하시지요!"

하면서

"그런데 당신은 내일 죽을지도 모르겠는데요. 그렇다면 그래도 하루는 여유를 두고 회개하는 것이 하나님께 대한 최소한의 예의가 아니겠습니까?"

"지금 회개하는 것이 좋겠습니다."

라고 했다고 한다.

신앙인의 유비무환은 항상 성경을 읽고 흔들림 없는 믿음을 가지며 항상 기도하고 자신의 죄를 뉘우치며 감사하는 마음으로 사는 것이다. 그러면 현재의 삶은 물론 사후가 보장을 받을 수가 있는 것이다. 여기에다 보태라면 경제력이 있으면 남을 돕고 노약자를 살피며 거들먹거리지 않고 겸손하다면 얼마나 더 좋겠는가?

이렇게 살면 자연히 내일 죽음이 와도 나는 갈 준비가 되어 있다고 생각할 수가 있고 마음이 편하고 욕심도 없어지며 모든 사람에게 감사한 마음과 용서하는 마음이 생길 것이다.

미국의 철강왕 카네기 회장 방에는 그림 하나가 있는데 그 그림은 저 멀리 파도치는 바닷가 육지에 돛단배가 하나 놓여 있었다고 한다. 그 그림 밑에는 '언젠가는 물이 들어와 이 배를 띄울 거야.' 라고 씌어 있었다고 한다.

이것이 사업하는 사람의 '위의 3)의 3단계' 에 해당한다고 할 수가 있는 것이다.

이러한 때를 기다리는 것은 항상 준비된 상태이어야 하는 것이다.

근년에 유가(油價)가 파도를 치고 있다.

들은 말이지만 미국의 엑손 회사는 유가가 크게 오르게 되면 석탄으로부터 석유를 생산할 계획을 이미 다 세워 뒀다는 것이다. 언제든지 유가가 고유가로 계속 오래 이어나갈 전망이 보이게 되면 석탄을 액화하여 석유를 만들겠다는 것이다.

1990년쯤으로 기억되는데 필자가 일본 쓰꾸바의 액정 컨소시엄 연구소를 방문한 적이 있다. 연구소 입구에는 이런 글이 씌어 있었다.

'우리는 10년 후에 팔게 될 상품을 개발하고 있습니다.'

매우 인상적이었다. 가정, 회사, 국가 그리고 어떤 형태의 조직도 언제 올지도 모르는 그 '때' 를 위하여 무엇을 준비하고 있는지를 체크하며 살아야 하는 것이다.

무작정 아무렇게나 살다가 '때' 가 되었을 때 준비가 되지 않은 상태를 모두 남의 탓, 즉

1) 사회의 구조가 잘못되었다느니
2) 가난한 부모 만나서 이렇게 되었다느니
3) 잘 사는 사람들 때문

이라느니 핑계와 구실을 만들며
"국가는 우리를 구제하라!"
외치는 경우가 없는지 한 번 생각해 볼 일이다.

일의 즐거움

월급을 받기 위해서만 일하는 사람은 바보이다.

일에는 즐거움이 있어야 한다.

즐거움이 있다는 이야기는 자기 일이 재미가 있고 적성에 맞으며 할수록 흥이 나고 즐기게 되는 것을 말한다. 타고난 성품이 그런 즐거움을 준다면 얼마나 좋겠는가? 그러나 그렇지를 못하고 먹고살아야 하니 할 수 없이 내가 이 일을 해야 한다고 생각한다면 슬픈 일인 것이다.

그래서 프랑스 사람들을 보면 일하는 사람에 따라서 어떤 사람들은 여름 바캉스를 가기 위해서 일 년 내내 저축해서 그때 다 쓴다는 것이다. 이 경우 어떻게 말해야 좋을지 모르겠다. 아마도 이런 경우는 직업관이 반이고 인생을 바캉스 없이는 살 수 없으니 이것이 반이라고 해도 좋을 것이다.

그렇다고 해서 프랑스 사람들이 일할 때 태만하고 일을 즐기지 않는다고는 생각하지 않는다. 다만 일할 때는 열심히 일하고 바캉스는 바캉스대로 즐기는 것, 즉 양면성을 가지고 있다고 생각한다.

전문 여행가들을 보면 6개월 직장에서 일하고 6개월은 세계여행을 한다거나 현지에서 아르바이트를 해가며 일하는 경우를 TV에서 본 적이 있다. 이런 사람들은 여행이 주된 생활이고 돈 버는 것은 그것을 위한 하나의 수단에 불과한 것이다. 이런 사람들의 일의 성격은 일을 즐기는 것이라고 볼 수는 없고 다만 해달라는 일에 단순한 노동력을 제공하고 대가만을 받는 것이라고 할 수도 있다.

직장에서 일하는 것, 세계여행을 하는 것, 어떤 것이 그 사람의 인생을 지배하느냐에 따라서 그것에 최선을 다한다면 일하는 것이 즐거운 형태라고 할 수가 있기 때문이다. 왜냐하면 그것이 그의 직업이기 때문이다. 제목에서 말하는 '일' 이란 바로 직업적인 일을 말한다. 자기 하는 일, 특히 직장에서 일하는 것이 즐거워야 한다는 것이다. 일이 즐거우면 시간 가는 줄 모르게 그 일에 몰두할 수가 있고 즐겁기 때문에 일의 성과도 오르고 만족한 결과가 얻어질 수가 있다.

그런데

1) 이 월급 받고 이만큼 해 줬으면 됐지 뭐! (일이 지긋지긋한 경우)

2) 내가 이만큼 일을 했는데 왜 월급을 올려 주지 않는 거야? (단순히 시간만 때웠을 것이다)

3) 빨리 5시가 되어 퇴근했으면(회사 일보다는 밖에 더 관심이 있다)

4) 일은 내가 하는데 돈은 사장이 많이 받지! (자기 분수를 모름)

5) 저 자식은 학교 다닐 때 나보다 공부도 못했는데 진급은 왜 빠르지, 빽 쓴 것 아니야? (머리는 좀 좋을지 모르겠으나 성실한 면이 없을 것으

로 생각됨)

6) 과장이라는 친구가 그것도 모르고 있잖아! 그런데 왜 나보다 월급이 많아? (과대망상증 환자)

7) 그 일은 내가 했는데 왜 부장(또는 사장)이 상(狀)을 받지? (자기 존재를 늘 부풀리고 있음)

8) 이 회사는 놀러도 가지 않나, A회사는 외국에도 보내 준다는데(제사보다 젯밥에 관심이 있는 사람)

9) 사장 아들이 전무가 됐대, 아니꼬워서! (심사가 삐딱한 사람)

10) 새로 들어온 B군 그 자식 건방져, 골탕 먹여! (깡패의 한 종류)

라는 식으로 불평을 하면서 근무한다면 참 슬픈 일이다. 할 수 없이, 즉 목구멍이 포도청이라 할 수 없이 일하는 것이다. 목구멍의 노예가 된 것이다. 그러니 일이 원만하게 될 리가 없고 성과도 날 리가 없으며 불평으로 꽉 차 있으니 여론도 좋지 않게 된다.

일이 재미있고 없는 것은 자신의 마음에 달려 있는 것이다.

'일의 성격이 내게 맞지 않는다.' 는 말은 적절하지가 않다. 이런 사람들은 어떤 일이든 맞게 되어 있지 않다. 불평하는 사람은 어떤 조건을 만족시켜 줘도 또 다른 꼬투리를 들먹이며 불평을 하게 되는 것이다. 노예근성이 있기 때문이다. 노예는 주인이 시키는 일을 할 수 없이 한다.

그러나 직장은 마음에 안 들면 그만두면 된다. 그만두지도 않고 불평만 한다면 스스로 노예를 자청하는 꼴이 되는 것이다.

일이란 어떤 형태의 일이든 자신의 아이디어를 투입하며 성과를 얻으며 흥미를 돋워나가면 즐거움이 생기는 것이다.

그것도 돈 받으며 자신의 일을 즐긴다면 얼마나 고마운 일인가? '일'

이란 즐기는 것이기 때문에 월급이며 연봉이며 따질 것도 없고 주는 대로 받으면 된다. 이렇게 일을 즐기는 사람에게는 하나님이 반드시 선물을 주게 되는데 그것이 바로

1) 지혜(Idea)
2) 건강(즐거움은 건강을 보장한다)
3) 특별 보너스

이다.

사업하는 사람 중에도 그저 그 사업을 즐기는 사람들은 재미가 있고 실패도 하지 않는다. 특히 중소기업에 있어서는 영화감독처럼 소품 하나까지도 사장이 챙겨야 하고 기술이 개재될 때는 기술도 기술자들과 같이 쉼 없이 공격적으로 개발해야 한다. 중소기업의 기술 세대 차는 몇 년 안 됨으로 끊임없는 노력이 필요한 것이다.

『일하기의 즐거움(Happy Monday)』이라는 리처드 리브스의 책을 보면

일에 대하여 "살기 위해 일하지, 일하기 위해 사는 것이 아니다."라든가 "죽어가면서 더 많이 일하지 못한 것을 후회하는 사람은 아무도 없다."라는 부정적인 사고가 아니라

"일은 좋은 것이다. 이것이 진실이다." 즉 일하는 것이 즐겁다는 것이다.

2002년 노벨 화학상을 탄 다나카 고이치는 그의 저서 『일의 즐거움』에서

"원하는 일을 선택해 묵묵히 끈기 있게 최선을 다하다 보면 그 속에서

즐거움을 느끼고 때로는 노벨상과 같은 주위의 좋은 평가도 받을 수 있을 것이다."

라고 서론에서 말하고 있다. 그는 화학을 전공한 사람이 아니고 물론 박사도 아니며 교수도 아니다. 회사에서 시키는 일에 재미를 붙이고 열심히 하는 일을 즐긴 것이다. 그랬더니 노벨상을 주더라는 것이다.

하나님은 반드시 문을 두드리는 자에게 열어 준다. 일은 하지도 않으면서 불평만 늘어놓고 방해마저 하는 사람은 결코 용서하지 않는다. 언젠가는 그 대가를 물으신다.

헤르만 헤세의 『정원 일의 즐거움』에서도

"정원 일이라는 것이 낭만적인 것도 아니고 고된 육체노동이지만 자연의 혜택에 감사하며 즐거운 마음으로 평생 동안 정원에 매달렸다."

라고 말하고 있다.

미국에서는 직장해고에 불만을 품은 사람이 총기를 난사한 사건이 자주 일어난다고 한다. 누적된 스트레스에 감원까지 당하고 보니 불안과 우울증을 초래하기 때문이라고 심리학자들은 분석하고 있다. 총기를 난사했다는 것은 자기 탓이 아니라 남들 때문에 자기가 피해를 입었다고 순간적인 판단이 지배하는 경우이다. 화내는 수단이 총기난사를 가져온 것이데 '화' 라는 것은 자신의 내면의 문제인데 남에게 돌리는 것은 정신 장애라고밖에 말할 수가 없다.

그러니까 모든 일에 감사하는 마음과 즐거움이 없기 때문에 생긴 일이라고 볼 수 있다.

자기관리

'자기가 있는 현재가 가장 중요' 하다고 말하는 사람은 미래를 준비하고 있다는 것을 알고 있는 사람이다.

옛날 사람들은 자기 관리를 그렇게 많이 할 필요가 없었다고 말해도 좋다. 좋은 학교를 나오고 석사나 박사를 하면 그것으로 그의 수준을 인정해 주던 때가 그리 오래전 일도 아니다. 그러나 지금은 그의 일할 수 있는 능력을 보는 것이지 학벌이 별로 중요시되는 것 같지는 않다. 왜냐하면 머리 좋은 사람, 즉 좋은 학교를 나온 사람들은 대개 머리가 좋고 능력도 있다는 것이 통계적으로 인정되었기 때문이다. 그러나 별로 인정하지 않는 학교를 나왔다고 능력이 없다고는 말할 수는 없다. 아무리 머리가 나빠도 적어도 5년 정도 같은 일에 종사하게 되면 그 일에는 적어도 대등한 실력을 서로 갖게 마련인 것이다. 그러니 경험이 5년이 넘었다고 하면 기초실력을 따질 필요는 없다.

그러나 자신이 발전하려면 가령 공무원이 9급에서 8급으로 승진하려면 소정의 시험을 치러야 하고 회사에서도 승진이 빠르려면 남보다 독특하게 튀는 실력이 돋보이면 상급자들이 이를 인정하게 되고 또 다른 좋은 회사에서도 영입 교섭이 들어올 수가 있을 뿐만 아니라 따라서 월 소득도 올라가게 마련인 것이다.

즉, 튀는 실력을 인정받기 위해서 하는 일이 바로 자기계발이라고 생각하자.

엔지니어를 전공했더라도 판매능력이 탁월할 수도 있으며 인문 계통을 했는데도 재주가 탁월하여 기술의 한 면을 인정받을 수도 있다고 생각한다.

자기 성격과 마음이 가는 쪽이 어디에 있느냐에 따라 목표를 정하고 자기계발을 하면 된다. 이 목표 설정이 잘못되면 일생을 헤매며 살아가는 수도 있게 된다. 또 목표도 자기가 노력만 하면 달성될 수가 있다고 여겨지는 수준에다 대고 해야지 '전혀 아닌데' 도 우기면 100% 실패하게 된다.

인생에서 활동할 수 있는 시간은 길어야 20년이다. 자영업자의 경우는 약 30년 보면 많이 보고 있지 않는가?

"학교 다닐 때 공부하기도 지긋지긋했는데 또 무슨 자기계발이라고 해서 사람을 못살게 굴지!"

한다면 그는 자신을 포기하는 사람이라고 말할 수가 있는 것이다. 이런 경우 사오정(45세가 정년)의 신세가 되어도 긴 경우이다.

세상은 소위 '세계화' 가 되어 가면서

1) 공간이 넓어지고

2) 환경이 변하며

3) 기술도 급변하고

4) 제도도 변하며

5) 심지어는 인심(人心)도 변한다.

자신이 여기에 맞춰가며 살겠는가? 그렇지 않다면 뒤떨어져서 포기한 상태에서 퇴출당하겠는가?

자영업자도 옛날 것을 붙들고 만지작거린다거나, 농업을 하는 사람들도 쏟아져 들어오는 농산물만을 바라보며 세월만 탓한다면 그것이 어떻게 '자기계발' 을 하는 사람들이라고 말할 수가 있겠는가?

그렇다면 자기계발이란 과연 어떻게 해야 할 것인가를 생각해 보지 않을 수 없다.

가) 준비해야 할 일

1) 적어도 1년, 3년, 5년, 10년 후의 자기 모습을 그려 본다.

2) 그러기 위해서는 우선 건강해야 한다. 일정한 운동을 해야 한다.

3) 자신감, 즉 당당해야 한다.

4) 자신을 이기는 훈련을 해야 한다. 입에 당기는 것만을 먹을 수는 없는 것이다.

5) 성격을 낙관적으로 훈련해야 한다. 사소한 일에 신경쓸 필요가 없다.

6) 어떤 일에나 적극성을 띠고 덤벼야 한다. 그렇다고 감당할 수가 없는 것을 하려다간 큰코다친다.

7) 주변 사람들과 친숙해서 친구망을 구축해 두어야 한다. 많은 사람과 어울려야 한다.

8) 남을 설득하는 능력을 키워야 한다. 설득도 능력이다.

9) 쓸데없는 곳에 시간을 낭비해선 안 된다. 퇴직 후에 시간이 얼마든지 있다.

10) 마음의 여유를 갖고 항상 웃는 얼굴을 하자.

이런 일들이 쉽지는 않지만 적성에 맞지 않더라도 훈련으로 이를 극복하지 않으면 미래를 보장받을 수가 없는 것이다.

나) 행동해야 할 일

1) 이것저것 자격증을 따지 말고 한 분야와 관련해서 자격증을 따야 한다.

2) 상사 앞에서 "아니오!"라고도 할 수 있도록 자기 하는 일을 자신있게 준비해야 한다.

3) 항상 창의적인 Idea를 들고 나와야 한다.

4) 주변의 변화를 무서워하지 말고 그것을 책(이외 다른 정보망, 예: 인터넷 등)으로 정복해야 한다.

5) 남과 구별되는 자기 가치(색깔)를 만들어야 한다.

6) 기회라는 것이 왔다고 할 때는 놓치지 말고 반드시 잡아야 한다.

7) 자기의 이름을 알리려 하지 말고 자기의 능력을 보여 주어라.

8) 기회 있을 때마다 놓치지 말고 경험을 쌓고 기술을 습득해야 한다.

9) 자기가 능히 할 수 있는 일에 도전해야지 과욕으로 죽을 쑤지 말라.

10) 항상 발품을 팔아 경험을 쌓아라.

어떤 사람은 자격증이 10개 정도 된다고 하는 소리를 들은 적이 있다. 그 사람의 도전정신은 인정하나 프로정신은 없는 것이다. 창의성이라는 것이 그저 나오는 것이 절대 아니다. 한 분야에 많은 지식과 경험이 있을 때 가능한 것이다. 그런데도 어떤 사람들은 창의성을 나오지 않는다고 스스로 한탄한다. 얼마나 어리석은 일인가? 책은 물론이거니와 인터넷을 통해 정말 많은 정보를 수집할 수가 있으며 깊은 지식을 꾸준히 쌓아나가야 창의성이 형성되는 것이다.

사람이 변화를 무서워하는 이유는 그 변화에 대응할 수 있는 준비를 만들어 놓지 못했다는 뜻이다. 준비가 되어 있는 사람은 무서울 게 없는 것이다.

기회라는 것도 그렇다! 그 분야에 전혀 준비도 되어 있지 않으면서 '좋아 보인다.' 고 덥석 물었다가는 데일 것이 틀림이 없다. 실패한다는 말이다.

자기 계발에 필요한 책은 요사이 쏟아져 나와 서점에 깔린다. 정말 좋은 책들이 많이 있다. 관심이 가는 분야의 책을 여럿이 같이 사서 돌려가며 보면 경제적일 것이다.

사람은 자기의 평가를 남이 해주기를 원한다. 그것도 '좋게' 말이다. 존경의 대상이 되면 그럴지 몰라도 그렇지 않으면 나쁘게 평가하는 것이 보통이다. 그렇기 때문에 자기 스스로 눈치로 평가해서 자신의 능력을 키워야 한다. 남에게 보여 주기보다는 남이 모르고 있다가 발견되는 것이 더욱 효과가 있는 것이다.

자기계발은 남이 해주는 것이 아니라 자기가 하는 것이다.

자기가 할 일

자기 일을 요란하게 떠벌이는 사람 치고
그 일에 실속있는 사람은 없다.

세상에서 살면서 한 직장에서 일생을 보내면 가장 행복한 것이다.

미국에 사는 사람들은 직장을 자주 바꾸는 줄 알고 있지만 능력이 있으면 직장을 바꿀 기회를 주지 않는다.

물론 한 직장에서 프로젝트, 즉 일이 새로운 것일 수는 있어도 직장은 바뀌지 않는다. CEO의 경우는 스카우트를 당할 수가 있으나 이것은 좋은 현상이다. 그렇지 않은 중간층이라면 한 직장에서 오랫동안 한 분야에서 전문가의 역할을 하는 것, 가장 이상적이라고 생각한다. 오히려 직장을 자주 옮기는 것은 스카우트가 아닌 경우 실패라고도 할 수가 있다.

스카우트의 경우도 어떤 분의 말을 빌리면 인생에서 한 번 직장을 옮기는 것은 바람직하다고도 한다. 이것은 자기가 일할 수 있는 환경이 달라질 때 그것도 젊었을 때 한 번 경험하는 것은 좋으나 나이가 들면 변화에 대처하는 능력이 떨어져 방향 감각을 잃어버릴 수도 있기 때문에 주의해야 한다.

사업도 그렇다. '실패' 편에서 말한 대로 이것저것 할 때마다 실패한다면 반드시 그 실패에는 원인이 있다. 자연재해가 있어 그렇게 되었다고 핑계를 대며 큰소리치는 사람들일수록 가만히 들여다보면 문제가 있는 것을 쉽게 발견할 수가 있다.

일본에 대하여 들은 이야기지만 석유파동 때 쓰러지려는 회사를 정부 차원에서는 구제하지 않았다고 한다. 그 이유는 체질적으로 취약한 회사는 쓰러지도록 내버려 두었던 것이다.

"이런 환경에서도 살 수 있는 회사만 살아라!"

고 하는 것이다. 만일 이때 쓰러지는 회사를 국가경제를 생각한다고 지원해 주면 어떻게 하든지 잘해 보려는 생각을 하지 않게 된다는 것이다.

옛날에 어떤 월간지에서 읽은 내용인데 묘목업을 하는 농부의 말이다.

'정부가 나서서 농부들의 빚 탕감을 해주면 체질이 약해져서 자생력을 잃고 정부 의존형이 되니 주의해야 한다!'

는 말이다.

이런 사람들에게는 어떤 일을 하든지 내가 무엇인가 잘못되었을 때는 제삼자가 도와줄 것이라는 내심을 깔고 일을 시작하게 되는 것이다. 그 사업에 정성을 쏟을 리가 없다.

프랭클린은 그의 자서전에서

"하루 행동을 세 가지 측면에서 생각해 보기 전에는 잠들지 말 것이다."

라고 했는데 그 세 가지는

1) 규칙에 어긋난 일이 있었는가?

2) 오늘 한 일은 무엇인가?

3) 할 일을 빠뜨린 것은 없는가?

13가지 지켜야 할 덕목으로

절제, 친목, 질서, 결단, 검약, 진실함, 정의, 온건함, 청결함, 침착함, 순결, 근면, 겸손의 실천을 말하고 있다.

이 13가지 덕목은 모두 인간의 내면적인 것이다. 현재 미국의 정신이다.

이것을 마음에 품으면 '현재' 내가 할 일이 무엇인지를 알 수가 있다.

1) 말없이 절약

2) 진실된 마음으로 남을 도우며

3) 열심히 일하고

4) 말없이 양보하고

5) 불의와 타협하지 않고

6) 솔선수범하고

7) 남을 진심으로 대하고

8) 화내지 않고

9) 겸손하고

10) 질서를 지키는

것을 행했는가 따져보고 하루를 반성해야 한다.

옛날 이야기이기는 하지만 등산 다닐 때 시골동네를 지난 적이 많이 있었다. 어느 동네에 갔는데 비가 온 후라 온통 동네가 진흙탕이 되어 있었다. 비가 올 때마다 이렇게 진흙탕이 되는 것이 분명했다. 자기 집 앞이 진흙탕인데도 자갈 · 모래 같은 것을 깔지 않고 장화를 신고 다니는 경우를 본 적이 있다.

"왜 이렇게 두느냐."

"자갈과 모래를 깔면 될 텐데!"

라고 중얼거렸더니

"그걸 왜 우리가 합니까?"

"그럼은요?"

"군청에서 해야지요."

라고 대답한다. 이것은 어떻게 보면 우리의 비참한 현실을 보여주는 일이다.

미국에서는 자기 집 앞의 눈을 치우지 않아 지나가던 사람이 미끄러져 넘어지게 되면 소송에 휘말리게 되고 엄청난 대가를 지불해야 한다고 한다. 너무 국가가 해주는 것을 바라는 것은 국민의 도리가 아니고 적어도 자기 집 앞은 자기가 치워야 한다. 새마을 운동이 그런 의미를 가지는 것이다.

케네디의 유명한 말을 기억할 것이다.

'국가가 나를 위하여 무엇을 해줄 것인가를 생각하기 전에 먼저 내가 국가를 위하여 무엇을 할 것인가를 생각하라.'

이런 거창한 말을 빌리지 않더라도 자신의 일은 자신의 탓으로 보고 일을 하게 된다면 건전한 사회와 튼튼한 경제도 이룩할 수가 있게 되리라고 생각한다.

실패할 때마다 도와주면 그 사람은 항상 실패하게 되고 그때마다 실패의 원인을 남이나 환경의 탓으로 돌리고 오히려 의기양양할 것이다.

회사에서 근무태도도 이와 비슷하다고 생각한다.

1) 시키는 일만 하는 사람
2) 시키는 일도 제대로 하지 않는 사람
3) 시키는 것 외에도 일을 찾아서 하는 사람
4) 일을 자기 스스로 계획을 세워 하는 사람
5) 공부하며 일을 하는 사람

1)과 2)에 해당하는 경우에 사람이 조직 내에 있다면 그 조직이 제대로 돌아갈 수가 없을 것이다.

이런 사회는 한심한 사회일 수밖에 없다.

자신감

일자리를 잃으면 조금 잃은 것이나
자신감을 잃으면 다 잃은 것이다.

자신감과 관련된 말은 너무나 많다.

사람이 자신감이 없다면 세상에 될 것(이루어질 일)이 아무것도 없다. 그래서 아동심리학에서도 애들에게 자신감을 심어주는 일이 매우 중요해서 이 분야에 많은 투자를 한다고 한다. 특히 6살에서부터 13살 사이에 자신감을 잃게 된다면 그 교정이 매우 힘들어진다고 한다. 또 오히려 너무 자신감이 넘친다면 자만심으로 이어질 수가 있기 때문에 적절하게 다른 애들과 양보할 줄도 알고 도와줄 줄도 알고 하는 분위기를 만들어 키워야 하는 것이다.

그러나 아무리 아동교육에서 자신감을 키워 줬다고 하더라도 커서 주변으로부터 '영향'을 받으며 자신감을 잃을 수도 있다. 살짝 돈(정신이상) 경우라면 몰라도 말이다. 돈 사람은 자신감이 뭣인지도 모르기 때문에 잃을 것도 없다.

이렇게 자신감을 잃고 사는 사람들에게 소위 '기운'을 북돋워주거나 삶에 철학적인 방향 제시를 하는 말이 많이 있다.

1) 내가 원하는 것이 확실하게 실현될 것이라고 확신(믿음)을 가져라.

2) 늘 긍정적으로 생각하라. 그리고 이를 신앙으로 해결하라.

3) 내 존재에는 그만한 이유가 있기 때문에 하나님이 나를 세상에 보냈다고 믿어라.

4) 늘 행복하다고 생각하라.

5) 자기를 믿어라. 아니면 누가 믿겠는가?
6) 늘 주변과 협력하라.
7) 많은 지식과 경험을 쌓아라.
8) 남의 비판을 인정하고 기꺼이 받아 내 것으로 하라.
9) 자기 하는 일을 기쁜 마음으로 항상 즐겨라.
10) 세상에 걱정거리라는 것은 내게는 사소한 일이라고 생각하라.
11) 일을 하다 보면 실패나 실수도 할 수가 있다고 생각하라.
12) 후회할 일이 될 거라고 생각할 때는 그 일은 시작도 하지 마라.
13) 기다릴 줄도 아는 인내심을 키워라.
14) 일에는 최선을 다하되 결과는 하나님께 맡기고 기다려라.
15) 성공한 일에 대하여 너무 들뜨지 마라.

이런 말들은 우리가 흔히 주변에서 듣고 있지만 실천한 일이 얼마나 있는가? 하는 것이 문제이다. 내 생각에 위 15개 중 50% 이상을 실행하고 있다면 자신감이 넘칠 수가 있다고 생각한다. 위에 15개는 모두 명령어로 되어 있다. 아무리 자신이 위에 나열한 대로 하고 싶어도 할 수가 없는 것들이 있다. 예를 들면 7)의 지식과 경험은 하루 이틀에 이루어지는 것이 아니기 때문에 꾸준히 쌓아 두고 있어야 한다. 또한 2)번의 늘 긍정적인 생각을 하려면 뒤에 '빽', 그러니까 돈 또는 지식 중 하나는 있어야 한다고 생각하겠지만 믿음으로 해결할 수도 있다. 남의 비판을 아무리 인정하려 해도 안 되고 기다림은 급한 성격 탓에 도저히 안 된다면 어떻게 하겠는가?

이런 것들 때문에 30~40%만 할 수 있다고 해도 일생 자신감을 간직하고 살 수가 있겠지만 더 노력해야 한다고 생각한다.

사람이 자신감이 없다면 어떻게 될까?

1) 자신이 싫어지고 모자라는 기분이 든다.

2) 새로운 사람과 쉽게 사귈 수가 없다.

3) 많은 사람들과 어울리고 싶지도 않다.

4) 다른 사람과 말을 하다 보면 휘말리는 것 같다.

5) 하는 일마다 제대로 되는 것 같지 않다.

6) 사람들이 나만 쳐다보는 것 같다.

7) 다른 사람들이 나만 따돌리는 것 같다.

8) 다른 사람들이 나를 자꾸 욕하는 것 같다.

9) 다른 사람들이 나를 바보(또는 돈 사람)로 생각하는 것 같다.

10) 죽고 싶다(우울증).

이런 증상들 중에 적어도 3개 이상 있다면 자신감이 없는 상실감에 빠질 염려가 있지 않을까?

운동선수가 출전을 앞두고 이런 증상이 나타난다면 과연 어떻게 되겠는가? 어느 누구도 이래가지고는 세상을 살 수가 없을 것이다. 만일 모델이 이렇다면 얼굴이 제대로 사진에 나오지 않을 것이며, 미술가의 경우는 그림이 제대로 될 리가 없다.

그러니 나라로 보면 국민의 자신감이 그 나라의 흥망을 좌우할 수도 있다고 생각한다.

그러니 자신감은 매우 중요하다.

자신감이 있는 사람에게는 절대로 불행이라는 악마가 들어올 수가 없다. 불행을 가져다주는 악마는 위와 같이 사람이 허약해져서 스스로 절망에 빠질 때 재빨리 그의 마음속으로 들어와서 행동하게 된다.

"이 사람아, 한잔 하지 그래. 좀 마음이 풀릴 거야."

하고 부추기게 된다. 마음이 강하고 자신감이 있는 사람에게는 악마는 접근조차도 할 수가 없는 것이다.

사업에 실패한 사람들은 대개 의지가 약해지면서 자신감을 잃게 된다. 그리고 가정을 완전히 파멸로 몰고 갈 때도 있다.

"너는 이제 안 돼. 해도 또 망할 거야."

라고 악마는 설득한다. 그리고는

"그래도 한번 더 해보고 싶으면 은행 대출받고, 사채 좀 쓰고 하면 어때?"

"금방 갚을 수가 있을 거야. 안 되면 해외로 튀지 뭐."

나약해진 이 사람은

"그래 한번 더 해보지 뭐."

이렇게까지 되면 그 집안은 이제 완전히 결단이 날 가능성이 있다.

그러나 이 사람이 실패했더라도 강한 자신감(긍정과 믿음)을 가지고 재기하려 한다면 악마는 자기 설 자리를 발견하지 못하고 사라지고 만다.

경험이 부족했다면 취직해서 경험을 더 쌓아야겠다는 의지를 보일 것이다. 지식이 부족했다면 스스로 강한 의지로 공부를 해야 한다. 무리한 투자였다는 것을 알게 되면 투자에 무리수를 절대 두지 말고 소규모(포장마차라도)로 투자해서 지식과 경험을 쌓아가고 경비를 최소로 유지하며 일을 해야겠다는 의지를 나타낼 것이다.

여기에 어떻게 악마가 접근할 수가 있겠는가?

한번 실패한 후

"아이고! 나는 안 되겠어!"

"이젠 남은 것은 빚뿐인데 뭐."

"포장마차를 어떻게 해!"

악마는

"그래, 그래 맞아. 넌 아무리 해봐도 안 돼."

"네가 큰 회사 과장까지 했다면서 포장마차가 뭐야!"

하며 마귀는 술을 먹이고 마누라에게 시비를 걸도록 한다.

"야, 넌 마누라 복도 그렇게 없어서 그 집 도움은 하나도 못 받잖아."

"이 사람아, A는 처갓집에서 '사업은 실패할 수도 있다.' 면서 돈을 대준다더라!"

이때 자신감이 없는 이 실패자의 눈에는 부인이 실패 원인의 제공자로 보이기 시작하는 것이다. 불행은 가속화되기 시작하고 실패자는 악마에 취해서 제정신을 잃고 돈을 꾸러 다니기 시작한다. 꿔 주는 사람이 없다. 그러면 원망으로 악마는 몰고 간다.

"야, 네 삼촌이 그럴 수가 있어! 조카가 사업자금 좀 꿔 달라는데."

실패한 사람의 대부분은 돈도 넉넉하지 못하고, 지식도 없고, 경험도 없는 데다 자신에 대한 믿음이 없는 데서 많이 발생한다. 즉 이런 것들이 없으면 자신감이 생기지 않는다. 그렇기 때문에 자신이 없는 일은 시작하지를 말아야 한다는 것이다. 다른 사람의 말만 믿고 자신 없이 뜨뜻미지근하게 일을 시작하는 사람의 대부분은 악마가 역사하게 되는데 그 이유는 바로 허점인 지식과 경험의 약한 점을 집중 공략해 들어올 수가 있기 때문이다.

따라서 이러한 악마에게 틈을 주지 않기 위해서는 건강한 육체로 자신만만하게 그동안에 자신이 다져놓은 지식과 경험을 토대로 굳게 믿음으로 밀고 나가야 하는 것이다.

이것이 참된 인간의 모습이다.

정성과 신뢰

'손님이 없다' 는 말은
정성과 신뢰가 없었을 때 할 수 있는 말이다.

사업은 돈을 버는 것이다.

돈을 번다는 것은 남의 주머니를 넘보는 것으로 주머닛돈을 거침없이 끄집어내어 물건을 사주든가 식당의 경우는 와서 음식을 사 먹어 줘야 한다.

일전에 어느 이발소를 다녀왔다. 월요일이고 오후 두 시쯤 되는 시간에 이발소에 들어가면서 사람이 없을 줄 알았으나 두 사람이 이발을 하고 앉아 있었다.

이발소 주인이
"어서 오세요!"
하면서 반가이 맞았다. 나는
"지나다가 한가할까 해서 들렀다."
고 했다. 그랬더니 이발소 주인 말이
"우리 이발소를 어떻게 생각하십니까!"
자기 이발소에는 항상 사람이 있다고 하면서
"다른 이발소 가보시오, 파리 날리고 있습니다."

옆에 앉은 사람을 가리키며 이 사람은 하남서 왔고, 저 사람은 수지에서 왔다고 하며 이발소 자랑을 한다. 그러면서 사람이 가지 않는 이발관은 그만한 이유가 있다는 것이고 자기 이발관은 그만큼 자기가 사람을 끄는 매력이 있다고 자랑하는 것이다.

자기는 가위에 손맛이 있고 가위질하는 데 희열을 느낀단다.

최선을 다해 머리카락을 싹싹 자르는 기분을 즐긴다는 것이다. 이것이 프로의 정신이다.

1970년대의 일이다.

내 선배 한 분이 일본 도레이 제품의 T- 러닝을 입고 일본을 방문한 적이 있었다. 옷을 빨았는데 뒤에 붙어 있는 라벨에서 빨래할 때 인쇄된 빨간 글자에서 빨간색이 번졌다면서 '너희(도레이) 제품도 별것 없지 않느냐' 고 했더니 회사가 발칵 뒤집힐 정도로 떠들썩하더니 그 라벨은 한국에 외주를 준 것이라 했다. 그렇다면 왜 검사도 안 해보고 물건을 받은 것인가 의심이 갔으나 한국에서 만든 것이라 해서 아무 말도 하지 못하고 말았다는 것이다.

여기서 알아야 할 것은 회사가 발칵 뒤집힐 정도로 문제를 일으킨 점이다. 이것이 정성인 것이다.

그대로 어물쩍 넘어간다면 그것은 사기인 것이다.

직업의 의미

직업은 하나님이 주신 소중한 선물인 것이다.

우리는 보통 직업을 생계유지의 수단, 자아의 실현(自我의 實現), 그리고 사회전반의 발전을 위한 노력이라고들 말한다.

생계수단이야 그저 주는 대로 받고 일하면 되겠지만 자아의 실현은 의미가 있는 것이다. 자신의 인격과 삶의 패턴, 그리고 삶의 질 향상을 이루어 내는 것이다. 이것을 현재 하고 있는 직업에서 얻어 내자는 것이다. 그러니까 직업을 통해서 인격을 완성하고 건강한 정신을 구축하며 나이에 걸맞은 '사람'을 이룩하는 것이어야 하는 것이다. 그러나 최근에 보면 생계수단을 넘어 자아의 실현을 무시한 채 사회발전을 방해하는 행위가 일어나는 것은 슬픈 일이다.

이미 나이로 보아 늙었을 때는
"아! 내가 벌써 정년이야."

하며 물러날 때 적어도 어떤 사람이 되었고 어떤 일을 했는지 생각해야 한다.

1) 자식들이 반듯하게 자랐구나!

2) 내가 한 일이 많은 사람들에게 도움이 되었구나!

3) 내 가정이 안정된 생활을 했구나!

4) 남에게 몹쓸 짓은 하지 않았다고 생각되는구나!

5) 나는 항상 그래도 직장(또는 내 회사)에서 창의적이었어!

6) 나는 항상 절제된 삶을 살았어!

7) 나는 직장에 잘 적응하며 살았어!

8) 나는 회사에 필요한 인물이었어!

9) 나는 도덕적으로 잘못한 점이 없었어!

10) 월급은 그만하면 만족스러웠다고 생각해!

11) 나는 동료들과 좋은 관계를 유기적으로 유지하며 살았어!

12) 직장을 위해서 일하다 보니 아무래도 약간은 가정에 소홀했던 것 같아!

13) 우리 회사 사장(전무 기타)은 참 좋은 분이었어!

14) 내 직업은 만족스러웠어!

15) 나는 내 직업을 정말 즐겼어!

말할 수가 있어야 한다.

내가 일을 많이 하니 이를 인정해서 회사가 알아서 월급을 올려 주어야지 투쟁으로 올린다면 그 사회는 이미 건전성을 잃은 것이다.

사회라는 것은 유기적으로 얽혀 있는 조직이다. 세상에 독불장군은 없다. 회사는 일 잘하는 사람을 요구한다. 아이디어가 있는 사람, 기술이 있는 사람, 사교성이 있는 사람들이 유기적으로 조화를 이루어 주어진 일을 성취하기를 바란다. 이것은 회사가 돈만을 버는 것으로 또는 사장이 돈을 다 챙기는 것으로 착각한다면 그 사람은 직업의 의미를 모르는 사람인 것이다.

"직업은 일을 성취하는 것이다."

일의 성취가 없다면 이미 직장의 기능이 아니다. 그 성취는 국가, 즉 국익에 도움이 되고 국민이 잘 살게 되는 것이 기본인 것이다. 이것을 깨려는 사람은 소위 '경제사범'이 되는 것이다. 사회에서 추방되어야 한다.

이처럼 직업은 성스러운 것이지 지나가는 애들의 한낱 장난거리가 아닌 것이다.

자기 직업을 사랑하며 더불어 즐겨야 하는 것이다.

그러려면

1) 자기 하는 일이 소중하다는 것을 알아야 한다.
2) 자기 하는 일을 즐겨야 한다.
3) 늘 연구하는 자세로 자기 일을 분석하고 개선해야 한다.
4) 자기 하는 일의 성격을 이해해야 한다.
5) 자기 하는 일에 100% 책임감이 있어야 한다.
6) 잘못된 것을 남의 탓으로 돌리려는 비겁함이 없어야 한다.
7) 일에 역동적이어야 한다.
8) 아무리 급해도 자기 일에 결함을 남겨서는 안 된다.
9) 항상 주야로 자기 일에서 생각을 떼서는 안 된다.
10) 항상 마무리와 내일 준비가 완벽해야 한다.

"이런 이상적인 것을 어떻게 실현할 수가 있단 말이오!"

라고 말할 것이다.

옳은 말이다.

그러나 노력해야 한다.

그것이 직업의식이며 의미이다.

책 임

책임과 무책임을 구별할 줄 아는 사람만이 성공할 수가 있다.

직장에서 가장 중요한 것이 맡은 일에 대한 책임이다. 맡은 일을 완수하지 못했다면 책임을 져야 한다. 우리는 보통

"최선을 다했는데도 안 되는 일을 어떻게 합니까?"

할 것이다. 물론 왜 안 되었는지 상부에 그 보고서를 올려야 하겠지만 보고서를 본 상급자는

"이 사람이 얼마나 최선을 다했느냐?"

를 가려 보게 될 것이다. 누가 보기에도

"정말 애를 썼는데 부득이하게 XX때문에 어쩔 수 없었어!" 라고 말할 수가 없다면

그 일을 맡았던 팀장(책임자)은

1) 그 능력을 의심받거나

2) 그 일에 게을렀다고 판단하거나

3) 정보 수집 등 최선을 다하지 않았다고 보이거나

4) 맡은 일을 정확히 파악하지 못했다고 보이거나

하는 의심을 받아야 한다. 이때 책임을 져야 한다. 실패 사유서에는 솔직하게 능력의 한계를 말한다거나 하는 등 반성문을 써야 할 것이다. 팀장 자신의 능력에 한계가 있었다면 그 능력을 지원받도록 팀을 잘 짜내야 했다. 게을리 했다면 징계를 받아야 하고 정보 수집의 한계가 있었다면 일의 수행을 위한 전략이 잘못된 것임에 틀림이 없다. 일을 정확히 파악하지 못했다면 이는 전적으로 팀장의 책임이다.

이처럼 우리 사회는 회사에서 일어나는 일뿐만 아니라

가정에서 아내와 남편 그리고 자식, 직장에서는 사장에서부터 말단 직원까지 자기가 하는 일에 책임감을 가져야 한다. 이것이 없다면 그는 자기가 속해 있는 직장은 물론이거니와 사회로부터도 외면을 당하고 왕따가 되는 신세가 되는 것이다.

그러기 때문에 책임을 질 수 없는 일은 아예 맡지를 말든가, 맡았으면 책임감 있게 하든가 해야 하는데 욕심은 있어서 맡아 놓고는 책임을 지지 않는 사람이 이 세상에는 상당한 수가 있는 것 같다.

만일 대통령, 도지사, 국회의원은 물론 심지어는 동네 반장을 한답시고 일만 벌여 놓고 책임을 지지 않으며 하는 말이

"XX때문에 이렇게 되었다."

느니 하며 언제든지 책임을 전가하는 '전가형' 이 있는가 하면

일은 시작하지도 않고 '미루는 형' 등 여러 형이 있다면, 얼마나 한심한 일이 되겠는가?

결혼을 해서 가정을 이루었으면 가정을 보살피고 애들을 교육시킬 의

무를 가지고 있는 것이다.

마찬가지로 회사를 운영하는 사람은 영업이 잘 되도록 하여 직원은 물론 그의 가족들의 생활의 안위를 책임져야 한다고 생각함이 옳은 것이다. 직원들은 단순히 월급만 챙기면 그만인 것이 아니라 회사가 발전하는 데 한몫을 할 책임이 있는 것이다.

사원이 실적은 올리지 못하면서

1) 월급이 적어서

2) 인격적으로 사람을 대우하지 않는다느니

3) 회사 비전이 없다느니

하면서 자기의 책임완수를 못한 이유를 말한다면 어리석은 사람일 것이다.

요새 세상은 어떻게 하다 이렇게 되었는지 자기 목소리만 무성할 뿐만 아니라 뱉어내는 소리는 책임감이 있는 것이 별로 없어 어떤 때는 사람을 죽일 수 있는 살인적인 말은 물론이거니와 확실하지도 않은 것을 책임감 없이 말해서 사람들을 자살하는 지경에까지 몰고 가는 경우도 있다. 어떤 때는 가정을 파멸시키는 경우도 있다. 그러고도 원인 제공자는 책임감을 느끼지 않는 경우도 있다.

세상이 이렇게 되면 미래가 없다.

최선과 결과

결과가 없다고 불평과 한탄을 하기에 앞서
그 일에 '혼' 을 불어넣었는지 한번 더 생각해 보라.

우리 사는 세상은 목표를 세우고 조직적으로 열심히 하면 대부분 목적을 달성할 수가 있다.

그러나 입시 또는 입사경쟁에서는 서로 비교되는 선발이기 때문에 어떤 사람들이 응시하는지를 알 수가 없다면 최선을 다했다고 하더라도 목표 달성이 어떻게 결말이 날지는 장담할 수가 없는 것이다. 그렇기 때문에 최선을 다하고도 알 수 없는 부분은 하늘에 맡길 수밖에 없는 것이다.

물론 그동안의 경험으로 보아 나의 실력을 따라갈 사람이 없다는 자신감이 있었다면 낙관할 수도 있는 일이 될지는 모르겠으나 뽑는 측에서는 그때그때 선발할 때마다 선발 즉 사람 됨됨이를 보는 등 기준이 달라질 수가 있기 때문에 지식에 의한 우월성만으로는 자신할 수가 없다.

머리가 좋은 사람은 최선을 다하지 않고도 높은 실력을 발휘할 수가 있으나 그렇지 못할 경우는 누구보다도 열심히 공부하고 노력하는 자세가 필요한 것이다.

"나는 머리가 나빠! 해봐야 떨어져!"

하고 포기한다면 이런 사람은 세상에 할 것이라고는 아무것도 없다.

물론 최선을 다한다는 것이 그리 간단한 것은 아니다. 어떤 때는 확실하지도 않은 일에 매달릴 수도 있다. 그러면 사람의 마음이란 그 일에 대하여 소홀히 할 수도 있는 것이다.

확실치도 않은 일이란 과연 이 세상에 존재하는가? 소홀히 해도 되는 일이 과연 있단 말인가?

"없다." 막연한 일에 매달릴 사람은 없는 것이다. 만일 막연한 일에 매달렸다면 어리석은 짓이다. 확실한 것에 최선을 다해도 성공할 수 있다는 보장이 없는데 어디 누가 막연한 일에 매달리겠는가?

따라서 우리가 살아가면서 부닥치는 모든 일은 어느 것 하나도 소홀히 할 수가 없는 것들이다.

"나는 운동을 해봤자 살이 안 빠질 거야."

생각하면서 살 빼겠다고 운동에 소홀히 한다면 그 살이라는 게 빠지겠는가? 일단 최선을 다 해보고 그것도 살 빼는 일이라면 1년 이상을 정성 들여 해보고 중간 결론이라도 내려야 하는 것이다.

직장에서 일하는 사람들 중에서도

"내가 돈 버는 것이 아닌데 뭐."

"달랑 월급인데 뭐."

하면서 최선을 다하지 않는다면 그 회사가 잘 될 리가 없고 결국 그 결과는 본인에게 돌아오게 되어 있는 것이다.

최선을 다하고 산 세상은 죽어도 한이 없지만 방종한 세월이 있었다면 죽을 때 후회하게 되는 것이다.

그런데 최선을 다하고 난 후 그 결과에 너무 큰 기대는 할 필요가 또 없는 것이다.

미국의 초대 대통령인 조지 워싱턴은 독립전쟁에서 혁혁한 공을 세워 전쟁이 끝난 후 헌법제정의회 의장이 되었고 그 후 초대 대통령이 되었지만 고향으로 돌아가 농장 일에 최선을 다하고 싶었었다. 뉴욕으로 이사하기 위해 600 파운드의 빚을 내기도 했다고 한다.

"내가 전쟁의 공로자이니 대통령이 되어야 하는 것 아냐?"

하지는 않았다. 그리고 대통령으로 당선되었다는 것도 농장 집에서 통보를 받았다고 한다. 결코 워싱턴은 자신의 업적을 내세워 무엇인가 드러내려 하지 않았다.

우리 인간은 최선을 다하고 결과는 하나님께 맡기면 되는 것이다. 그런데 세상에는

"내가 전부 다 했는데."

"나는 억울해."

"세상은 불공평해."

하면서 불평하는 사람이 많다. 공산주의란 바로 최선을 다하지 않고 이렇게 공평성을 주장하다가 망한 것이다. 최선을 다한 만큼 하나님께서는 그에 해당하는 대가를 반드시 주신다.

"100% 주신다는 말입니까?"

바로 여기서 문제가 있는 것이다. 일이란 되는 것도 있고 안 되는 것도 있다. 다만 인간은 그것을 모를 뿐이다.

"100%가 아닌데 뭐 노력할 필요가 있어?" 하고 최선을 다하지 않는다면 성공할 수 있는 것도 놓칠 수가 있기 때문이다.

연구분야에서 보면 산업화에 성공할 수 있는 확률은 예를 들어 2~3% 정도밖에는 되지 않는다고 한다. 그러나 이 2~3%가 회사에 그동안에 소비된 98~97%의 성공하지 못한 것에 대하여서도 투자의 만회는 물론 큰 이익으로 이어진다.

2~3%의 낮은 확률이라고 하면서 연구를 안 한다면 2~3%도 놓치고 말 것이다. 그리고 그 회사는 아무것도 이루지 못하게 되는 것이다.

친절

남에게 친절을 베푸는 것은
나를 행복하게 하는 것이다.

친절이라는 것은 무엇일까?

반드시 친절이라는 것은 친절을 베풀어야 할 상대가 있어야 하는 것이다. 그러니까

상대에게 관심
내가 해줄 수 있는 편의의 제공
예의를 나타냄
정중한 인사
웃는 얼굴을 하고 상대방의 눈을 쳐다보아야 하고
칭찬을 해야 함은 물론이고
상대방의 장점만을 보아야 하는 것 등이다.

그렇지 않고 상대방의 말을 듣는지 안 듣는지 무표정한 태도, 길을 물어보았는데

"나도 몰라요."

뾰로통함은 물론, 사람의 아래 위를 흘겨보면서 인상을 쓴다거나, 만

나자마자

"이 양반은 누구지!"

상대방을 바로 쳐다보지도 않고 왜 왔냐는 듯이 물끄러미 보는 태도,

"여보! 당신들은 뭐야."

라는 건방진 삶의 태도를 가졌다면 참 슬픈 일이다.

"여보시오, 그런 사람이 어디 있어."

할지 모르겠으나 이런 사람들은 얼마든지 있다. 이런 사람을 만나고 나면 나는

"왜 그 자리에서 쏘아붙이지를 못했나?"

후회하며 그 만났던 것의 불쾌감을 반추하며 속으로 욕을 하게 되는 때가 많았다.

그 사람은 원래 그러려니 하면 되겠지만 대개 이런 경우는 상대방에게 너무 관심을 두었다가 만나고 난 후의 실망감에서 나오는 감정인 것이다.

이런 세상, 즉 불쾌감을 많이 안고 사는 세상에서 친절한 사람을 만나면 사막의 오아시스와도 같은 것이다.

보통 가게에 들어가서 물건을 살 때 여러 가지의 태도를 보이는 주인 또는 종업원을 볼 수가 있다.

1) "어서 오세요. 도와드릴까요." 하는 사람

2) 쳐다보지도 않는 사람

3) 쌩긋 웃으며 부담 없이 물건을 살펴보도록 배려해 주는 사람

1)의 경우는 좀 부담이 될 때가 있다. 마음에 안 드는 물건이 있으면 그냥 나가야 하는데 너무 친절하니 그렇다.

계산을 하면서 깔끔히 포장을 해 주며

"문제가 있으면 언제든지 가져오시면 교환 또는 환불해 드리겠습니다."

하면 점원으로서는 만점의 친절을 하는 것이라고 생각한다.

우리는 누구를 어디서 만나거나 어떤 때 만나거나 밑천 들이는 것이 아니니 웃으며 친절하게 대하는 것은 바로 투자요, 후에 그만한 대가가 오게 되는 것이다.

가끔 친구들을 만나면 자식의 여자 친구 만난 이야기를 할 때가 있다.

"만나면 마음이 편하대."

라고 하며

"천생연분인가 봐."

라고 한다.

사람은 인상에 따라서 상대방에게 호감이나 불쾌감을 줄 수가 있는 것을 우리는 너무나 많이 경험하고 있는 것이다.

누구를 만난다는 것은 적어도 그 만나는 사람에게 불쾌감이 아니라 호감을 안겨 주어야 하는 것이다. 이것은 어디까지나 만남의 의무사항이다.

"뭐 친구도 아닌데."

라고 말하는 사람들이 꽤 많다. 친절은 아는 사람들에게 하는 것이 아니다. 모든 사람, 아니 길을 가다가 소매만 스치게 되는 경우도 서로

"미안합니다."
말해야 하지
쌈닭처럼 째려보면서
"당신 똑바로 보고 걸어."
한다면 정말 험한 세상이 아니겠는가?

나는 오래전 어느 자동차 배터리 집을 단골로 다닌 적이 있다. 삼형제가 운영하는데 차를 점검할 때 말하지 않는 부분까지 섬세히 살피고 진지함을 보여 줌으로써 다른 어떤 배터리 집에서 볼 수가 없는 친절함을 본 적이 있다. 더구나 신뢰성, 즉 바가지를 안 씌운다는 감이 든 것이다. 그러니 사람이 모이고 줄을 서서 기다려야 하는 상태가 되는 것은 우리 사회가 얼마나 불친절하고 바가지 씌우고, 안 갈아도 되는 부품까지 갈고, 또 간 부품은 다른 데 팔아먹기에 여기에 사람이 이렇게 많이 모일까 생각해 본 적이 있다. 물론 오래된 이야기다.

이런 세상에서 친절은 매우 중요한 사항이라고 아니할 수가 없고 친절을 베풀고 환하게 웃는 상대방을 보는 내 마음도 즐겁게 되는 것이다.

제4장 늙음

이제 노인이 되셨다고요!
그러면 과거를 깔끔히 잊도록 노력하세요.

건강

건강은 나 스스로 챙겨야 하지만
그 결과는 하나님께 맡기고 사세요.

건강이란 과연 무엇일까?

오래 살기 위한 조건일 것이다. 오래 살기 위해서 건강을 챙기는 것이고 이왕 살 바에는 튼튼한 몸으로 100세(백 살은 너무 지나침)를 살다가 자기도 모르는 사이에 어느 날 갑자기 저세상으로 간다면 얼마나 행복할까? 하는 것이 일반 사람들의 바람이다.

이런 일이 일어난다 해도 1% 이내에서 일어날 확률이 있다고 보아야 옳을 것이다.

나의 외가 편에 한 분은 늙어 나이가 다 찼다고 본인이 생각되었는지 또는 어떤 느낌이나 영감이 왔는지는 알 수가 없으나 자기가 들어갈 묘를 다 준비하고는 하루는 점심을 먹고 묘가 있는 산에 올라갔다 내려와서는

"야 어미야! 아마도 내가 갈 때가 된 것 같다."

라고 하면서 이부자리를 깔라고 해서 며느리는 '낮잠을 주무시려는가 보다!' 하고 자리를 보아드렸다고 한다. 저녁에 저녁 식사를 차려 놓고 밖에서

"아버님 저녁 식사하세요."

하고 이야기했으나 아무런 기척이 없어서 들어가 보니 세상을 떠났더라고 하는 것이다.

많은 사람들은 이런 것을 복이라고 한다.

전쟁에서 죽는 사람
테러로 죽는 사람
비행기 추락으로 죽는 사람

자동차 사고로 죽는 사람
자살하는 사람
벼락 맞아 죽는 사람

그러니까 이런 사람들은 자기 명을 다하지 못한 것일까?
암으로 죽는 사람
뇌졸중으로 죽는 사람
심근경색
당뇨

같은 병으로 죽는 사람들도 자기 명을 다하지 못한 것일까?
의문을 가지지 않을 수가 없는 것이다.

예정론을 잘 모르지만 이미 인간이 태어날 때 그 사람의 미래가 조물주에 의하여 선택된다는 것이다. 이 이론을 간접적으로 빌린다면 태어날 때 건강도 예정되어 있었다고 본다. 천당 가고 지옥 가는 것이 정해짐은 물론 병에 걸리는 것, 그리고 수명까지도 정해져서 태어난다고 보아야 할 것이다. 그러니까 그 반대론자들의 이론을 빌리면 천당 가는 것은 물론 그 사람의 건강도 노력, 즉 사고를 당하지 않도록 하는 노력이라든가 병에 걸리지 않도록 하는 노력에 따라서 정해진다고 한다.

그런데 최근의 유전자를 연구하는 사람들에 의하면 유전자 안에 이미 그 사람의 앞으로의 병력이 기록되어 있다고 한다. 그렇다면 예정론이 과학적으로 어느 정도 입증된 셈일까?

그러나 비행기 사고로 한꺼번에 400명 정도가 죽었다면 그 사람들의 운명은 과연 유전자의 명이 똑같이 예정되어 있었다는 말인가? 그런 사람들이 한 비행기에 탔다는 말은 할 수가 없는 것이다.

이런 말들을 종합해 볼 때 타고날 때 체질이 그렇다는 말이고 단순히 말해 수명과는 관계가 없다는 결론이다. 그러니까 좋은 프로그램의 DNA를 가지고 태어났다면 건강하게 살 수도 있겠지만 나쁜 프로그램의것이라고 할지라도 노력 여하에 따라서 얼마든지 오래 살 수가 있다고 본다. 더구나 앞으로는 생명과학이 크게 발전하여 질병의 두려움도 사라질 가능성이 있다.

그러나 다른 말로 해서 아무리 좋은 유전자를 가지고 태어나도 몸을 함부로 사용하여 그 좋은 유전자를 망가뜨릴 수도 있는 것이다. 이렇게 되면 건강하게 오래 살 수가 없는 것이다. 그리고 유전자를 다루는 것은 사실 신이 주신 체질을 바꾸는 것인 만큼 신의 섭리를 역행하는 인간의 행위가 될지도 모른다.

따라서 사고 같은 것은 자기만의 노력으로는 100% 보장할 수가 없는 만큼 어쩔 도리가 없지만 적어도 건강은 자기가 잘만 챙기면 어느 정도 챙기지 않는 것에 비하여 수명을 연장할 수가 있지 않겠는가 생각해 볼 수는 있다.

현재 우리가 하고 있는 의료가 바로 이러한 노력을 수행하고 있는 것이다.

의료수준이 낮은 아프리카의 몇 개국은 평균수명이 47세인 곳도 있다고 하는 이야기를 들은 적이 있다. 이 말은 인간의 노력(의료 및 보건)이 수명과 건강상태를 크게 좌우하며 다른 어떤 것도 이 방법을 현재로는 대체할 수는 없는 것이다.

어떤 노인이 라디오에서 인터뷰하는 내용을 들은 적이 있다.

자기가 어느 날 의사를 찾아갔더니 심한 당뇨병이라는 진단을 내리면서 한 6개월 살면 잘 살 것이라고 해서 크게 충격을 받았다고 한다. 그래서 당뇨가 무엇이기에 이처럼 사람들을 괴롭히고 나를 죽음으로 몰고 간단 말인가. 그래서 혈압도 정상이 아니고 상황이 매우 나빠진 것을 깨닫고 의사에게만 의존할 수는 없겠다는 결론을 스스로 내리고 어떻게 하면 혹시라도 내가 살길이 없겠는가 생각하고 우선 당뇨가 어떤 성격의 병인지를 공부할 마음을 먹고 서점에 가서 당뇨에 관계된 책을 다 사가지고 왔으며 이를 읽기 시작했다고 한다.

그래도 성이 차지를 않아 병원에서 실시하는 당뇨교실에 참가해서 듣고 더구나 식사와 관계가 깊다는 것을 깨닫고는 부인도 같이 강좌를 들으며 공부를 했다고 한다. 그리고 그곳에서 가르쳐 주는 당뇨식사법을 따라 실시했더니 6개월밖에 못 살 것이라던 자기가 지금 7년이 지났는데도 멀쩡할 뿐만 아니라 건강이 상당히 좋아져 여러 가지 일을 다시 시작했노라고 했다.

가장 어려웠던 점이 무엇이냐고 묻는 대담자에게 먹고 싶은 것을 마음대로 먹지 못하는 것이 매우 참기 힘들었다고 하는 것이었다.

이분에 대한 처음 의사가 6개월밖에 못 산다고 한 것은 이 사람이 지금 살아온 대로 산다면 그렇게 되리라는 말이었을 것이다. 그리고 의사의 치료를 계속하며 지시사항을 지키도록 했겠지만 환자 자신이 알아서 해야 할 일은 스스로 프로그램을 짜서 관리해야 한다. 이것이 문제이다. 어느 병원에서도 환자 한 사람을 놓고 그러니까 만성병 환자를 놓고 병원 차원서 관리할 수는 없다. 따라서 치료에는 본인이 절실하게 느껴야 하고 환자 차원에서 치료해야 할 적합한 방법을 스스로 만들어야 한다.

결국 이 노인의 경우는 본인이 철저히 공부해서 식사요법과 소식(小食), 그리고 지켜야 할 사항을 만들어 따랐기 때문에 의사의 예측을 무너뜨린 경우라고 볼 수가 있다.

이런 예는 당뇨뿐만 아니라 다른 병에 대하여서도 환자가 알 것은 알아서 하며 의사에게는 도움을 받는 형식으로 치료를 하는 것이 좋지 않겠는가 생각해 본다. 어떤 의사는 '의사가 20% 환자 자신이 80% 치료를 한다.' 고 한다. 이 말은 병에 따라서 달라지겠지만 내 생각에는 환자 자신의 노력이 매우 중요하다는 말이라고 생각한다. 그러려면 의사가 환자에게 병에 대하여 자세히 가르쳐 주어야 하는데 아무한테나 다 가능한 것은 아니고 어느 정도 이상의 교육을 받은 사람이라면 설명을 이해할 수가 있고 노력하는 방법도 알고 하는 것이 더 효과적이 아니겠는가 싶다. 그러나 대부분의 의사들은 자세히 일러 주지 않는다. 아마도 나중에 책임을 지라고 할까 봐서 그런 듯싶다.

의사를 불신하자는 것은 결코 아니고 의사가 환자를 외래에서 대하는 시간은 몇 분 정도에 지나지 않고 일러주는 것도 환자가 잘 깨달아 알 수 있도록 친절히 설명해 주는 의사는 많지 않다고 본다. 진료 중 무엇인가를 좀 물어보려고 하면

"홍길동 씨 들어오세요?"

하는 분도 간혹 있다고 듣고 있다. 이 말은 '당신은 빨리 나가라' 는 뜻이기도 하고 '하라는 대로 하면 됐지 무엇을 물어보려는 것이냐?' 하는 뜻일 수가 있다.

어떤 병원에서 어떤 의사는 애원하는 환자를 윽박지른 의사도 꽤 있다는 이야기를 많이 듣고 있지 않는가! 물론 많은 환자를 치료해야 하는 의사의 입장은 이해할 수가 있으나 환자에 대하여 불친절하여

"너는 알 필요가 없고 내가 하라는 대로 해."

라는 태도를 보이는 때가 가끔 있는 것도 현실이다.

아무리 의료수준이 상승하고 평균 수명이 늘어났다고 할지라도 이런 의료 분위기에서 환자가 살아남으려면 환자도 병에 대하여 자세히 알아야 무엇이 중요한지를 깨달아 그것을 더 잘 지킬 수가 있기 때문이다.

따라서 현실의 실정에서는 특히 노인의 경우는 성인병에서 특히 진찰과 검사는 병원에서 받아야 정확한 병을 알겠지만 고치는 것은 의사의 약 처방에만 의존할 수는 없다고 본다. 내가 공부해서 내 병을 잘 알게 될 때 병을 다독거릴 수가 있으며 의사의 지시와 함께 상당한 상승효과가 있을 것으로 생각된다.

따라서 건강은 내가 태어날 때 가지고 온 부분(체질)은 어쩔 수 없지만 나머지는 내 노력에 따라 얼마든지 달라질 수가 있다고 생각해 본다.

노인이 되었을 때

친구에게 정을 바라기보다는 내가 먼저 정을 주세요.
돈이 없다고 생각하는 것보다는 많다고 생각하세요.
배우자의 존재를 젊었을 때보다 더 크게 인정하세요.

호주에 플린더스 대학의 린 자일스 교수팀의 연구에 의하면 70세 이상의 노인 1,500명에 대하여 10년간 관찰한 연구에서

"친구가 좋아야 오래 산다."

즉 '좋은 친구를 많이 둔 노인이 친구 대신 가족과 가깝게 지내는 노

인보다 더 오래 장수한 것으로 나타났다.' 는 것이다.

그러니까 노년이 되어서 많은 친구를 만날 수가 있어야 행복하다는 말이다. 친구를 만나는 일은 재미가 있다. 말대꾸도 별로 안 하는 늙은 마누라 · 영감보다는 자기 말을 다 받아 주는 정 있는 친구가 필요하다는 말이다.

일본의 작가 유미리가 쓴
『여학생의 친구』
에서는 할 일 없는 퇴직한 홀로된 노인과 어린 여학생 간의 행각을 그리고 있다. 왜? 노인은 외로운 것이다.

사회라는 것은 많은 사람이 어울려 서로 기를 주고받으며 산다. 마음을 줄 사람이 서로 없다는 면에서 노인의 외로움이 있는 것이다.

그래서 우리가 일생을 살아오면서 나를 대신해서 죽을 수도 있는 친구가 있다면 그는 인생에서 매우 성공한 사람이라고 할 수가 있다.

그러나 요즈음 같은 세상에 친구 위해 대신 죽을 수 있는 사람이 어디에 있겠는가? 그러니까 이런 말은 시대적인 착각이라고 할 수가 있을 것이다. 그러니까 많은 친구가 있기보다는 진짜 우정이 두터운 친구가 필요하다는 말이다.

그러나 실제는 참된 친구라기보다는

1) 돈을 보고 쫓아다니는 사람
2) 출세한 친구의 덕을 보려고 쫓아다니는 사람

도 친구는 친구인 것이다. 이런 경우는 다만 속마음을 주거나 소위 친구간 에만 할 수 있는 이야기는 서로 조심스러울 수밖에 없다. 그러나 친구로 대하여야 한다. 이런 사람들을 구분한다면 많은 친구를 주변에 둘 수가 없다.

친구지간에 무엇을 하기에 '친구가 좋아야 오래 산다' 는 것일까?

1) 말하는 즐거움이 있다.

옛날이야기, 여자흉보기, 남자흉보기, Eros적인 말, 힘 자랑하기

2) 같이 소일(消日)할 수가 있다.

식사, 등산, 스포츠, 산책, 바둑, 장기, 골프, 포커, 부리지,

나는 산을 좋아했다. 내 친구 몇 사람도 산을 좋아해서 우리는 묵시적으로 주말에 으레 전화가 올 것이라는 것을 항상 예측할 수가 있어서 전화를 받고 나가서 옛날 동대문 주차장에서 산악회의 행선지를 골라 산에 가곤 했다. 그러나 늙어진 다음에는 이제 이런 친구들도 다 주변에서 멀어져 갔고 산에 가기 위해 불러낼 만한 친구가 이제는 거의 없는 것이다. 이렇게 된 것은 결국 어떻게든 친구에서 실패한 경우라고 할 수가 있다. 그러니 늙어서 언제든지 전화하면 만사 제쳐두고 만나 주고 서로 위로해 줄 수 있는 친구 몇은 있어야 하는 것이며 이것은 젊었을 때 자신이 얼마나 친구를 위하여 헌신했느냐에 따라 결정되는 것이다.

『채근담』에 보면 '새 벗을 사귀보다는 옛정을 두터이 하라' 고 씌어 있다. 귀를 둘 필요가 있다.

늙으면 또 무엇보다도 중요하게 필요한 것이 돈이다.

돈이라는 것은 우리에게 불현듯 왔다가 불현듯 가버리는 성격을 가지고 있다. 그러니 결국 돈은 우리 주변에서 흘러 다니게 마련이다. 한 곳

에 갇혀 있으면 물과 같아 썩게 되어 있다.

미국의 강점이라고 한다면 부자가 죽을 때 대부분의 재산을 사회에 환원해 버리는 것도 돈의 흐름을 의미한다. 우리도 앞으로 그렇게 될 것으로 본다. 부자가 가난한 사람에게 돈을 또는 옛날 우리 식으로는 쌀을 나눠주는 것도 바람직한 돈의 흐름의 하나였다.

그러나 늙어지게 되면 능력이 저하되어 흘려 보낼 만한 돈이 수중에 없게 되면 실은 슬픈 상태가 되는 것이다.

돈이 나로부터 흘러내려 가야 만족을 얻는 것이지 받고자 할 때는 괴로운 일이 되고 마는 것이다. 따라서 젊었을 때 노후를 대비해서 돈을 저금해 두어야 하는 것은 누구나 다 잘 알고 있는 것이다. 이것이 돈에 대한 노인의 정이다. 노년에 대비해서이다. 그러나 그게 쉽게 얻어지는 것은 아니다. 다만 최선을 다할 뿐이다. 최근에 국민연금이 있다고 하지만 친구 만나 식사비를 낼 정도로 넉넉한 것이 아닌 것이다.

그렇다고 해서 돈에 너무 많은 정을 주어도 자식들 간에 재산싸움이 일어날 수가 있으므로 늙어 궁하지 않을 정도로 쓸 만큼만 있으면 된다. 그래서 친구들과 만나 점심식사라도 하게 되면 눈치 보지 말고 그 수가 적든 많든 내가 식사비를 내야 한다는 것이다.

2005년도 통계청에서 발표한 것을 보면 60세 이상 노인의 45.6%가 가장 어려운 문제로 경제적인 어려움을 꼽고 그 다음이 21.7%로 건강문제를 말했다고 한다. 직접 생활비를 마련하는 노인이 2002년도 55.9%에서 2005년도에는 59.1%로 커졌고 자녀의 도움을 받는 노인은 40.1%에서 36.2%로 줄었다는 것이다.

이와 같은 실정에서 돈은 노인들이 식사 같이 하고 주저없이 자기가 식사비를 다 내겠다는 사람이 과연 있겠는가?

어떤 한 직장인이 있었다. 정년퇴직을 하고 보니 이제 할 만한 일도 없었다. 그래도 조상이 물려준 땅이 있고 해서 옛날에 친구들에게 점심 한번 변변히 사지 못했고 누구를 도와준 적이 없었던지라 이것이 늘 후회스러웠던 것이다. 그래서 재산을 일부 정리해서 죽기 전에 남에게 좀 베풀어야겠다고 생각하고 어려운 사람을 도와주고 친구들과 만나면 반드시 자신이 식사비를 내곤 했다. 그랬더니 만날 수 있는 친구 수가 점점 늘어나게 되었다. 그래서 여러 친구를 만나니 노후에 상당한 위로가 될 뿐만 아니라 본인의 건축분야 일에도 자문이 밀려들어 돈도 벌게 되었다는 말을 듣게 되었다.

노년은 실은 돈에 정을 주기보다는 그 정을 베풀어야 하는 것이다. 넉넉하다면 어려운 다른 노인들을 돕는 일에 쓴다면 매우 좋은 일이 될 것이다. 무슨 의원이나 군수 같은 자치단체장에나 뛰어들지 말고 보람된 일에 돈을 쓰라고 하나님께서 주신 것이다.

그러니 돈은 쓸 만큼은 있어야 하고 이 돈은 젊어서 준비해 두어야 한다.

또 영감 그리고 할멈은 각자 배우자에게 정을 쏟아야 하는 것이다.

결혼식에서 주례가 늘 하는 말이

'흙 머리 파뿌리 될 때까지'

잘 살라고 축복해 준다. 그러나 요사이 우리나라는 세계에서 노인을 포함해 젊은 사람들에 이르기까지 이혼율이 가장 높다고 한다. 세월이 많은 것을 변화시키고 있는 것이다. 이혼의 사유는 참 여러 가지다.

1) 성격차이
2) 경제적인 이유
3) 고부간의 갈등
4) 외도 및 상호간의 멸시(구타)
5) 기타

이것들은 대개 보면 자기 기준에 맞춰보고 거기에 상대방이 맞춰주지 않으니까 내가 마음대로 할 수 있는 상대를 찾아 이혼해야겠다고 마음을 먹게 된다고 한다.

재혼한다 해도 같은 기준으로 생각하기 때문에 대부분 다시 깨지는 경우가 많다고 한다.

'그 사람이 그 사람.'

이라는 말이 있다.

따라서 결혼은 서로 믿고, 정으로 양보하고 성격을 조정하며 사는 것이다. 옛날 사람들에서는 대개 여자 쪽이 참고 살아왔지만 여권이 신장되면서 여자만의 희생을 참을 수가 없다는 것이다. 따라서 남자들이 시대변화를 잘 읽어서 적극적인 조정자가 되어야 한다고 생각한다. 더욱이 우리 한국인의

'욱'

하는 성질에 참지 못하고

"야! 너하고 안 살아!"

하고 자식을 두고 이혼했을 경우 재혼은 그리 쉬우며 재혼한다고 해도 얽힌 자식에 대한 매듭을 어떻게 풀어 나가며, 늙은 후의 자신을 상상해 보라.

그 괴로움과 외로움을 어떻게 할 것인가.

멋진 노인

젊은 사람이 비웃을지언정
무엇인가 열심히 일하는 것이 노인의 멋이다.

구겨지고 찌그러졌으며 색도 바래버린 늙은 얼굴에 어떻게 '멋진' 이라는 단어를 사용할 수가 있겠는가!

"그렇다."

그러나 늙은 동료나 또는 젊은이들이 호감을 가지고

1) 만나고 싶어하고

2) 존경하며

3) "먼발치에서라도 보고 싶어한다."라든가

4) 전화라도 하고 싶고

5) 안다는 것이 자랑스럽다면

그는 아직 생동하고 있는 것이다. 그리고 늙고 바래버린 얼굴이

1) 근엄한 산신령 같기도 하고

2) 새로이 변신하는 인간의 미술품 같게 느껴질지도 모르고

3) 어떤 경우에는 산 계곡에서 솟아오르는 샘물 같아 마시면 시원할 것 같은 대접을 받을지도 모른다.

그렇다면 그 노인은 인생을 멋지게 살고 있는 것 같기도 하다.

예를 들면

1) 80세가 훌쩍 넘었는데도 사장이나 회장을 하고 있다. 그런데도 친구가 전화해도 잘 받는다.

2) 아직도 작품을 쓰고 있다. 그러나 늘 겸손하다.

3) 친구들 데리고 생색내지 않고 늘 자기가 돈을 대며 골프를 친다.

4) 모임에서 늘 식대(유흥비 포함)를 내면서도 생색을 내지 않는다.

5) 은밀히 어려운 사람을 도와준다.

6) 늘 검소하다.

7) 절대로 욕을 하거나 화를 내지 않는다.

8) 어떤 상대한테도 친절하고 남의 어려운 일을 자기 일처럼 도와준다.

9) 하는 일이 항상 많이 있다.

10) 취미가 다양하다.

이런 예는 너무나 이상적인 것 같다. 내 생각에는 이 중에 3개 이상만 실천한다 해도 멋진 일이 될 것으로 생각된다. 이 셋 중에 7)은 반드시 들어가야 할 것이다.

"힘든 일이다!"

위의 10개는 그래도 돈이 넉넉하거나 어느 정도 있는 사람이래야 가

능한 것이다.

그러니까 돈이 없으면 멋쟁이 노인이 되기가 힘든 것은 사실이다.

돈이 없으면

1) 아무리 깨끗이 입어도 추하게 보인다.

2) 친구가 없다. 따라서 외로워진다.

3) 마누라도, 자식도 괄시한다.

4) 뻔뻔스러워지거나 우울해진다.

5) 본의 아니게 거짓말하게 된다.

6) 친구에게 전화해도 안 받는다.

이렇게 되면 슬픈 일이다. 그러니 멋진 노인의 조건에서 돈이 제일 중요한 것으로 보인다. 그러나 누구나 다 돈이 넉넉하게 있지는 않다.

그렇다면 어떻게 해야 멋진 노인의 모습으로 살아갈 수가 있을까?

1) 당당함이 있어야 한다.

2) 욕심을 버리는 노인

3) 웃는 노인

4) 운동하는 노인

5) 일하는 노인(아무 일이나 닥치는 대로)

6) 친절한 노인(웃는 얼굴)

7) 배우는 노인(각종 강좌에 참가)

8) 책을 많이 읽는 노인

9) 일기를 쓰는 노인

10) 전철에서 자리를 오히려 양보하는 노인

11) 병든 배우자를 돌보는 노인

12) 봉사하는 노인(병원, 양로원)

13) 무리 없이 새로운 사업을 시작하는 노인(구멍가게부터)

14) 여행하는 노인(배낭 메고)

15) 늘 깨끗한 옷을 입는 노인

이런 것들은 꼭 돈이 많이 드는 것은 아니다. 마음만 있으면 가능하다.

"여보시오 당신이 돈이 없어 보시오!"

라고 할지 모르겠으나 서양 속담에

"하늘은 스스로 돕는 자를 돕는다!"

는 말이 있지 않는가? 무엇인가 노력하는 사람에게는 하늘이 도와주는 것이다.

이 말은 항상 맞는 말이다. 일부러 이 말에 맞춰 자기를 스스로 돕는 자로 행하는 사람은 하늘이 절대로 돕지 않는다. 거리낌없이 자발적이어야 하고 끝없는 노력이 있어야 한다.

『나이 드는 것의 미덕』이라는 지미 카터 전 미국 대통령의 책이 있다 여기에

'도전이 행복한 노년을 만든다.'

라는 말이 있다. 물론 그는 인기는 없었지만 미국의 전 대통령이었다. 그런 그의 특수성이 그의 노년에 없는 사람들에게 집을 지어주는 일을 가능케 했다고 보고 가장 적절한 일을 택한 사람 중에 한 사람이라고 생각한다.

그냥 보통 사람들도 그에 걸맞는 일이 반드시 있다. 그것을 찾아서 일

하는 노인이 멋쟁이다.

만 용

작은 만용은 애교이고
보통 만용은 주위를 긴장시킬 수도 있다.
그러나 지나친 만용은 자신을 비참하게 만드는 것이다.

늙는다는 것만도 억울한데 만용, 즉 늙어 '사리 분별없이 날뛰는 것' 그것조차도 하지 말라고 한다면 어떻게 될까? 늙은이의 만용은 정도의 차이는 있을지 몰라도 보통 있다고 본다. 그러니까 주책없이 굴어도 젊은이들이 그대로 넘어갈 것이라고 생각하기 때문이다.

통계는 없지만 전혀 만용 같은 것은 부려 보지 못하고 또는 안 하고 지나는 사람들도 많이 있지만 여기서 말하고자 하는 것은 늙으면 나오게 되는 '큰소리' 또는 '호통'을 말하는 것이다.

나이 들면서 생기는 만용. 그것은 과연 인간의 어떤 면이 그렇게 만드는 것일까?

아마도 보통의 경우는
"이제 다 산 인생 아무려면 어때!"
하고 배짱이 생길 수도 있고 부자의 경우는
"자식들! 내가 좀 그러면 어때!"

하며 자기가 그러더라도 대꾸할 주변의 사람은 아무도 없다는 것을 잘 알고 있기 때문이다. 재산 때문에 잘못 건드렸다가는 눈 밖에라도 나면 손해를 볼 수 있지 않을까 하는 두려움이 있는 사람이 있을 것이라는 생각이 뒤에 깔려 있기 때문이다.

늙은이의 만용은 늙은 사람이면 누구나 다 해 보고 싶은 것이다. 즉 굽신대는 젊은이들을 보고 싶은 것이다. 왜냐하면 아직도 자기가 살아 있다는 것을 확인하고 싶은 것이다.

굽신대는 것을 보는 것은 비단 늙은 사람만은 아니니다. 요새는 새파란 젊은이들도 물려받은 자산가의 경우는 굽신거리는 주변 사람들을 거느리는 일을 좋아하게 되어 있다. 왜냐하면 충성심을 가늠할 잣대가 그렇게 많지 않기 때문이다.

옛날 효도가 인간의 도리로 잘 통할 때에는 노인이 만용적인 행동을 하더라도 자식들이나 젊은 사람들이 어느 정도 받아들였다. 치매나 노망기만 아니면 그대로 노인의 애교 정도로 받아 주었다. 여기서 애교라는 것은

"그분은 늙었으니 그대로 넘어가지!"

하는 정도로 어린애가 부리는 재롱 정도로 여기자는 것으로 해석해도 좋을 듯싶다.

슬픈 일이지만 늙어진다는 것은 이렇게 되는 것이다.

보통 사람이?

"이놈들!"

하고 호통을 쳐봤댔자 비웃듯 젊은이들은 웃고 넘어가게 된다. 이것이 노인의 애교, 아니 슬픔이라는 것이다. 애교로 받아 주는 것은 돈이 많다거나 부동산이 많다거나 물려주어야 할 사업체를 가지고 있다거나 하면 가능한 것이다. 직계가족이라면 효의 점수를 얻을 수 있는 실마리가 될 수도 있다. 그 만용이나 노인의 애교, 그런 행동을 그대로 진실된

눈으로 보면서 응수해 주고 받아주기만 하면 되는 것이다.

만일

"아이! 아버지, 좀 그만 해요!"

하고 나선다면 노인인 회장이나 사장은

"이 자식이 좀 컸다고!"

하고 속으로 그러면서 소외감이 들고 이런 일이 계속되면 생각이 점점 바뀌게 된다.

무엇이 바뀐다는 말인가?

글쎄?

이런 심리적인 노인의 속성(屬性)을 잘 알고 있는 부잣집 자식들은 알아서 잘 하지만 보통 집안에서는 픽! 웃고 지나고 만다. 노인에게 재산이 없는 경우에는 만용이 심해질 경우 자식들은 무료 양로원을 찾아 문의할 것이다.

이것이 노인이 된 인간이다.

돈은 그만큼 중요한 위치를 차지하고 있는 만큼 누차 이야기하지만 어떻게 하든지 젊었을 때 장만해 놓아야 하는 것이다. 조상으로부터 물려받아 호식하는 것은 앞으로는 가급적 하지 않는 것이 도리다. 왜냐하면 그래야 돈 가진 사람이 자식에게 물려주기보다는 사회에 환원하고 그렇게 함으로써 건전한 사회가 형성될 수가 있기 때문이다. 돈을 내놓는 사람도 죽기 전에 기분 좋은 보람 있는 일 하나 정도는 적어도 자기를 부자로 가능케 해준 사회에 환원할 수 있기 때문이다. 그것을 보는 자식도 오히려 흐뭇함을 가져야 한다.

건강에서는 빈부에 관계없이 만용은 절대 금물이다.

늙은 사람들 중에는 가끔 젊은 사람 흉내 내다가 건강이 잘못된 경우를 보게 된다.

옛날에 영화배우 한 분이 있었다. 나도 젊은 시절 그분의 영화를 좋아했다. 그런데 그분이 건강을 위해 조기축구를 하다 잘은 모르겠으나 심장마비를 일으켰다는 소식을 들었을 때 큰 충격을 받았다.

이런 예는 얼마든지 있다. 나도 지금 생각으로는 젊었을 때 산을 좋아했던 관계인지는 모르겠으나 퇴직 후 에베레스트 베이스 캠프 근처라도 가고 싶은 욕망이 있었던 것이다. 늙은 우리의 욕심은 결국 허용심이고 현실을 인정하지 않으려는 만용인 것이다. 그러니 나에게 걸맞게 생각과 행동을 해야 하는 것이다.

일본에 갔을 때 『아, 정년』 이라는 제목의 소책자를 사서 몇 곳을 읽어본 적이 있다. 정년 후에 새로운 인생의 출발을 시작한 성공사례가 적혀 있는 책이다. 예를 들어 보면 몇 사람의 전공분야에 사람들이 자문회사를 만들거나 번역사업을 한다거나 요식업을 한 사례도 있었다.

젊은 사람들 못지않은 일을 하는 것을 볼 수가 있는데 이들의 사업내용을 보면 전혀 욕심이 없고 그 일에 재미가 있으며 정성을 다하는 열정, 그러나 무리가 따르지 않는 형태인 것을 알 수가 있었다. 그러나 수입도 상당히 있어 늘그막에 재미를 보는 듯했다.

그러니 힘겹게 무리하게 밀고 나가기보다는 즐기는 형태로 일을 하는 것은 만용이라기보다는 건강관리 정도로 오히려 좋은 결과를 가져올 수도 있다. 즐기며 일을 하는 것은 젊은 사람들에게도 같은 이야기가 된다. 큰 직장에 들어가서도 조직력에 휩싸여 시키는 일이나 하지 말고 일을 즐겨야 한다. 월급을 받는 것에 대한 고마움을 가지고 자기 하는 일이 즐거워야 하는 것이다.

내가 젊었을 때는 이것도 했고 저것도 했고 했는데
"이것쯤이야."
하는 생각에는 반드시 무리가 따르게 되어 있다.
그러나 사업을 특히 즐겨하던 사람들에게
"당신 이제 늙었으니 그만 하시고 뒤로 물러앉으시오."
한다면 이것은 엄청난 욕이 되는 것이다. 이런 경우는 늙은이의 욕심 내지는 심할 경우 만용이라고는 할 수가 없고 그 사람의 삶이고 오히려 젊은 사람들은 그의 약해진 기력에 힘이 되어 주어야 한다고 생각한다.

이제 다만 늙은이들은 상당한 부분 일을 젊은 사람들에게 넘겨주는 기쁨도 즐겨야 한다. 그리고 젊은 사람들이 일을 잘 해나가는 것을 보는 재미도 있는 것이다. 이것도 저것도 다 내가 해야 한다는 생각만 없다면 그 사람은 욕심이 있다고는 할 수가 없는 것이다.

TV에서 어떤 정년을 하신 중소기업의 사장의 삶을 본 적이 있다. 이분이 자기가 하던 사업이고 자기 것이지만 후배에게 물려주고 자기는 시골로 가서 지내는 것을 보았다. 그리고 요리학원에 다니며 요리사 자격증을 벌써 여섯 개나 취득한 것이었다. 그런데 일곱 번째 서양요리에서 자꾸만 낙방하는 것이다. 시험 내용은 오므라이스를 만드는 것인데 이때 가장 중요한 것이 계란을 얇게 프라이 해야 여기에 볶은밥을 말 수가 있겠는데 그 계란 프라이가 자꾸 찢어지는 것이다. 바로 손의 감각이 둔해진 늙은이의 전형적인 솜씨인 것을 볼 수가 있다. 독자들 생각에는

다 늙은 처지에 써 먹지도 못할 요리사 자격증을 왜 따려 하는가 늙은이의 만용일까? 생각한다면 바로 그것이 독자와 그분의 생각의 차이일 것이다. 그분은 육신이 살아 있는 한 무엇인가 해야 한다는 생각으로 꽉 차 있는, 속이 찬 사람인 것이다.

늙었다고 내가 이런들 누가 뭐라고 해! 하는 것이나 아직 젊었다고 착각하여 과격한 운동을 하는 것은 늙을수록 점점 그리고 조금씩 생각을 해 보아야 하는 것이다. 이제 늙었으니 젊은 사람들 하는 일을 무조건 참견하지 말라는 것은 아니고 무엇인가 무리가 있을 때는 포기할 줄도 알아야 한다는 것이다.

젊은 사람들도 가벼운 늙은이의 만용은 받아주어야 하고 또 만용이 나타나지 않도록 늙은이들을 토닥거릴 줄도 알아야 한다.

그렇지 않으면 늙은이의 만용 부리는 현상도 감소하지 않을뿐더러 큰 일을 당할 수도 있을 것이다.

노인의 미련

노년의 미련은 아직 남은 욕심이다.

나는 퇴직하면서 그동안 직장의 일을 보면서 이와 관련된 많은 물건, 특히 책이 많이 있었고 실험노트, 심지어는 60년대의 출석부까지 버리지 못하고 가지고 있다. 이것은 남은 인생이 얼마가 될는지는 몰라도 추억이 될 것이라고 생각하고 간직하고 있는 것이다.

퇴직 시 제자들이 왔을 때에는 CD에 내 그동안의 논문 목록이며 추억의 사진을 실은 것을 약 30매 나눠 주었다. 무심코 받는 사람이 대부분이었지만 어떤 제자는 픽! 하고 웃는 미소가 비웃는 것인지

"뭐 이까짓 것 가지고 그래."

하는 듯한 야릇한 미소마저 지어 보였다. 왜 나는 이 CD를 주려고 했을까?

이것이 바로 미련인 것이다.

다른 내 이야기 하나를 더 해야만 이해가 갈 것 같아 말해 보고자 한다.

나는 고향이 황해도이고 1.4후퇴 때 월남했다. 아버지는 6.25때 불행하게 북한에서 돌아가셨다. 그런데 남하할 때 전투가 벌어지는 현장에서 탈출하다시피 나왔기 때문에 아버지 사진을 챙기지를 못했다. 그런데 부산에서 보니까 어머님이 가지고 온 보따리에 북한에서 발행한 공민증이 나왔고 거기에 아버지 증명사진이 붙어 있었다. 그 당시 나는 중학생이었고 사진 찍고 현상하는 것에 반해 있었다. 매일 미군 부대에서 나온 사진기 하나를 구해 가지고 사진 찍고 현상하는 것을 본 어머님이 그 증명사진을 주며 확대할 수 있느냐고 물어 왔다. 나는 확대기 하나 가지는 것이 소원이었지만 그렇지를 못해서 사진을 배우러 다니던 단골집이 있어서 거기서 가능할 것이라고 했고, 그것을 받아 가지고 여름인데 T셔츠 위 주머니에 넣었다. 그리고 사진관에 도착해 보니 그 사진이 없는 것이 아닌가? 그래서 사진관과 집 사이를 열 번은 왕래하며 떨어진 손톱만 한 아버지 사진을 찾아 헤맨 적이 있다. 그러나 찾지를 못했다.

그 후에는 어떤 기록 사진도 매우 소중하게 여겨졌고 그래서 어디엔가라도 내 흔적을 남기고 싶은 내재적 본능이 CD를 만들게 된 동기였다고 생각하고 있다. 책이나 문서 등을 아직도 가지고 있는 것이 그 원인만은 아니겠지만 인간의 본능적인 데서 나온 것도 있다고 생각한다.

나는 레오나르도 다빈치의 전기를 읽은 적이 있다. 그가 많은 발명을 했고 그것을 파일로 만들어 두었는데 그 파일의 수가 약 1만 3,000개 정도로 추정된다고 한다. 그는 결혼을 하지 않았기 때문에 자식이 없었다. 양자가 있었으나 그가 죽은 후에 그 파일은 그의 극진한 친구 멜치가 가지고 갔다. 그는 이것을 정리하려고 했지만 너무나 엄청난 분량이라서 해내지를 못하고 말았다. 그래서 멜치의 아들인 오라치오가 물려받았지만 그는 다빈치의 그 어마어마한 파일의 가치를 알지를 못하고 방치하는 바람에 7,000개가 지금 세계 도처에 분산되어 있다고 한다.

이 중에서 가장 유명한 것은 1994년 빌 게이츠가 3,000만 달러를 주고 사들인 코덱스 해머(Codex Hammer) 파일이 있다.

미국의 기록 보관소에 가면 우리나라 6.25때 전투 기록이 메모까지 보관되어 있다는 말을 들은 적이 있는데 확실하게는 알 수가 없으나 기록은 그만큼 중요한 것이다. 기록을 남기는 것이 미련일까?

아무리 보잘것없는, 그러니까 유명하지 않은 사람의 기록이라도 오랜 세월이 지난 후에 크게 유용한 사료(史料)가 될 수도 있는 것이다.

대학에서도 교수가 퇴직을 할 때는 그간의 모든 교수의 기록을 보관해야 한다. 메모까지도 말이다. 그의 존재의 높고 낮음을 가리지 말고 말이다.

그러나 없애는 데 급급한 것을 보면서 한심한 생각이 든다.

학회에서 20년사(史)니 30년사니 하면서 기념행사를 할 때 기록사진이나 도움이 될 만한 것을 공개적으로 구하는 경우가 많다. 기록을 남겨놓은 것이 없기 때문이다. 이런 경우를 보면 각자 자기의 현재의 일을 기록으로 남기는 일에 게을렀기 때문이다. 이것이 최근 우리 문화로도 정착되고 있는 듯하다.

옛날의 우리 조상들은 잘 알다시피 500년 조선왕조실록을 가지고 있고 유네스코에 등재될 정도로 세계에서 가장 오랜 기록을 자랑하고 있다. 그러나 최근에는 무슨 비밀이라도 있는 것인지 또는

"누가 레오나르도 다빈치라도 되나! 그런 것을 보관하게!"

하면서 무시해 버리는 것인지 알 수가 없다.

내가 어떤 한 분으로부터 들은 이야기다.

내 친구의 나이도 70을 넘은 지 몇 년이 되는지라 그 나이 또래로 보면 된다. 그분이 하루는 친구 집에 가보니 마당에서 친구가 사진을 불태우고 있었다고 한다. 그래서

"그 아까운 사진을 왜 태우느냐?"

고 했더니

"그걸 누가 보겠다고?"

하면서 볼 사람이 없는 사진 괜히 가는 길에 짐만 된다는 것이었다.

"왜 자식들이 보지 않겠느냐?"

고 했더니

"애들이야 예쁜 제 자식 사진에 관심이 있지 우리 사진 볼 시간이 언제 있겠는가?"

라고 대답을 했다는 이야기를 듣고 공감이 갔다.

나도 젊었을 때 비교적 사진을 많이 찍었다. 사진에 취미도 있었지만 심리적으로 보면 내 발자취를 나중에 보겠다는 노인의 미련한 심정과 후손들이

"이것은 너희 할아버지가 어디에서 찍은 것이고"

하면서 손자들에게 설명해 주기를 바라는 마음도 있었던 것 같다.

그것은 후손들에게 조상의 존재성을 주고 싶은 생리, 특히 인간에게서 있는 일이다. 후손들은 죽은 조상에 대하여 관심이 지수 · 함수적으로 감소하고 만다. 일단 세상을 떠나면 그 존재성마저도 60년 내에 대부분 사라지고 만다.

나는 피난시절 그 와중에도 조부님의 족보를 챙겨가지고 나왔다. 생존해 계실 때 내게 족보를 보여주었고 태어난 증손자 이름을 적어 넣어주면서 장손인 나보고 계속 챙겨 적어 나가라고 했지만 별로 들여다본 적이 없다. 최근 종친회에서 새 족보를 발행하면서 후손들의 이름을 챙겨 다시 새로운 족보를 발행할 수가 있었다.

남한의 우리 가문의 족보가 내가 북에서 가져온 것보다 정확성이 없다고 해서 내가 가져온 족보가 그 진가를 톡톡히 한몫한 셈이 된 것이다. 조상의 흔적은 억지로라도 남겨 놓으면 찾는 사람이 있게 마련인 것이다.

보통 사람들은 이처럼 부모님의 마음을 헤아릴 줄을 모르기 때문에 억지로라도 남겨 놓으면 자식들이 긴요하게 쓸 때가 있는 것이다. 이것을 아는 부모는 무엇이라도 자기의 흔적을 자식들에게 남기고 싶어한다. 사진도 자식이 한번 보아 주었으면 하는 마음이 있지만 귀찮다는 듯이 얼굴을 찡그리면서 외면하는 자식을 보면 섭섭한 마음이 드는 것이다.

그러나 어떻든 나중에 자식이 볼 것이라고 가정하고 접근하기 쉽게

과거를 잘 정리해 두면 필요할 때 용도가 있고 볼 때가 있을 수도 있다. 사람에 따라 다른 일이지만 그렇게 볼 것이라고 생각해 두면 그만이다. 적어도 몇 백 년이라도 대를 물려주면 골동품적 가치도 생길 수가 있는 것이다.

만일 필요한 경우가 생겼을 때 찾기가 힘들면 대개 자식들은

"어디 있는지 모르겠는데요."

하고 넘어갈 수가 있기 때문에 쉽게 접근할 수가 있어야 하는데 자료를 주고 CD나 DVD에 넣어 달라고 전문점에 맡기고 돈만 주면 잘 해준다. 요즈음 젊은이들은 컴퓨터에 익숙하기 때문에 CD가 좋은 것이라고 할 수가 있다. 음성도 넣을 수가 있고 비디오로도 만들어 동영상으로 해서 CD에 넣으면 1시간 이상도 넣을 수가 있고 DVD에 넣으면 3시간 정도도 가능하다. 물론 CD도 수명이 짧다고 하니 메모리칩이나 외장하드가 더 좋을지도 모르겠다.

상 속

상속해 주기 위해 돈을 모았다면 어리석은 일을 한 것이다.

상속이란 말만을 보면 상당히 법적인 문제의식을 생각하게 되는 것이 상식이다. 그래서 재산권자가 죽었을 때 큰아들한테는 집을 주고 둘째한테는 얼마의 돈을 주고 하는 식으로 자식들에게 재산을 나눠주는 것을 말한다. 법적인 상속 순위는 그 순위가 아들 · 딸 →배우자 →형제 ·

자매 → 삼촌의 순으로 첫 순위자가 없을 때 둘째 순위자, 그리고 셋째 순위자가 받는다고 한다.

재산이 그룹회사 차원의 규모라면 분배가 그래도 만족할 수는 없으나 골고루 돌아가게 해 줄 수가 있지만 그렇지 못한 경우는 신경을 써서 나눠줘야 하는 것이다.

힘든 일이다.

마음 같아서는 재산을 사회에 환원하고 자식들은 공부시켜 자립할 수 있는 정도로 해주면 좋다. 그러나 세상살이는 그렇지가 않다.

자식들이 속마음으로 부모에게 예의를 갖추지 않음은 물론 부모의 유산 분배를 둘러싸고 속마음을 드러내 보일 때도 많다.

어떤 사람들 중에는 퇴직금으로 살아가는데 사업하는 자식이 있어 퇴직금을 사업에 쓰자고 하며 자기들이 모시겠다고 설득할 때도 있다. 퇴직금을 주는 순간부터 자식들한테 찬밥신세가 되는 경우가 꽤 있다고 듣고 있다. 어떤 경우는 자식들이 부모의 퇴직금을 다 갖다 쓰고도 부모가 가난하다고 원망하는 경우가 많이 있다고 한다.

"아니 재산이 그게 다예요!"

하는가 하면

"남들은 말 안 하고 숨겨 놓은 재산이 있다던데!"

하며 그 쌈짓돈으로 급할 때 쓸려고 챙겨 놓은 것까지 다 들여다보려고 한다.

자식들은 특히 우리나라의 경우 부모를 잘 공경하고 섬기는 경우가 대부분이지만 일부 사람들이 이성을 잃고 이처럼 부모의 마음을 상하게 하는 것이다.

부모에 의지하려는 마음, 이것은 어릴 때 자라면서 잘못 든 버릇이다.

미국의 경우는 18세를 넘으면 아무리 부자라고 하더라도 경제적으로 자립하도록 하는 경우가 많다고 한다. 그래서 남의 집 잔디를 깎아주고 돈을 받는 경우를 볼 수 있고 부모 자식 간에도 그런 경우가 있다고 한다. 이것은 자립심 외에도 경제원리를 자식에게 가르치는 하나의 수단이 될 수도 있고 노력해야만 소득이 얻어진다는 훈련이 되기도 한다.

가난한 집의 자식들 중에는

"왜 우리 부모는 가난할까?"

하고 불평을 한다. 물론 자기를 낳아준 부모님이 그저 고맙기만 하고 가난 같은 것은 별로 문제 삼지 않는 사람이 있는가 하면 원망과 증오, 심지어는 커서는 부모에게 매질까지 하는 불한당 같은 사람도 있는 게 요즘 세상이다.

이런 형국의 세상에서 부모란 과연 어떻게 하는 것이 현명한 자식에 대한 상속이 될 것인지 깊이 생각해 보지 않을 수가 없다.

자식을 사랑하는 마음, 그리고 손자 손녀야 얼마나 더 귀엽고 사랑스럽겠는가?

할머니 할아버지야 아들 며느리가 손자 손녀를 데리고 와서 집안을 온통 뒤집어 놓고 가기를 속마음으로 원하고 있다.

내가 존경하는 한 분의 이야기를 하고 싶다.

며느리가 손자를 데리고 놀러 왔는데 할아버지는 손자가 얼마나 안아도 보고 싶고 볼에다 뽀뽀도 하고 싶어하겠는가? 그래 손자가 할아버지 무릎에 앉았는데 며느리가 이것을 보고 질겁해서 손자를 뺏어갔다는 것이다. 왜냐고 하니 애가 목욕을 깨끗이 하고 왔는데 할아버지한테서 냄새가 나니까 그 냄새가 손자의 몸에 배일 것이라는 것이다.

세상에 이런 일도 있을 수가 있단 말인가!

그러니 노인들에게도 꾀가 있어서 억지로라도 안아보고 자식들이 찾아와 북적거리고 가도록 해서 행복해지는 것을 스스로 만들어 나갈 필요가 있는 경우가 있다.

설교에서 들은 예화 하나를 더 소개한다.

어느 노인 부부가 살고 있었다.

월급 타서 겨우 살아가던 형편이라 돈에는 여유가 없고 달랑 집 한 채에 연금으로 생활하고 있었다. 처음에 돈에 여유가 좀 있을 때에는 자주 드나들던 자식들이 뜸해지고 가끔 전화나 할 정도니 노인 부부의 외로움은 어떠했겠는가? 그래서 한 가지 꾀를 낸 것이다.

집을 은행에 담보하고 이억 오천만 원을 대출받았다. 최근에는 은행들이 이런 상품을 내놓고 있는 실정, 즉 '역 모기지론'으로 집을 담보하여 생활비를 대줄 수 있게 되어 있지만 옛날에는 없었다.

하루는 할아버지가 며느리에게 전화를 했다. 한번 왔다 가라고 했다. 할아버지는 며느리가 올 때 즈음해서 파출부에게 통장을 가지고 나가다가 며느리가 보자고 하면 보여 주라고 일러두었다. 파출부도 눈치를 챈 것이다.

며느리의 벨 소리가 울렸다.

이때 파출부가 나오며 문을 따주고 한쪽 손에는 번쩍이는 통장이 며느리 눈에 보이도록 하였다.

눈이 커진 며느리는

"아주머니 어디 가세요."

하고 물었다.

"돈 찾아오라고 해서 은행 가는데요."

그러니 궁금해진 며느리는 통장을 한 번 보여 달라고 했다.

"할아버님이 아무도 보여 주지 말라고 했는데."

하면서 슬쩍 보여 주었다. 며느리가 보니 이억 오천만 원이나 되는 것이 아닌가!

그리고 며느리는 방으로 들어왔다.

이 이야기는 좀 비겁한 방법이기는 하지만 세상인심이 부모 자식 간에도 이렇게 주고받는 타산적 시대가 되는 경우가 많은 것이다.

부모가 상속이라는 이름으로 물려줄 만한 자산이 없을 때에는 자식들에게 무슨 죄라도 지은 것 같다고 한다.

파고다 공원에 앉아 있는 노인들 중에는 단돈 1,000원을 며느리한테서 얻으려면 엄청난 눈치를 봐야 한다는 것이다. 그러니 내 돈이 있어야 하고 자식한테도 주어야지 받는 처지가 되면 슬퍼지는 것이다.

과연 참된 상속이란 무엇일까?

노인들이 재산이나 좀 있다고 자식들에게 이것을 미끼로 해서 복종과 효를 하도록 한다는 것이 과연 옳은 일인가? 그것은 아닐 것이다. 그런 형편이 되지 않도록 해야 한다.

교육도 부모가 주는 자식에 대한 상속이다. 요사이는 초등학교에서부터 유학을 보내고 야단법석을 하며 최고의 엘리트를 만들려고 한다. 이런 교육을 시킬 때에는 부모의 생각은 그렇게 해 놓으면 혼자의 힘으로 사는 것은 물론이요 부모에 대하여서도 어느 정도 책임을 질 것이라는 기대를 하는 사람도 일부 있을 것이다. 있는 돈 없는 돈 다 끌어다 남한테 뒤지지 않도록 공부를 시킨 것이다. 그러나 이런 과정에서 자식이 배운 것은 부모에게 의존하는 것 외에는 아무것도 없다.

교육기관에서 배우는 것은 실생활전선에서 30%를 발휘한다면 크게 써먹는 것이다. 학자가 된다거나 할 경우는 좀 다르겠지만 학교에서 배우는 것은 어울리고 교제하고 서로 돕는 것을 배우고 살아 나가는 데 필요한 지식을 배우는 것이지 돈 버는 방법을 가르치는 것은 아니다. 상과대학을 다닌다고 하더라도 원리를 가르치지 실전은 사회에 나와서 비로소 경험을 축적해서 얻어지는 것이다. 그러니 공부만 많이 시킨다고 앞날이 보장되는 것은 아니다. 자식이 돈 많이 번다고 자랑하는 사람들을 모임 같은 데서 많이 볼 수가 있다.

그러나 공부를 과외까지 해가며 시킬 필요는 없고 오히려 과외 대신 시간 있을 때 동네 구멍가게라도 가서 아르바이트를 시켜 보는 것이 장래를 보장할 수 있다.

미국의 상원의원의 아들이 있었다.

동네 목수네 집에 자주 놀러 가더니 목수 아저씨한테서 많은 솜씨를 배우게 되었다. 그 애가 고등학교 3학년이 되던 해에 자기가 뒤뜰에다 집을 한 채 직접 지어 보겠다고 했다. 그래서 아버지는 돈을 대주면서 그저 장난삼아 그러려니 하고 별로 관심을 두지 않았다. 그런데 집이 점점 완성되면서 하는 말이 자기는 집 짓는 목수일이 가장 마음에 들고 즐겁다면서 대학에는 가지 않고 목수일을 하겠다는 것이다. 아버지는 난감했다. 아버지 생각에는 이 애가 하버드 법대에 갈 것이라고 해서 학장에게 미리 일러두었는데 목수라니 속으로 생각하는 사이 집이 완성되었다. 아버지는 자식이 지은 집을 보이기 위해 많은 인사를 초청해서 파티를 열었다. 많은 사람들이 문짝이며 소품 하나하나를 보며 감탄을 했다.

손님들을 보내면서 이 상원의원의 마음은 이제라도 이 아이가 하버드에 갔으면 얼마나 좋을까 생각했다고 한다.

우리와는 반대의 현상이다.

이 아이는 법대를 나와 아버지가 바라는 변호사가 되어야 할까? 적어도 이 사람은 살아가는 방법은 목수일을 통해서 깨달은 것이다.

참된 상속이란 자식이 자립할 수 있도록, 즉 세상 사는 법을 스스로 익히도록 환경을 만들어 주는 것이다.

식 물

식물도 생물이다.
따라서 사랑하며 대화를 해 보라.

식물에도 감정이 있다고 하는 연구도 있고 초능력을 가졌다느니, 거짓말을 식별할 수가 있다는 등 마치 인간과 무엇인가 대화라도 할 수가 있는 듯한 많은 연구들을 하고 있다.

그래서 식물에다가 경락을 찾아 침을 놓기도 하고 이때 변화되어 나오는 일정한 주파수의 에너지를 측정하기도 한다.

미국의 예일 대학의 헤럴드 스톤 교수도 식물 주위에도 에너지 장이 있다고 했다. 인간과도 에너지의 교류가 이루어질 수가 있다는 말과도 같다. 에너지가 높은 곳이 있다면 적절한 전자파로 낮은 곳으로 흐를 수가 있기 때문이다.

물론 일단 간단하게 따져보아도 식물의 표면 온도가 인간의 것보다는 낮기 때문에 접할 때 인체로부터 식물 쪽으로 열이 가기 때문에 시원할 것이라는 것도 생각해 볼 수가 있다. 그러나 이런 간단한 것만은 아닐 것 같다.

나는 이 분야의 전문가는 아니지만 식물로부터도 에너지가 방산되고 이 에너지가 인간의 눈이나 오감 등 어느 것인가에 흡수될 수가 있다. 이 말은 인간이 방산하는 에너지와 교환되어 낮은 쪽이 높은 쪽의 에너지를 흡수할 수도 있다는 이야기가 된다. 물론 인간과 식물 상호 간 에너지 교환이 일어나면서 적은 양을 방출하는 쪽이 많은 양을 방출하는 쪽으로부터 주고받음의 차이만큼 흡수할 수가 있을 것이다.

우리가 숲 속에 들어간다든가 화분 같은 식물을 접하게 될 때 안정감 같은 것을 가지게 된다든가 기분이 좋아지는 것이 혹 무엇인가 관계가 있는 듯하다. 이미 말한 식물의 표면과 사람의 피부 표면 사이의 온도차에서 오는 것도 있겠지만 그것 외에 느낌 말이다.

물론 식물은 실내의 온도를 낮추어주는 것 말고도 습도를 상승시키기도 한다.

또 관음죽 같은 식물은 암모니아 같은 인간의 유해성분을 흡수할 수도 있다고 한다.

또한 뿜어내는 음이온이라든가 자기 방어 물질인 피톤치드 또 아로마 식물에서 나온 향도 역할을 할 것이다.

보통 말하고 있는 아로마 성분을 내는 식물의 구체적인 인체의 영향을 들어 보자.

1) 기분을 좋게 해주는 것으로는 그레이프 프루트, 레몬, 베르가못, 오렌지

2) 심신의 안정, 상쾌 그리고 조화를 좋게 하는 식물로는 사이프러스, 티트리, 그리고 라벤더

3) 심리적인 균형을 느끼게 한다거나 긴장을 풀어주는 샌달우트, 이랑 일랑

이 있다고 한다.

요사이는 원예치료라는 말이 나오고 있는데 매우 공감이 가는 말이다. 그 이유를 설명하는 것을 보면 매우 실질적인 것으로

1) 녹색의 심리적인 안정 효과

2) 식물을 가꾸려는 인간의 의지, 즉 식물이라는 돌보아야 할 대상이 있다는 것이 역할을 한다고 한다. 그러니까 외로운 노인들에게 돌보아야 할 대상이 있다는 말은 좋은 말이다.

3) 식물을 대할 때 인간의 오감 즉

a) 보면서 행복해지는 시각

b) 먹어서 행복해지는 미각

c) 만져서 행복해지는 촉각

d) 억새풀의 흔들리는 소리 즉 청각

e) 아로마 같은 후각

모두가 인간에게 자극을 주게 된다.

그러니까 식물과 동물은 서로 주고받는 관계를 갖고 있는 것이다.

특히 여름철에

"산에 갔다 왔더니 기분이 좋다."

라고 말한다면 운동효과가 우선이겠지만 경치를 본 시각적, 나무에서 뿜어내는 음이온 흡인, 아로마의 느낌, 피톤치드도 느낄 수가 있다.

심지어는 흙이나 바위에서 나오는 원적외선조차도 인체에 좋은 영양 만점인 것이다.

우리가 전원생활을 꿈꾸는 것도 같은 의미에서 설명할 수가 있다.

식물은 두뇌가 없다. 따라서 통제능력이 없고 땅에 고정되어 뇌 대신 철저하게 땅과 기후의 통제를 받게 된다. 특히 태양빛에 절대적인 통제를 받는 것은 탄소 동화작용이 태양빛에 의하여 이루어지기 때문이다. 태양빛, 흙, 공기 중 탄산가스 중 하나라도 없다면 생존은 불가능하다. 그러니까 식물은 생물 중 가장 나약한 것이다. 그래서 인간이나 야생동물이 뽑으면 뽑히고 파헤치면 쓰러지고 만다. 어떤 문헌은 찍히면 운다고 한다. 다만 사람이 이 울음소리를 들을 수가 없기 때문에 모른다는 것이다. 이처럼 우리는 식물의 보이지 않는 내면에 대하여 모르는 것이 너무나도 많다.

노인이 된다는 것은 슬픈 일이다. 성경에 보면 '아브라함의 향년이 일백칠십오 세라. 그가 수가 높고 나이가 많아 진하여 죽어 자기 열조에게로 돌아가매(창세기 25: 7-8)' 로 씌여 있다. 아브라함은 하나님이 택한 사람이지만 그도 자연의 순리에 따라 죽어 그의 열조로 돌아갔다고 하고 있다. '진하여' 라는 말은 기력이 다했다는 말과도 같다. 모든 생물은 반드시 나이에 따라 기력이 증가하다가 어느 나이를 정점으로 해서 그 다음부터는 점점 쇠약해지며 결국에 가서 죽고 만다. 하루살이는 하루 동안에 정점을 거쳐 기력을 다한다. 모든 생물이 다 그렇다. 그래서 식물의 경우도 새싹이 자라기 시작하면서부터 이미 그의 수명이 예정되는 것이다. 그래도 동물의 경우는 기껏해야 거북이 같은 것은 200살 산 것도 있다지만 사람은 현재 상황하에서는 기껏해야 약 120살 정도 된다. 앞으로 의학계에 획기적 변화가 있게 된다면 그 이상 살 가능성이 있을 것으로 생각하는 과학자들도 있지만 하나님의 영역을 인간이 침범하는 것은 용납되지 않을 것이다.

그러니까 어떻든 노년이라는 것은 진하여 죽음의 근처에 이르렀다는 말과도 같다. 기력이 약화된 것이다.

그 역은 절대 불가능하다.

하나님은 인간들에게 하나님의 존재성을 알게 해 주기 위하여 많은 초능력적인 일을 보여 주었다. 죽은 사람을 살리셨고 구약에서 보면 전쟁에서도 이기도록 이스라엘 민족을 도와주었지만 생물의 생명에 대하여는 그 원칙을 지키셨다.

인간이 태어난다는 것은 죽음을 예정해 놓고 있는 것이다.

그러니까 말년을 조용하게 신의 섭리를 따라 저세상으로 가는 것이 순리이다.

물리학자인 아인슈타인은

"나는 인위적으로 생명을 연장시킬 수 있다고 믿지 않아요!"

하면서 수술을 거부했다. 그리고 집에서 숨을 거두었다.

'조용하게' 라는 말과 자연의 순리에 맡긴다는 말은 말년을 어떻게 보내야 그렇게 할 수 있겠느냐고 되묻게 될 것이다. 더구나 병에 걸린 사람의 경우는 조용할 수가 없는 것이다. 급할 때는 지푸라기라도 잡아 보려는 생각이 앞서기 때문에 고쳐보려는 욕망으로 꽉 차게 된다.

'늙어 진하게' 된 노인에게 가장 차분한 마음을 갖게 해 줄 수 있고 병도 호전시켜 줄 수 있는 것이 식물과 친해지는 것이다. 집안에 화분을 들여놓고 매일 아침, 마주 대하면서 사랑을 표시하고 쓰다듬으며 돌보아 준다.

분갈이를 해주며 부실한 데가 있으면

"원 세상에 이렇게 될 때까지 나는 뭘 했지 쯧쯧!"

하고 화초에 정을 나타내면 식물은 그 대가를 지불한다. 화초는 싱싱해지고 싱싱한 화초는 많은 음이온을 발생하고 꽃을 피우며 향기를 내뿜고 각종 좋은 천연물질을 만들어 뱉어내면서 인간의 건강에 힘을 쓰려고 노력하게 된다.

많은 환자 중 전원생활을 하면서 병을 고친 예가 많다고 듣고 있다. 그 직접적인 원인은 '이것이다!' 라고 말하려면 힘들지만 사실이다.

왜 하나님은 인간에게 이러한 각종 식물을 우리에게 주었을까? 필요하기 때문이다.

잘 알다시피 우리의 한약재는 대부분 식물의 추출물이다.

어떤 암 환자 중에는 산에 다니며 많이 좋아졌다는 것을 말하는 것을 TV에서 본 적이 있다. 내 아는 분 한 분은 전원생활을 해서 심장병이 많이 좋아졌다는 말을 하는 것을 들은 적도 있다. 이처럼 식물을 접하는 것은 인간에게 매우 소중한 것이다. 특히 나이가 많을수록 외로울 때 벗 삼아 친구처럼 대화하면 좋을 것이다.

오래 살기 위한 하나의 방편으로 생각하는 것은 무리지만 적어도 도움이 된다는 생각은 틀리지 않을 것이다.

외로움

외롭다는 것은 주위에 사람이 없다기보다는
내가 할 일이 없다는 것이다.

중년 이후의 외로움은 심장질환으로 연결된다는 보도가 『심리와 노화』라는 잡지에 실려 있다. 루이스 호클리라는 미국의 심리학자의 연구결과라고 한다. 외로움을 느끼는 사람이 느끼지 않는 사람보다 혈압이 약 30 정도 더 높게 나타났다. 이 말은 심장병과 관련이 있다는 것이고 외로움의 근본 원인은 스트레스라고 하고 있다. 외로움은 바로 스트레스이고 질병으로 연결된다. 그러니까 정신적인 문제가 질병과 연결된다는 것이다. 이것은 옛날부터 잘 알고 있는 사실이다. 사람에 따라 다르겠지만 젊었을 때는 신체가 스트레스를 이길 수가 있지만 나이가 많으면 감당할 수가 없게 되어 결국 병이 나고 마는 것이 일반적이라고 한다. 부부가 같이 살다가도 둘 중 한 사람이 먼저 가면 다른 사람도 뒤따라가는 것이 보통인데 이런 현상은 나이가 많을수록 더욱 잘 맞고 젊은 사람의 경우는 꼭 맞지는 않는 것 같다. 여자가 먼저 가면 남자는 바로 따라가는 것이 보통이다. 남자가 먼저 갈 경우는 여자는 그래도 오래 산다. 여기서 말하는 따라간다는 말은 바로 외로움과 관계되는 것이라는 것은 다 잘 알고 있는 사실이다. 그래서 우리나라의 평균나이가 78~80세 정도인데 남자의 경우는 74~76세 정도이고 여자는 80세를 넘어선다.

남자가 먼저 가면 여자가 그래도 좀 오래 사는 이유는 외로움을 달랠 수 있는 여건이 남자보다 많기 때문이다. 딸네 집에 가서 애를 봐 준다든가 하는 등 스트레스를 많이 축적하지를 않기 때문이다.

외로움은 왜 오는 것일까?

1) 말 상대가 없다.

2) 할 일이 없다.

3) 기동성이 떨어진다.

부부가 있더라도 서로 하루에 몇 마디 안 한다. 예를 들면

1) "나 나갔다 올게요!"

2) "식사하세요!"

3) "목욕이나 좀 하세요!"(여자가 남자에게)

4) "나 먼저 잘게요!"

5) "어디 갔다 왔어요?"(외출했다 돌아오는 상대방을 보고)

이 정도의 말이 전부인 집도 있다. 남자가 여자에게 뭐 좀 마음에 있는 것을 털어놓으려고 하면

"나 설거지 해야 돼요."

하고 들으려는 진지한 자세를 취해 주지 않으면 말은 끊어지고 만다. 이런 것들이 쌓이면 스트레스가 되고 외롭게 하는 것이다. 사람은 자기가 털어놓고 싶은 이야기를 듣는 사람이 있을 때 행복한 것이다.

어디라도 아프면 어리광을 부리고 싶은 것이 늙으면서 점점 심해진다. 자식과 같이 살지 않으니 정신 연령이 동격인 친구가 될 수 있는 손자조차도 자주 볼 수가 없다.

사회를 정의할 때는 여럿이 같이 모여 사는 공동체라고 할 수가 있는 것이다. 영화에서 본 것인데 영국이 아프리카에서 싸울 때 군기를 잡기 위해 병사가 죄를 지으면 벌도 외딴 섬에 먹을 것을 주고 혼자 한 달가량 지내게 만드는 것을 본 적이 있다. 이것은 단순히 체형을 주기 위한 것보다는 여럿이 같이 조직적으로 움직여야 되는 것이 군대이기 때문에 외로운 맛을 한번 보여 주기 위한 것이라고 할 수가 있다. 그러나 상상해 보라. 아무도 없는 외로운 섬에서 한 달을 지낸다는 것은 정말 힘든 일일 것이다.

그러나 여럿이 모여 서로 얽혀 사는 사회는

1) 상대방을 통해서 기쁨을 주고받을 수가 있고

2) 말을 통해서 마음에 품었던 이야기를 할 기회가 있으며

3) 같이 운동경기와 공연/관람이 가능하고

4) 여럿이 함께 교육을 받는 기쁨/종교인의 경우는 기도하고 설교를 듣는 기쁨이 있고

5) 여럿이 함께 여행하는 기쁨

등이 있어서 외로움이 없다. 그러나 나이가 들면 젊은 사람들이 치고 올라오고 친구들도 하나씩 먼저 가버리게 되니

"외로워서 못 살겠어!"

하고 한탄하는 노인들을 많이 볼 수가 있는 것이다. 주변의 많은 사람들이 사회생활의 영역에서 사라지기 때문이다.

사업을 하시던 분이 나이가 많아져서 자식에게 이제 물려주고 들어앉을 수도 있으나 그렇게 되면 외로움이 더 앞서게 되는 것이다. 그러니 어떻게 하든지 힘이 닿는 데까지 끝까지 일을 하려고 애쓰는 것이다. 이

것을 젊은 사람들은

"욕심이 많아서!"

라고 말하는 경우도 있는데 이는 이해하려고 노력하지 않겠다는 자기 중심적인 이기적인 이야기다. 자기가 늙게 되면 이렇게 말하는 사람들은

"요새 젊은 사람들 못쓰겠어."

하고 욕을 하게 된다. 인간은 언제나 자기 중심적이기 때문이다.

그러나 이제 힘이 없고 정신이 아물거리는데 언제까지 이렇게 밀고 나갈 수가 있겠는가! 또 빨리 물려주지 않으니 부모에게 몹쓸 짓을 하는 자식도 생겨나니 외로움을 달래는 방법을 스스로 개발해서 이런 영역에서 벗어나 살아야 하는 것이다.

라디오에서 어떤 부인이 인생 상담하는 것을 들은 적이 있다.

대충 사연은 이런 것이다.

자식들이 자랄 때에는 자식 뒷바라지하느라고 남편이 집에 늦게 돌아와도 외롭지 않았으나 자식들이 시집 장가 다 갔는데 남편은 여전히 밖으로 나돌고 자식들도 바쁘다고 만나 주지 않으니 부인은 허탈감에 빠진 것 같았다.

"남편이 늦바람을 피우는 것 같다."

느니

"자기에게는 아무런 관심도 없는 것 같다."

느니 해서

"죽고 싶다."

는 말까지 하는 것으로 보아 우울증 증세가 나타나는 것 같기도 했다. 그래서 어떻게 했으면 좋겠느냐고 조언을 요청해 온 것이다. 상담자는

"부인은 부인대로 취미를 찾아보는 것이 어떻겠느냐?"

고 권하는 것이었다.

부부 사이에도 결혼 초기에는 '사랑' 이니 뭐니 해서 항상 보고 싶고 하지만 나이가 들면 '사랑' 에만 의존할 수는 없는 노릇이고 각자 자기가 하는 일을 즐기면서 만족 내지는 외로움을 달래야 하는 것이다. 부부 사이에 서로 위로해 주는 것이 우선이겠지만 사람에 따라서 이것만 가지고는 그 외로움을 다 메울 수가 없기 때문이다.

피카소는 늙어서 젊은 아내를 얻고 주변에 그 여자한테서 애까지 얻어 도자기에 열심히 그림을 그려 넣는 생활을 하며 외롭지 않게 살았다. 그렇다고 홀로된 늙은이가 반드시 재혼해야 한다는 것은 아니고 혼자서도 나름대로 즐기며 살아갈 수 있는 여러 가지 방법을 찾아야 한다는 것이다.

독일 파더본 역에서 겪은 일이다. 어떤 노인이 외국인으로 보이는 우리에게 다가와서 기차표를 보여 달라고 했다. 그리고는 표를 자세히 들여다보고는 플랫폼의 번호를 확인하고 그곳까지 자기가 안내하겠다고 앞장서는 것이었다. 처음에는 약간 어리둥절했으나 금방 그 노인이 자원봉사를 하고 있음을 알 수가 있었고 참 고마운 마음을 갖게 되었다.

나이가 들더라도 스스로 할 일을 찾아 노력하고 즐기고 하면 외로움이란 있을 수가 없고 생활의 활력을 얻을 수도 있는 것이다.

하 백 현 약력

한양대학교 명예교수(현재)
한양대학교 공과대학 교수
한양대학교 산업과학연구소 소장
한양대학교 대학원장
한국화학공학회 부회장
한국제올라이트학회 회장
한국에너지관리공단 전문위원

저서
즐거운 에너지절약(에너지관리공단)
바늘구멍 황소바람(에너지관리공단)
에너지공학개론(청문각)
대체에너지의 활용(역서, 한국 이공학사)
단위조작(보성문화사)

즐거운 인생 행복한 삶

2008년 3월 20일 1 쇄
2008년 3월 25일 발행

지 은 이 / **하 백 현**
펴 낸 이 / **윤 현 호**
펴 낸 곳 / **뿌리출판사**
주　　소 / 서울시 성동구 성수 2가 3동 317-10 2층 우편번호/133-835
전　　화 / (代)2247-1115, 466-4516, 팩 스 / 466-4517
출판등록 / 서울시 등록(카) 제 1-551호 1987.11.23
홈페이지 / www.rootgo.com / E-mail : rootgo@dreamwiz.com
E-mail : root1115@daum.net

값 / 10,000원
ISBN 89-85622-64-1

*잘못된 책은 바꾸어 드립니다.
*본서는 안산시문예지원금의 제작비를 지원받았습니다.